Karl Steinbuch

JA

zur

Wirklichkeit

Seewald Verlag Stuttgart

Zweite unveränderte Auflage 1975

Umschlag von Hela Seewald, Zeichnung auf Umschlagrückseite: E. Hürlimann. Gesamtherstellung: Buchdruckerei Wilhelm Röck, Weinsberg.
Gesetzt in der Linotype Aldus-Antiqua.
ISBN 3 512 00376 1 Printed in Germany

Zu diesem Buch

»Mit seinem neuen Buch tritt Steinbuch einmal mehr zum Gegenangriff auf die Dialektik der Systemveränderer an ... dabei zielt Steinbuch genau auf die schwarzen Punkte, auf die es ankommt: nämlich die Taktik und Praxis der heimlichen oder unheimlichen Zerstörer unseres demokratischen Rechtsstaates offen zu legen, die Freiheit und ihre Bindungen in einer demokratischen und pluralistischen Gesellschaft abzugrenzen, die Münzfälscherei in Begriffen aufzudecken und die meßbaren Werte unseres sozialstaatlichen Systems der ideologischen Verirrung entgegenzustellen.« *Prof. Herbert Weichmann,* ehem. Erster Bürgermeister von Hamburg

»›Die Abkehr von orientierungsloser ›Progressivität‹ wäre gefährlich, wenn sie zur Reformunfähigkeit führen würde.‹ Mit diesem Satz trifft Karl Steinbuch in seinem neuen Buch ›JA zur Wirklichkeit‹ einmal mehr den zentralen Kern der gegenwärtigen politischen Diskussion in der Bundesrepublik.« *Ministerpräsident Helmut Kohl,* Vorsitzender der CDU

»Ich bin überzeugt, daß dieses Buch der Diskussion um die deutsche Wirklichkeit entscheidende Denkanstöße vermittelt.« *Buchhändler Karl Gutzmer,* Bonn

»Ein engagiertes Plädoyer für eine Gesellschaft mündiger Bürger, das schonungslos Arroganz und Opportunismus einer angeblich kritischen Intelligenz bloßstellt, ›die Gebetsmühlen dreht, anstatt Gefahren zu erkennen‹. Steinbuch scheut die Konfrontation mit seinen Kritikern nicht – es geht ihm um die Sache, nicht um den Beifall.« *Staatssekretärin Hanna-Renate Laurien,* Kultusministerium Mainz

»›Ja zur Wirklichkeit‹ ist weder aggressiv noch defensiv, sondern ein Munitionsdepot des Arguments ... Dem neuen Werk Steinbuchs hätte Montaigne den hohen Rang der ›nützlichen Bücher‹ verliehen.« *Hans Habe,* Ascona

»Dieser Titel wird die Nr. 1 von 1975!« *Buchhändler Adam Reitze, Hamburg*

Inhalt

1. Plädoyer für unser System

Die geistige Entwicklung in unserem Lande seit dem Zusammenbruch 1945 kann man in drei Abschnitte aufteilen:

1. *Die pragmatische Phase* 1945–1965, die bestimmt war durch den Wiederaufbau unseres zerstörten Landes, Eingliederung vieler Flüchtlinge und Herstellung internationaler Beziehungen. In dieser Zeit versäumte man über Tagesfragen das Bedenken langfristiger Perspektiven, ja es entstand sogar eine Art ideologischer Prüderie.
2. *Die visionäre Phase* 1966–Mai 1974, vom Auftreten der außerparlamentarischen Opposition bis zum Scheitern Brandts. Diese visionäre Phase war einerseits bestimmt durch Bedarfssättigung und andererseits durch heftige Auseinandersetzungen über langfristige Perspektiven und ideologische Fragen.
3. *Die labile Situation* seit Mai 1974, die gekennzeichnet ist durch viele Unsicherheiten: vor allem zunehmende Verschärfung der internationalen und nationalen Verteilungskämpfe, Unsicherheiten des liberalen Welthandels, wirtschaftliche Rezession, Labilität des Weltfriedens – aber auch durch allseitige Ratlosigkeit über unseren zukünftigen politischen Kurs.

Das Ende der visionären Phase zeigte sich an der Götterdämmerung vor Reformen: Bildungsreform, Vermögensreform, Mitbestimmung, Steuerreform, Entspannung, Demokratisierung usw. Von den gigantischen Visionen, die Brandts erste Regierungserklärung 1969 bestimmt hatten, blieb fast nichts mehr übrig. Bundeskanzler Schmidt sagte 1974:

»*In einer Zeit weltweit wachsender Probleme konzentrieren wir uns in Realismus und Nüchternheit auf das Wesentliche, auf das, was jetzt notwendig ist, und lassen anderes beiseite.*«

Dieses Scheitern war längst voraussehbar: Zu keinem Zeitpunkt gelang es, den Willen zum Fortschritt mit Vernunft und Sachverstand in Übereinstimmung zu bringen, diese »Progressivität« war mehr Flucht aus der Realität als Fortschreiten in die Zukunft, und für viele war sie die Chance zur Systemüberwindung.

Bei dieser Flucht aus der Realität dachte man kaum daran, daß Reformen mit begrenzten Ressourcen verwirklicht werden müssen – seien es nun begrenzte finanzielle Mittel oder sei es die endliche Bereitschaft der Betroffenen, sich für immer neue Pläne mißbrauchen zu lassen. Jetzt – nach dem Feuerwerk unüberlegter Reformpläne – sind die Chancen für wohlüberlegte Reformen schlechter als vorher, unser Volk ist müde, sich für immer neue Utopien zu engagieren.

Aber wir haben auch hier wieder die Vergangenheit nicht bewältigt: Wo wurde ernsthaft darüber nachgedacht, weshalb die meisten Reformen fehlschlugen? Die geistige Auseinandersetzung mit dem Irrsinn steht noch aus, er wurde nicht als solcher erkannt und aufgearbeitet, man meint, dies sei ein unvorhersehbarer Unfall gewesen und nicht das vorhersehbare Ergebnis des verbreiteten Realitätsverlustes, der unser Volk ein Jahrzehnt lang verwirrte.

Die Kurskorrektur führte erfreulicherweise zur Abkehr von orientierungsloser »Progressivität«. Sie wäre aber gefährlich, wenn sie zur Reformunfähigkeit führen würde. Die Kurskorrektur muß vielmehr dazu führen, daß man zuerst sachverständig nachdenkt, vernünftig abwägt und dann reformiert.

Man sollte sich hierüber keine Illusionen machen: Wir können uns ohne Reformen nicht behaupten, wir können uns konservative Starrheit sowenig leisten wie orientierungslose »Progressivität«.

Die »visionäre Phase«, nach Gräfin Dönhoffs Meinung »mitten in der Revolution [1]«, zeigte:

- Nicht jeder, der Glück verspricht, bringt auch Glück. Aus »Mehr Demokratie, Lebensqualität, Bildung, Entspannung, Barmherzigkeit, Stabilität usw.« wurden tatsächlich weniger Freiheit, mehr Klassenkampf, Inflation, Resignation. Vom Feuerwerk gigantischer Versprechungen blieb nur der Ruch der Korruption und die Asche des Holzens.
- Niemand zeigte uns bessere Alternativen zu unserem System, zum Grundgesetz der Bundesrepublik Deutschland und der Sozialen Marktwirtschaft. Wir wissen jetzt: Unsere le-

benswichtigen Probleme würden durch Überwindung dieses Systems nicht gelöst – nur Pfründe für Funktionäre geschaffen. Deshalb sollten wir dieses System nicht revolutionieren, sondern erhalten und ausbauen.

– Autorität, Staat und Recht sind keine sinnlosen Konstruktionen der Hinterwelt, sondern notwendige Voraussetzungen liberalen Zusammenlebens. Wo Machtausübung nicht das alleinige Recht des Staates ist, sondern Teilgruppen ihre eigennützigen Ziele rechtswidrig mit Gewalt durchsetzen, gibt es keine Liberalität mehr, sondern wächst und herrscht der Terror.

Obwohl die gewaltsamen revolutionären Umtriebe in letzter Zeit abnahmen und die Institutionen unseres Staates meist reibungslos funktionierten, erscheint doch seine Zukunft wenig sicher. Er ist in einem Zustand politischer Bewußtlosigkeit, die sich beispielsweise daran zeigt,

– daß dieser Staat bei der Bevölkerung keine starke bewußte Zustimmung findet und nur wenige für ihn gegen seine inneren oder äußeren Feinde Partei ergreifen,
– daß die schweigende Mehrheit – trotz meist besseren Wissens – unsere erfolgreiche Wirtschaftsordnung nicht gegen die ständige Denunziation verteidigt,
– daß es in diesem Staat zwar Heerscharen von Kritikern gibt, aber kaum eine staatstragende Elite, also einflußreiche Menschen, die sich deutlich erkennbar mit diesem Staat identifizieren,
– daß vielfach – vor allem an Universitäten – revolutionäre Agitation weniger gefährlich ist als das Eintreten für diesen Staat,
– daß dieser Staat außerstande ist, eine Übereinstimmung seiner Bürger für lebenswichtige Reformen herzustellen, deshalb zu Reformen unfähig wird und vor der Lösung von Zukunftsaufgaben immer mehr resigniert,
– daß wichtige kulturelle Errungenschaften, vor allem die rationale Kommunikation aufgegeben wurden und an ihre Stelle barbarische Verhaltensformen traten, beispielsweise das intellektuelle Faustrecht, Denunziation und der semantische Betrug,
– daß es diesem Staat nicht gelingt, Hoffnung auf die Zukunft

seiner liberalen Lebensform zu verbreiten und deshalb Zukunftsentwürfe meist von der Überwindung dieses Systems ausgehen.

Ich vermute, dieses System wird funktionieren, solange es nicht ernsthaft geprüft wird. Wenn aber innere oder äußere Krisen kommen, ist »alles drin«.

Mein Plädoyer gilt unserem vieldiffamierten politischen System: Dieser unser Staat, sein Grundgesetz und seine Soziale Marktwirtschaft brauchen den Vergleich mit anderen nicht zu scheuen. Durch seine Zerstörung wäre keines unserer wesentlichen Probleme gelöst: unsere Gewässer nicht sauberer, unsere Luft nicht reiner, unsere Städte nicht wirtlicher, unser Verkehr nicht humaner, unser Bildungssystem nicht besser, unsere Menschen nicht glücklicher.

Dieses Plädoyer sei mit einem kurzen historischen Rückblick begonnen: Nachdem das »Dritte Reich« am 8. Mai 1945 bedingungslos kapituliert hatte, gab es in unserem Lande keine staatliche Gewalt mehr. Millionen Soldaten waren gefallen, andere in Gefangenschaft, der Rest schlug sich halbverhungert in die Heimat durch. Dort waren viele Häuser zerstört, die Industrie – soweit sie noch funktionsfähig war – war auf Kriegsproduktion umgestellt und wurde teilweise von den Besatzungsmächten zerstört. Die Frauen, Kinder und Alten in der Heimat waren seit Jahren ohne ausreichende Nahrung, Kleidung und Wohnung, in ständiger Angst um das eigene Überleben bei den unmenschlichen Bombenangriffen und um das Leben ihrer Männer, Väter, Brüder und Söhne an der Front. Millionen Flüchtlinge strömten aus den abgetrennten Ostgebieten in das erschöpfte Land und verschärften dessen Not.

Die Besatzungspolitik war hart: »Deutschland wird nicht besetzt zum Zwecke seiner Befreiung, sondern als besiegter Feindstaat...«, hieß es in einer Direktive der US-Militärregierung. An Nahrung wurde zeitenweise nur etwa 40 Prozent dessen zugeteilt, was als physiologisches Existenzminimum gilt. Nach dem »Morgenthau-Plan« sollte Deutschland in ein »vorwiegend Ackerbau und Viehzucht betreibendes Land« verwandelt werden. Die Produktion z. B. von Traktoren, Schiffen und Flugzeugen war verboten, die Stahlproduktion auf ein sehr niedriges Niveau beschränkt.

Ein normales Wirtschaften war nicht möglich. An seine Stelle waren Bezugsscheine, Tauschgeschäfte, »Zigarettenwährung« und Schwarzhandel getreten. Für den erhofften Wiederaufbau wurden Pläne geschmiedet, vor allem mußte das groteske Mißverhältnis zwischen der großen Menge umlaufenden Geldes und der winzigen Menge verfügbarer Waren beseitigt werden.

Die entscheidende Wende kam durch die Wirtschaftspolitik Ludwig Erhards, besonders die »Währungsreform« am 20. Juni 1948. An jenem Sonntag erhielten die Bewohner der drei westlichen Besatzungszonen für 40 Reichsmark 40 neue Deutsche Mark umgetauscht. An diesem Tag besaßen bei uns alle Menschen gleich viel (oder gleich wenig) Geld. Aber mit diesem Geld verband sich die Hoffnung, daß es sich jetzt lohne, etwas zu leisten. Es war wie ein Wunder: Vom einen zum anderen Tage waren die Schaufenster wieder voll angebotener Waren.

Was sich seitdem in unserem Lande an wirtschaftlicher Entwicklung ereignete, ging als »Wirtschaftswunder« in die Geschichte ein: Produktion, Wirtschaft und Export wuchsen in unglaublichem Tempo, in jedem Jahr wurden etwa 500 000 Wohnungen gebaut, die Zahl der Kraftfahrzeuge wuchs, die Devisenüberschüsse nahmen rascher als in vergleichbaren anderen Ländern zu usw. So wurde die Bundesrepublik Deutschland durch den Fleiß ihrer Bevölkerung, die Initiative ihrer Unternehmer und eine liberale Wirtschaftspolitik zu einem der wohlhabendsten Länder der Erde.

Bei jedem, der diese Entwicklung bewußt miterlebt hat, hinterließ sie die Überzeugung: Planwirtschaft verwaltet Mangel, Liberalität schafft Wohlstand.

Vor diesem Hintergrund muß man die Entstehung unseres Staates und seines Grundgesetzes sehen: Die Militärgouverneure der amerikanischen, britischen und französischen Besatzungszone autorisierten 1948 die Ministerpräsidenten der Länder ihrer Zone, eine verfassunggebende Versammlung einzuberufen. Diese sollte die zerrissene deutsche Einheit wiederherstellen und individuelle Rechte und Freiheiten garantieren.

Das »Grundgesetz für die Bundesrepublik Deutschland« trat am 23. Mai 1949 in Kraft. Unter maßgeblichen Staatsrechtlern gibt es keinen Zweifel daran, daß unser Grundgesetz eine der freiheitlichsten Verfassungen ist.

Der erfolgreiche Wiederaufbau unseres Landes wurde möglich durch die Übereinstimmung von politischer und wirtschaftlicher Ordnung. Zwar sind Grundgesetz und Soziale Marktwirtschaft nicht rechtlich, wohl aber funktional miteinander verkoppelt: Die Freiheitsrechte des Grundgesetzes wären wertlos, wenn ihnen nicht der große wirtschaftliche Wohlstand gegenüberstünde, den die Marktwirtschaft gebracht hatte und der die Ausnützung dieser Freiheitsrechte möglich macht.

Aber andererseits ist unsere politische Freiheit nur möglich, weil die wirtschaftlichen Abhängigkeiten an politisch neutrale Wirtschaftssubjekte oder verschieden denkende und meist tolerante Unternehmer gebunden sind. Die politische Freiheit wäre illusorisch, wenn wir wirtschaftlich von einer Kaste ideologisch gleichgeschalteter Funktionäre abhängig wären.

Deshalb erneut die Feststellung: Das freiheitliche Grundgesetz und die Soziale Marktwirtschaft bedingen einander gegenseitig. Weder funktioniert unsere Wirtschaftsform in einem sozialistischen Staat, noch würde unsere politische Ordnung die Sozialisierung unserer Wirtschaft überleben: beide gehören untrennbar zusammen.

Ein vernünftiges Verständnis unseres Staates und seiner Wirtschaftsordnung setzt die Erinnerung an deren Entstehung voraus: Zu viele Menschen wissen jetzt nicht mehr, wie schwer es ist, einen zerstörten Staat und eine ruinierte Wirtschaft aufzubauen, viele meinen, es sei ein Kinderspiel, Recht und Ordnung und Wohlstand zu erzeugen.

Sie kennen vor allem nicht das Gefühl, nach langen Jahren der Rechtlosigkeit nicht mehr der Willkür ausgesetzt zu sein, sondern wieder Rechte zu haben, vor allem: Würde des Menschen, freie Entfaltung der Persönlichkeit, Gleichheit vor dem Gesetz, Freiheit des Glaubens und der Meinung, Versammlungs- und Vereinsfreiheit, Schutz des Eigentums usw... Nach den schrecklichen Erfahrungen von Gewalt, Unrecht und Unordnung waren uns Recht und Ordnung ein wertvolles Gut und wir waren dankbar, es sicher zu haben.

Heute sind wir seiner nicht mehr so sicher:

So wird beispielsweise an unseren Schulen und Hochschulen mit allgemeiner Kenntnis Menschenwürde und Meinungsfreiheit vielfach verletzt, und man nimmt diese ständige Verletzung feierlich garantierter Grundrechte als Gewohnheit hin.

So wird mit amtlichem Auftrag in manchen Bundesländern zu einer anderen Republik erzogen, in der Gewaltenteilung, Rechtsstaatlichkeit und Pluralismus keine Rolle mehr spielen und in der die Gesellschaft auf ein Netz ständiger Konflikte reduziert wird.

So werden die wichtigsten wirtschaftlichen Entscheidungen von Instanzen gefällt, die Gruppeninteressen über das Gemeinwohl stellen und diese gegen unseren Staat gewaltsam durchsetzen.

So zeigte sich unser Staat als hilflos gegen das Eindringen offensichtlicher Staatsfeinde in seine Dienste und gegen systematische Leistungsverweigerung von Beamten und forderte damit weitere Loyalitätsverletzungen geradezu heraus.

Ich meine, wer diesen Staat, seine rechtliche Ordnung und die wirtschaftlichen Grundlagen seines Wohlstandes erhalten will, darf jetzt nicht schweigen: Dieser unser liberaler Rechtsstaat ist gefährdet. Er wird nicht durch Waffengewalt bedroht, auch nicht durch eine radikale Ideologie, welche die Macht mit dem Stimmzettel erobert (wie die Nazis in den dreißiger Jahren): Unser Staat wird vor allem durch Veränderung der Sprache, Denkmodelle, Meinungen und Ziele revolutioniert. Ein und derselbe Text erhält plötzlich eine andere Bedeutung.

Diese semantische Revolution geht aus von einer Minderheit von Meinungsmachern in Schulen, Universitäten und Massenmedien, die unser Volk auf Ziele hin manipuliert, die nicht seine Ziele sind.

Der Gegensatz zwischen dem, was wir wissen und wollen und dem, was uns eingeredet wird, erzeugt Unbehagen. Dabei können wir noch nicht einmal darauf vertrauen, daß die gewählten Parlamentarier und verantwortlichen Politiker den Willen der Mehrheit richtig verstehen und vertreten. Manchmal ist das Gegenteil der Fall: Ignoranz, Gleichgültigkeit, etablierter Opportunismus, gelegentlich sogar Zynismus.

Diese unerfreuliche Entwicklung wurde bei der »Verfassungsdebatte« im Deutschen Bundestag am 14. und 15. Februar 1974 deutlich. Der damalige Bundesinnenminister Genscher sagte dort:

»Was vor zehn Jahren noch selbstverständlich war – die An-

erkennung einer freiheitlich-demokratischen Grundordnung –, das muß heute gegenüber Zweifeln, gegenüber prinzipieller Kritik und sogar gegenüber offenen Angriffen verteidigt und glaubhaft begründet werden.«

Dort wurde auch von der »Bewußtseinsrevolution« gesprochen und den Möglichkeiten legaler Machtergreifung:

»Es geht um das, was wir die stillschweigende Veränderung der Rechtsordnung nennen, die auf der Veränderung der Wortbedeutungen beruht.«

Diese Veränderung der Wortbedeutungen zeigte sich beispielsweise, als die »Sozialstaatlichkeit« in die Diskussion eingebracht wurde. Minister W. Maihofer deutet das Recht auf Eigentum in einem neuartigen Sinne: Ihm geht es nicht nur um Recht am Eigentum, das jemand hat, sondern

». . . zugleich im Sinne eines sozialstaatlich verbürgten Rechtes auf Eigentum, das jemand eben gerade noch nicht hat, sondern erwerben will«.

Sowohl in der Bundestagsdebatte als auch in der Presse wurde festgestellt, daß damit eine neue Interpretation der Grundrechte vorgenommen wird: Aus der Abwehrfunktion gegen rechtswidrige Eingriffe wird der Anspruch auf Vergesellschaftung.

Hierzu schrieb F. Graf von Westphalen[2]:

»Die Herstellung gerechter und menschenwürdiger Verhältnisse ist demnach keineswegs mehr die Aufgabe des einzelnen und – wo dieser versagt – der gesellschaftlichen Gruppen und erst in letzter Konsequenz Sache des Staats. Vielmehr tritt der Staat unmittelbar in sein Recht und nimmt den einzelnen politisch in Pflicht. ... Die sozial gebundene, einseitige Ausrichtung der freiheitlichen Grundrechte verwässert den rechtlichen Gehalt der liberalen, rechtsstaatlichen Freiheitsrechte.«

Was hiermit droht, möchte ich in aller Kürze so sagen: Abgebaut wird der Anreiz, durch Leistung ungleich zu werden und damit die Voraussetzung unseres Wohlstands.

Erschreckend ist, daß derartige schleichenden Veränderungen unseres Grundgesetzverständnisses dazu benutzt werden konnten, einen Gegensatz zum Rechtsstaat herzustellen. So sagte ein Abgeordneter:

»Ihre Sicht ... ist die des formalisierten Rechtsstaats, unsere die des materialen sozialen Rechtsstaats.«

Eine solche Rechtsauffassung ist unerträglich, auch aus sozialen Erwägungen heraus darf nicht Recht gebrochen werden; wenn ein Gesetz nicht sozial ist, dann soll es durch ein sozial besseres ersetzt werden; aber niemand hat das Recht, das Recht umzudeuten. Was man auf dem Boden des Rechts stehend über »Sozialstaatlichkeit« sagen kann, hat das Bundesverfassungsgericht im sogenannten KPD-Urteil gesagt[3]: »Es besteht das Ideal der ›sozialen Demokratie‹ in den Formen des Rechtsstaates.«

Vor allem muß – wer auf dem Boden des Grundgesetzes steht – der Auffassung entschieden widersprechen, »daß zur Verbesserung demokratischer Verhältnisse formaldemokratische Spielregeln und Rechte vorübergehend außer Kraft zu setzen sind« (wie von Rahmenrichtlinien zum Unterricht des Landes Nordrhein-Westfalen berichtet wurde).

Eine interessante Bemerkung machte in der Verfassungsdebatte die Abgeordnete Bendix über die Diskussion einer Gruppe Jugendlicher aus der DDR mit einer Gruppe aus der Bundesrepublik:

»Die von der DDR-Gruppe fühlten sich immer persönlich angegriffen. Das war ihr Staat, den sie verteidigten. Und unsere Leute? – Sie verhielten sich etwa so wie ein etwas unterkühlter Rechtsanwalt, der seinen Mandanten verteidigt.«

Die mangelhafte oder gar fehlende Identifikation mit unserem Staat zeigt sich besonders daran, daß nur wenige Menschen für ihn gegen seine inneren oder äußeren Feinde Partei ergreifen.

Wer sich mit unserem Staat in dieser unfriedlichen Welt identifiziert, muß den Wehrdienst bejahen. Das Recht auf Kriegsdienstverweigerung kann nur ein Ausnahmerecht für Einzelfälle, nicht aber die Grundlage einer organisierten Bewegung sein. Geradezu grotesk ist die Forderung, der Werbung gegen und für den Wehrdienst in den Schulen den gleichen Raum zu geben. Wenn ein Staat das Engagement für und gegen ihn gleich bewertet, dann hat er sich selbst aufgegeben. Wenn beispielsweise ganze Abiturientenjahrgänge den Wehrdienst verweigern, dann ist der Staat seiner Selbstaufgabe schon sehr nahe.

Ich meine aber, dieser Staat und dieses Wirtschaftssystem sind es wert, bewußt verteidigt zu werden, und dies sollten unsere Kinder und Jugendlichen wissen.

Wer sich mit unserem Staat identifiziert, muß sich auch mit seinen Gesetzen identifizieren und im Kampf gegen Verbrecher auf der Seite des Rechts und der Polizei stehen. Es ist grotesk, wie diese eigentlich selbstverständliche Forderung vielfach in ihr Gegenteil verkehrt wird.

Die Gegen-Identifikation zeigte sich beispielsweise deutlich bei der öffentlichen Auseinandersetzung um die Sendungen »XY...ungelöst« von Eduard Zimmermann, der das Fernsehen zur Aufklärung von Verbrechen benutzt.

Diese Sendungen wurden vor allem von vielen Publizisten kritisiert (Geschmacklosigkeit, Verbrechensbekämpfung als Nervenkitzel, Werbung für Schnüffelei und Denunziation usw.), aber die Öffentlichkeit stimmt dieser Sendung überwiegend zu. Eine abgewogene Begründung gab J. Viehöver[4]:

»Die Zuschauer identifizieren sich viel mehr als bei einem Spielkrimi bei ›Aktenzeichen‹ mit dem Recht, und das Verhältnis zwischen Bevölkerung und Polizei wird im guten Sinne beeinflußt. Das aber fördert den demokratischen Rechtsstaat und gefährdet ihn nicht, es sei denn, jemand steht auf dem Standpunkt, ein Polizeibeamter sei schon ein Zipfel von Diktatur, und die Demokratie könne nur gedeihen, wenn der Staat in Unordnung sei.«

Später diskutiert wird die groteske Gegenidentifikation Bölls, der offensichtlich mehr Sympathie für die Brecher unserer Gesetze als für deren Verteidiger hat.

Liberale Staaten sind empfindliche Gebilde und können leicht kaputt gemacht werden. Wenn erst einmal die Mehrheit der Bürger nicht mehr bereit ist, diesen Staat zu verteidigen, dann wird auch die ordnungsgemäße Funktion seiner Institutionen ihn nicht mehr erhalten, weder in »normalen« Zeiten und noch weniger in Krisenzeiten.

Unter das Fundament unseres Staates wird von Meinungsmachern tonnenweise Sprengstoff gestopft. Manche meinen da, es genüge, den Gebrauch von Zündhölzern zu verbieten, aber ich meine, man sollte lieber den Sprengstoff beseitigen.

Viele Beschwichtigungsversuche sind recht oberflächlich, beispielsweise der von H. Schueler in der »ZEIT« vom 11. Januar 1974:

»Nur ein Bruchteil der Anhänger radikaler Ideologien bewirbt sich um ein Staatsamt. Und vieles spricht dafür, daß die Basis für linksextremistische Neigungen in unserem Lande ohnehin schwindet.«

Dem kann ich nicht zustimmen, vor allem, wenn ich an die Ideologie vieler Junglehrer denke. Die öffentliche Aufregung über kommunistische Richter übersieht die größere Gefahr: Die falschen Entscheidungen kommunistischer Richter können revidiert werden, die destruktive Wirkung tausender Lehrer in den Gehirnen gutgläubiger Kinder können aber nicht revidiert werden.

Es ist höchst bedenklich, daß sich an unseren Universitäten vielfach schon eine Ideologie durchgesetzt hat, in der »Recht und Ordnung« als lächerliche Relikte reaktionären Denkens erscheinen.

Hinzu tritt eine schizophrene Bewertung der Gewalt: Man diffamiert die Gewalt, die zur Erhaltung unseres Rechtsstaates notwendig ist und ignoriert Brutalitäten, die gegen den Rechtsstaat gerichtet sind, so z. B. die Verbrechen der Baader-Meinhof-Bande.

Wer an unseren Hochschulen revolutionäre Ideen verbreitet, setzt sich keiner Gefahr aus: Staatliche Instanzen wagen keinen Eingriff in die »autonomen« Universitäten, und Universitätsangehörige kuschen vor dem Terror.

Weniger günstig ist die Lage derer, die sich für rechtsstaatliche Zustände auch an unseren Universitäten einsetzen, sie sind Objekt hemmungsloser Diffamierung und des Terrors jeder Art. Staatliche Instanzen – die ja eigentlich Meinungsfreiheit und Menschenwürde garantieren müßten – lassen sie meist im Stich, man will ja die gespannte Situation an unseren Universitäten nicht noch weiter anheizen.

Typisch hierfür ist das Schicksal von Professor Erwin K. Scheuch, der sich seit Jahren für die Freiheit an unseren Universitäten einsetzt und dafür einen unglaublichen Terror, bis hin zur Morddrohung ertragen muß. Aber sein Schicksal ist nur eines von vielen. Es gibt Fälle, die man als psychischen Mord bezeichnen kann.

In einer solch paradoxen Situation – Loyalität gefährlich, revolutionäre Umtriebe ungefährlich – ist es verlogen, wenn revolutionäre Agitatoren das Mitgefühl der Öffentlichkeit erregen durch die Behauptung, sie müßten hier Opfer für ihre Ideen bringen. Nein, sagen wir es ganz deutlich: An unseren Universitäten lebt *nur* der Loyale gefährlich, der Revolutionär hat bei uns wenig zu fürchten.

Der Spott auf Justiz und Polizei wurde zum ständigen Spaß der »Progressiven«, Polizisten sind nicht die Verteidiger unseres Rechtsstaates, sondern »Bullen«, also Handlanger brutaler Mächte.

Auch bei staatlichen Instanzen ist die Bereitschaft festzustellen, Rechtsbrüche zu ignorieren oder zu verharmlosen, wenn ihnen politische Motive untergeschoben werden: Eine Gewalttat ist scheinbar weniger kriminell, wenn sie am politischen Gegner verübt wurde.

Die Liberalität unseres Zusammenlebens wird vor allem durch Eigengesetzlichkeiten der Massenkommunikation bedroht, wir gehen hier zweifellos den Weg in Richtung auf die manipulierte Gesellschaft und Orwells »Großen Bruder«.

Gegen diese Zerstörung der Liberalität durch die Massenkommunikation weiß vorläufig niemand eine erfolgversprechende Abwehr, auch die bisher diskutierten gesetzgeberischen Maßnahmen begründen da wenig Hoffnung. Aber man sollte sich doch immerhin die wirkenden Mechanismen klar machen.

Das Grundgesetz der Bundesrepublik Deutschland garantiert die Freiheit der Meinungsäußerung, ausdrücklich die Pressefreiheit und die Lehrfreiheit und bedroht diejenigen, welche diese Freiheiten zum Kampfe gegen die freiheitlich demokratische Grundordnung mißbrauchen (Artikel 5 und 18 des Grundgesetzes).

Diese Grundgesetzgarantie wäre ausreichend, wenn sich die Bürger auf Grund unmittelbarer Wahrnehmung der Wirklichkeit autonome Meinungen bildeten und sich aus diesen die Mehrheitsmeinungen nach bestimmten Abstimmungsregeln ergeben würden.

Aber so ist es in unserer Zeit gerade nicht: Viele Bürger bilden sich ihre Meinungen über die komplexen Zusammenhänge unserer Welt eben nicht durch unmittelbare Wahrnehmung, sondern auf Grund ihrer Darstellung beispielsweise im Fernsehen, in der »BILD«-Zeitung oder im »SPIEGEL«. Man unterhält sich häufig auch gar nicht mehr über die Wirklichkeit, sondern darüber, wie das Fernsehen, die »BILD«-Zeitung oder der »SPIEGEL« sie dargestellt hat.

Aber solche Darstellungen sind etwas anderes als die Wirklichkeit, sie sind bereits durch Themenauswahl, Darstellungsform und Assoziationen ideologisch manipulierend – ob dies der Autor nun will oder ob er sich dessen gar nicht bewußt ist.

Entspräche das Ziel dieser Manipulation dem demokratischen Konsens, dann würde sie die Mehrheitsmeinung nicht verändern und wäre deshalb vielleicht annehmbar. Aber so ist es gerade nicht, es ist vielmehr bereits demoskopisch nachweisbar, daß die politischen Standorte der Meinungsmacher (bzw. die Verteilung ihrer politischen Standorte) sich deutlich vom politischen Standort der Öffentlichkeit unterscheiden.

Die publizistisch verbreiteten Meinungen streuen zwar stark, aber ihr Mittel ist weit entfernt vom Mittel der öffentlichen Meinung und damit vom demokratischen Konsens. Hierzu brachte schon Professor H. Schoeck einige interessante Untersuchungen in seinem Buche »Vorsicht, Schreibtischtäter«, in dem er u. a. den »linken Medienverbund« untersuchte [5].

Die unterschiedlichen politischen Standorte von öffentlicher und veröffentlichter Meinung werden auch deutlich durch die gewerkschaftliche Organisation vieler Schriftsteller und die einseitige politische Agitation vor allem von Böll und Grass.

Eine sensationelle Mitteilung machte Frau Professor E. Noelle-Neumann [6]. Daß diese öffentlich kaum verbreitet und verarbeitet wurde, spricht für ihre Richtigkeit. Eine neuere Umfrage bei Redakteuren deutscher Tageszeitungen, welche Partei sie wählen würden, ergab

SPD oder FDP	80 Prozent
CDU/CSU knapp	20 Prozent

Zwar liegt keine entsprechende Umfrage bei Fernsehredakteuren vor, aber das Urteil der Fernsehzuschauer ist bezeichnend, sie meinen im Verhältnis 5:1, das Fernsehprogramm stehe auf Seiten von SPD und FDP. Frägt man die Eltern von Schulkindern, welche politische Einstellung die Lehrer ihrer Kinder vermutlich haben, so ergibt sich das Verhältnis 6:1 für die SPD.

Diese extrem hohe Zustimmung (80 bis 85 Prozent) bekommen die Linksparteien von Meinungsmachern in einer Zeit, in der sie bei Wahlen höchstens auf 52 Prozent kommen.

Auch eine später noch zu diskutierende demoskopische Untersuchung über das Unternehmerbild zeigt, daß die veröffentlichte Meinung politisch weit links von der öffentlichen Meinung steht.

So leben wir im Zustand ständiger Gängelung durch eine andersdenkende Kaste von Meinungsmachern, die uns auf ihren politischen Kurs hinmanövriert. Dessen sind sich viele Meinungsmacher möglicherweise gar nicht bewußt, aber die Auswahl der Themen, die benutzte Sprache und Denkmodelle erwachsen häufig unbewußt aus dieser Ideologie und Anti-Ideologie.

Die in unserem Lande vorherrschende geistige Situation wurde schon als »ideologisches Vakuum« bezeichnet, man wollte damit auf das Fehlen verbindender Wertvorstellungen, Ziele und Denkmodelle hinweisen.

Aber diese Kennzeichnung ist irreführend, erzeugt sie doch die Vorstellung, hier wäre freier Raum, hier könnten sich Werte, Ziele und Denkmodelle ungehindert ausbreiten. Das Gegenteil ist richtig, dominiert doch eine Anti-Ideologie, welche die verkümmerten Werte und Ziele zerstört. Wir haben zwar keine verbindende Gesinnung, wohl aber Anstiftung zum Unfrieden und Anheizung ständiger Konflikte. Wir haben also gerade kein ideologisches Vakuum, sondern eine alles zerstörende essigsaure Anti-Ideologie.

Diese Anti-Ideologie wirkt u. a. durch vielfache Manipulation:

- Manipulation der Moral: An politische Vorgänge werden bei uns Maßstäbe angelegt, die nirgendwo erfüllt werden, um unser System unglaubwürdig zu machen: krimineller Moralismus.
- Manipulation der Wünsche: Politische Schlachten werden um Forderungen geschlagen, die man propagiert, um die Schlachten schlagen zu können: manipulierte Maßlosigkeit.
- Manipulation der Perspektive: Politische Vorgänge z. B. in Chile und Vietnam werden lauthals von Menschen beklagt, die nicht ein Wort über das Morden an der Grenze in Deutschland verlieren: Fernenliebe und Nächstenhaß.

Die Gründe für die Distanz von veröffentlichter und öffentlicher Meinung sind vielfältig, eine Rolle spielt z. B. die Herkunft vieler Meinungsmacher aus politisch einseitiger Ausbildung, die Vorzüge simpler Denkmodelle vor guten bei der Kommunikation und die Ferne vieler Kommunikatoren von der Realität.

Zwar muß man dankbar anerkennen, daß viele Meinungsmacher der einseitigen Indoktrination vorbildlich entgegentreten, aber sie sind doch in der Minderheit. Auch liberale Verleger, Redakteure und Intendanten können die Einseitigkeit kaum verhindern, sie finden vielfach hierzu weder die fähigen Mitarbeiter, noch haben sie die rechtliche Kompetenz.

An der Wirklichkeit gänzlich vorbei geht die von der SPD häufig geäußerte Ansicht, das negative Urteil der Öffentlichkeit über ihre Politik ginge auf das Konto einer »weithin feindlichen Presse«. Tatsache ist aber, daß die Immunisierungsstrategie der SPD (auf die noch eingegangen wird) kaum gelänge, wenn ihr nicht eine wohlgesonnene Publizistik willfährig zur Verfügung stünde. Eine tatsächlich kritische Publizistik könnte hier viel für unseren Staat und für die Demokratie leisten. Bei uns wird zuviel mit sozialistischer Nächstenliebe vertuscht.

An der Wirklichkeit vorbei geht auch Bölls Vorstellung, ein Verleger wie A. Springer sei »Herr und Herrscher fast aller Meinungen«. Ich weiß nicht, wer mehr Herrschaft über Meinungen ausübt, A. Springer oder H. Böll. Bölls Haß auf Springer ist nicht der Zorn eines Liberalen auf einen Unliberalen, das ist mehr der Haß eines Ideologen auf einen, der sich seinem Herrschaftsanspruch nicht beugt. Das hat wenig mit »Geben Sie Gedankenfreiheit« zu tun, mehr mit verhinderter Inquisition.

Typisch für die geistige Situation nach Ende der visionären Phase war der Haßausbruch Martin Walsers beim Deutschlehrerkongreß im August 1974, wo er scharfe Kritik am »intellektuellen Klima der Bundesrepublik« übte und sagte[7]:

»Irrationale Heiligsprechungen und fanatische Beschwörungen eines Grundgesetzes, das noch keine 50 Jahre alt ist, Berufsverbote, Diffamierungsmechanismen leisester Art, lächelndste Intoleranz, auf Qualitätsurteile gegründet, also unpolitisch daherkommende Zensur, honorigster Terror: Das sind die Kennzeichen des intellektuellen Klimas der BRD in den letzten fünf Jahren ...«

Der große Rechtsrutsch habe gezeigt, daß das

»Linke, Demokratiefreudige bei uns Intellektuellen von 1950 bis 1970 nur eine Party-Attitüde war«.

Kein Deutscher, sondern der Schwede Professor Gustav Korlén widersprach ihm und stellte fest, ohne die in der Gruppe 47 zusammengeschlossenen Literaten »wäre Willy Brandt nicht Bundeskanzler geworden«.

Peter Merseburger glaubte in der »PANORAMA«-Sendung vom 12. August 1974 den Unterschied zwischen öffentlicher und veröffentlichter Meinung mit dem Hinweis auf die »Watergate«-Affäre rechtfertigen zu können, etwa so: Wären hier nicht Journalisten anderer Meinung als die Öffentlichkeit gewesen, dann wäre der Skandal nicht aufgeklärt worden und Nixon wäre jetzt noch Präsident.

Dieser Rechtfertigungsversuch ist unhaltbar. Dies möchte ich theoretisch und durch ein konkretes Beispiel begründen.

Zunächst theoretisch: Eine verbreitete Information besteht aus zwei verschiedenen Zutaten: einerseits dem objektiven Sachverhalt und andererseits dessen subjektiv bestimmter Aufbereitung (Auswahl, Darstellungsform, Assoziationen usw.). Vom Journalisten erwartet man mit Recht, daß er mehr Kenntnis über objektive Sachverhalte als die Öffentlichkeit hat, dies ist sein Beruf und darin gesteht man ihm eine Sonderstellung zu. Man gesteht ihm aber nicht zu, seinen informationellen Vorsprung zur politischen Agitation auszunutzen.

Man kann dem Berufsstand der Journalisten die Freiheit der subjektiven Gestaltung nur soweit zugestehen, als er hierdurch die demokratische Willensbildung nicht zerstört. Es wäre elitäre Arroganz, wenn Journalisten annehmen würden, ihre Ideologie sei derjenigen der Öffentlichkeit überlegen. Wir sollten unsere Welt mehr aus der Sicht arbeitender Menschen zu verstehen lernen.

Das Problem des demokratisch akzeptablen Journalismus ist, überallhin aufzuklären und Mißstände allerorten zu kritisieren. Das Kennzeichen eines nicht annehmbaren Gesinnungsjournalismus ist, die eine Seite zu zerfetzen, die andere aber zu immunisieren.

Man kann Merseburger nicht nur theoretisch, sondern auch unter Verweis auf konkrete Vorgänge widersprechen, so vor allem durch den Vergleich journalistischer Aktivitäten beim Sturze Nixons und beim Sturze Brandts. Die Gründe für Nixons Sturz wurden in aller Öffentlichkeit ausgebreitet. Die Umstände beim Sturz Brandts blieben der deutschen Öffentlichkeit unklar. Bis heute fehlen uns glaubwürdige Antworten auf die Fragen:

- Warum ist Brandt zurückgetreten?
- Welche Rolle spielte hierbei die SPD-Führung, besonders Wehner und Schmidt?
- Welche Rolle spielte Guilleaume in Wirklichkeit?

Was uns hierzu bisher an Informationen zugeteilt wurde, ist wenig überzeugend. Konkret gesagt: Watergate wurde durch kompromißlose Recherchen aufgeklärt, Brandts Rücktritt steht auch jetzt noch im schummrigen Rotlicht.

Ich zweifle nicht daran, daß – wenn ein politisch nicht links stehender Bundeskanzler unter so mysteriösen Umständen zurückgetreten wäre – unsere Publizistik nicht geruht hätte, bevor nicht jedes Detail aufgeklärt worden wäre.

Nein, der Hinweis auf Watergate ist kein Argument zur Verteidigung der Divergenz zwischen öffentlicher und veröffentlichter Meinung, dieser Hinweis zeigt die Unzulänglichkeit unserer großenteils einäugigen Publizistik.

Wie sich die öffentliche Meinung bilden kann, beschrieb Frau Professor E. Noelle-Neumann durch ein interessantes Modell, das sie als »Schweigespirale« bezeichnete und folgendermaßen beschrieb[8]: Die meisten Menschen haben Angst, sich durch ihre Meinung von anderen Menschen zu unterscheiden. Deshalb beginnt die Meinungsbildung beim einzelnen mit der Beobachtung der Meinung anderer Menschen, der einzelne schätzt ab, welche Meinung vorherrscht und Zukunft hat. Hierbei gibt es zwei Möglichkeiten:

- Entweder findet er sich mit seiner eigenen Meinung auf derjenigen Seite, die vielfach Zustimmung findet. Dadurch wird er selbstbewußt und spricht seine Meinung deutlich aus.
- Oder aber er merkt, daß seine Meinung meist nicht geteilt wird oder an Zustimmung verliert. Dann wird er unsicher und hält sich zurück.

Dadurch, daß nun die einen selbstbewußt agitieren und die anderen resigniert schweigen, verändert sich die Meinungs-Umwelt weiter; und zwar so, daß schließlich die eine Meinung fast gar nicht mehr zu vernehmen ist, die andere sich aber vollständig durchsetzt.

Nach dieser Modellvorstellung ergibt sich als wichtigste Waffe im Kampfe gegen eine herrschende Meinung die Bereitschaft, seine eigene Meinung auch im Widerspruch zur vorherrschenden Meinung deutlich auszusprechen, sich also zu exponieren. Der Kampf um öffentliche Meinung heißt: Anhängerschaft sichtbar machen.

Dieses Modell zur Meinungsbildung mit zwei Partnern kann den realen Verhältnissen in unserem Lande weiter angepaßt werden durch Einfügung eines dritten Partners, des Kommunikationssystems, das die beiden ursprünglichen Partner unterschiedlich behandelt. Dann ergibt sich folgende Situation: Wir haben zwei etwa gleichstarke politische Gruppen, eine linke und eine rechte. Diese beiden Gruppen haben solange bei der Meinungsbildung Chancengleichheit, als ihre Äußerungen gleiche Chancen der Verbreitung haben. Wenn dies aber nicht zutrifft – und es trifft angesichts der Einseitigkeit vieler Meinungsmacher tatsächlich nicht zu –, wird vorgetäuscht, die Linken seien in der Übermacht und im Kommen, während die Rechten durch Vernachlässigung in Resignation versetzt werden. Dies könnte zum totalen Umkippen der öffentlichen Meinung nach links führen, wenn bei der Meinungsbildung nicht noch ein vierter Partner wirksam wäre, nämlich die erfahrene Realität, besonders die produktiv erfahrene Realität, die immer wieder zeigt: Die Meinungen der Linken passen doch gar nicht zur Wirklichkeit, die sind nur simpel, aber nicht gut. Beispielsweise ist es doch gar nicht wahr, daß Funktionäre uneigennütziger sind und mehr Wohlstand bringen als Menschen, die durch Leistung zu Kompetenz kamen. Beispielsweise kann der Sozialismus doch nicht gut sein, wenn so viele Menschen aus seinem Machtbereich fliehen, usw.

So entsteht schließlich ein Vierer-Modell starker innerer Spannungen zur Beschreibung der Meinungsbildung: einerseits die Partnerschaft zwischen Linken und vorherrschender Meinungsmache und andererseits die Partnerschaft von Rechten und Realität. Die Bestätigung durch die Wirklichkeit schafft den Rechten das Stehvermögen gegen die Denunziation durch Linke und viele Meinungsmacher.

Man sollte aber die starke innere Spannung nicht unterbewerten, es ist ein unguter und eigentlich ganz undemokratischer Zustand, wenn die vorherrschende Meinungsmache den demokratischen Konsens ständig verfälscht, auch dann, wenn dies nicht gerade zur Meinungsdiktatur ausartet.

Das Vierer-Modell zeigt auch, welche Komplikationen dann entstehen, wenn eine linke Regierung eine rechte Politik macht:

1. Die Kritik der Rechten an der linken Regierung mit rechter Politik läuft ins Leere, sie kann nur noch die Groteske des rechten Regierens mit linkem Programm deutlich machen.
2. Die Verbindung zwischen der Mehrzahl der Meinungsmacher und den rechten Pseudolinken wird inhaltsleer, eine Treueübung ohne innere Anteilnahme.

Dieses Vierer-Modell zur Deutung der Meinungsbildung in unserem Lande ist zweifellos eine Vereinfachung (wenngleich keine so grobe Simplifikation wie das Klassenkampfmodell). Man kann vor allem nicht davon ausgehen, daß die Kumpanei zwischen Links und Meinungsmache total sei, sondern muß sich daran erinnern, daß viele in den Medien Tätige sich bewußt und anerkennenswert gegen sie stellen.

Aber diese Überlegungen – so grob sie auch sind – zeigen die bisher ungelösten Probleme demokratischer Entscheidungen auf Grund angeblich liberaler und autonomer Meinungsbildung. Sie zeigen auch, daß die bisher diskutierten gesetzgeberischen Absichten unzureichend sind.

Wir stehen unverändert vor der Frage: Ist im Zeitalter der Massenmedien, der beinahe unbegrenzten Macht der Meinungsmacher ein liberaler Staat überhaupt noch zu verteidigen – ideologisch zu verteidigen – oder ist wegen seiner sensiblen Struktur die Verteidigung aussichtslos, ist der Weg in Orwells Diktatur unvermeidbar?

Zum Verständnis liberaler Systeme braucht man differenzierende Begriffe, mit simplen Begriffen kann man nur simple Systeme anpreisen. Schlagworte wie »Lebensqualität«, »Demokratisierung«, »Emanzipation« usw. bleiben weit hinter dem zurück, was uns die kulturelle Entwicklung gebracht hat, aber sie wirken auf unkritische Konsumenten wie Elektroden im Gehirn, sie motivieren, ohne die Realität abzubilden.

Elektrisierend wirkt z. B. die bereits in Schulbüchern zu findende Behauptung: »In der Bundesrepublik Deutschland besitzen 1,7 Prozent der privaten Haushalte 70 Prozent des produktiv genutzten Privatvermögens.« Hierauf reagiert das junge Herz mit Empörung und dem Entschluß, diesen ungerechten Staat endlich in Ordnung zu bringen.

Die Behauptung »1,7 Prozent der privaten Haushalte besitzen 70 Prozent des produktiv genutzten Privatvermögens« beherrscht zwar die öffentliche Diskussion, ihre Stichhaltigkeit wurde aber bisher nie ernsthaft geprüft. Das Verdienst, dies getan zu haben, gebührt H. Schoeck mit seinem Buche »Umverteilung als Klassenkampf[9]«, aus dem einige Gedanken referiert seien:

1. Vom gesamten Privatvermögen einschließlich Hausbesitz und Versicherungsansprüchen besitzen Arbeitnehmer zwei Drittel und Arbeitgeber ein Drittel. Bei den Arbeitgebern sind besonders zahlreich vertreten Landwirte, kleine Handwerker und Gewerbetreibende.
2. Diese dubiose Aussage berücksichtigt überhaupt nicht die natürliche Vermögensansammlung im Laufe des Arbeitslebens. Die Zahlenwerte (1,7 Prozent besitzen 70 Prozent) würden noch empörender, wenn auch achtzehnjährige Lehrlinge und Unterprimaner als Haushaltsvorstände erfaßt würden.
3. Bei uns bemüht man sich um Chancengleichheit, allerdings über erbrachte Leistungen. Die größten Vermögen entstanden durch außergewöhnliche Leistungen, Risikobereitschaft und Konsumverzicht mehrerer aufeinanderfolgender Generationen.
4. Durch gesetzlich erzwungene Gleichmacherei würde sich der Wohlstand der Mehrheit kaum erhöhen (die Verteilung des gesamten Produktivvermögens würde wenige tausend Mark pro Kopf erbringen), aber durch den Wegfall des Leistungsanreizes würde der Wohlstand rasch abnehmen.
5. Die Vermögensunterschiede in den »sozialistischen« Ländern sind groß, möglicherweise größer als bei uns.
6. Niemand ist in der Lage zu erklären, was eine »gerechte« Vermögensverteilung ist, diese Forderung wurde zum Manipulationswerkzeug.

Aber trotz seiner sachlichen Unhaltbarkeit erzeugt dieses »1,7

Prozent besitzen 70 Prozent«-Argument ständige Unzufriedenheit und höhlt das Vertrauen zu unserem Staat aus.

In den Massenmedien wird über unsere Arbeitswelt vielfach in einer höchst unqualifizierten Weise berichtet. Es wäre eine systematische Analyse und öffentliche Diskussion wert, zu zeigen, wie hier ohne Sachkenntnis Haß und Neid geschürt werden.

Kritik an dieser Irreführung findet aber kaum statt, weil die hierzu Sachverständigen überlastet sind und der Manipulation nicht entgegentreten können. So entwickelt sich eine abscheuliche Arbeitsteilung, bei welcher die schweigende Mehrheit den Wohlstand – und eine lautstarke Minderheit den Mißmut produziert.

Hier wirken besonders spätmarxistische Theorien. Zwar sind diese – wenn man sie erst einmal vom Soziologenchinesisch in verständliche Sprache übersetzt hat – von rührender Schlichtheit, sie entstammen einem Denken, das seit der Aufklärung eigentlich nicht mehr annehmbar ist, aber sie haben großen Einfluß auf unsere Jugend.

Erregend ist für sie besonders H. Marcuses Behauptung: Die Industriegesellschaften folgten zwar einer technokratischen Pseudorationalität, aber sie ignorierten ihre Wirkungen im Sozialen und Psychischen und seien deshalb irrational und antihuman. Wahre Rationalität könnte er (Marcuse) anbieten, er könne »wahre und falsche Bedürfnisse unterscheiden«.

Diese Kritik an unserer industriellen Lebensform ist deshalb so gefährlich, weil sie vordergründig empfundene Mängel zutreffend zeigt, hintergründig aber in eine ganz falsche Richtung weist – was viele Leser kaum bemerken.

Zutreffend ist, daß jede arbeitsteilige Produktion Unterordnung voraussetzt, im Osten wie im Westen. Das notwendige Maß der Unterordnung ist aber nicht durch die Gesellschaftsform bestimmt, sondern durch die erwartete Leistung. Unsere gegenwärtig möglichen Produktionsformen gestatten es nicht, auf Leistung zu verzichten und nunmehr das »Lustprinzip« an seine Stelle zu setzen. Ebenso sicher ist, daß die etwa sieben Milliarden Menschen des Jahres 2000 sehr wirksame Produktionsformen haben müssen, wenn sie trotz der begrenzten Ressourcen dieser Erde menschenwürdig leben sollen. Man kann weder hochwertige Landwirtschaft, noch Technik, noch Medizin, noch Verwaltung, noch irgendeine Form hochwertiger Organisation ohne Arbeitsteilung und Unterordnung verwirklichen, und gerade die »sozialistischen« Länder zeigen, daß sich entgegen allen Verheißungen moderne Produktionen eben nicht »herrschaftsfrei« aufbauen lassen – man kann nur das Gefühl der Unterordnung wegmanipulieren.

Marcuses Kritik an »dieser Rationalität« trifft deshalb gar nicht unsere vieldiffamierte »kapitalistische« Lebensform (wie seine kritiklosen Nachbeter meinen), vielmehr einen allgemeinen Sachverhalt, der in liberalen Systemen weniger unmenschlich wirkt als in den angeblich »sozialistischen«.

Die Soziale Marktwirtschaft ist bestimmt durch den individuellen Entscheid des Käufers. Übelwollende Kritiker versuchen auch hier nachzuweisen, daß diese demokratische Entscheidung nicht funktioniere. So schrieb beispielsweise G. Ropohl [10]:

»...beginnt die sogenannte Konsumentendemokratie der freien Marktwirtschaft zu einer Illusion zu werden, wenn der Kunde nur noch bei einem Sechstel der 5500 Warengruppen, die in der Bundesrepublik hergestellt werden, die Wahl zwischen mehr als neun Fabrikanten hat, bei 750 Produktarten jedoch höchstens noch zwischen drei Herstellern wählen kann.«

Aber diese Zahlenwerte beweisen doch gerade das Gegenteil dessen, was der Autor mit Worten sagt, nämlich bei fast allen, nicht weniger als 86 Prozent der Warengruppen, hat der Kunde die Auswahl zwischen drei oder mehr Produzenten. Ein Gang durch die Ladenstraßen oder die Warenhäuser zeigt, daß der Konsument bei uns tatsächlich ein sehr reiches Angebot hat. Ohne spezielle Recherchen ist man meist gar nicht in der Lage, eine Produktengruppe anzugeben, die keine Auswahl bietet. Es fällt möglicherweise ein, daß es nur ein einziges Nachrichtenmagazin gibt.

Aber auch in den restlichen 14 Prozent der Fälle, in denen es nur zwei oder einen Produzenten gibt, wirkt der Marktmechanismus: Die Produzenten müssen sich qualitativ, quantitativ und preislich so einstellen, daß sie ihre Position behaupten. Hierbei darf man auch die Import- und Substitutionskonkurrenz nicht vergessen.

Es gibt auch keinen Zweifel daran, daß die Konzentration auf wenige Produzenten häufig im Interesse der Verbraucher liegt: Nur bei Fertigung in großen Mengen kann rationalisiert und preiswert verkauft werden. Schließlich ist auch das Kartellamt nicht untätig, es hat beispielsweise das Volkswagenwerk hochnotpeinlich befragt, obwohl dessen Schwierigkeiten, vor allem durch die Personalkostenexplosion, allerorten bekannt sind.

Aber man sollte bei solchen hämischen Kritiken auch den Vergleich mit sozialistischen Wirtschaften nicht versäumen – wer die Qualität, Quantität und Zuteilungsverfahren der dort erhältlichen Waren kennt, der sieht in unserer Marktwirtschaft ein unübertreffliches Paradies demokratischer Konsumentenentscheidung.

Die Liberalität einer Wirtschaftsform zeigt sich vor allem daran, daß jeder aus eigener Initiative und auf eigenes Risiko wirtschaftliche Unternehmungen aufbauen kann, kurzum, an der Existenz freier Unternehmer.

Eine zusammenfassende demoskopische Untersuchung über »Unternehmer in Deutschland« erstellte 1974 H. C. Röglin[11]. Seine wichtigsten Ergebnisse sind:

Die radikalen Linken gewinnen mit ihren unternehmerfeindlichen Argumenten in zunehmendem Maße Raum in der veröffentlichten Meinung. Ihr Unternehmerbild ist so:

»Der Unternehmer erscheint als eine Art moderner böser Dämon und wird vor allem als seelisch, geistig und sogar körperlich deformiertes Wesen geschildert, dem auf Grund seiner absoluten Egozentrizität und Asozialität keine humanen Eigenschaften zugestanden werden.«

Dagegen weist die öffentliche Meinung dem Unternehmer nach wie vor eine positive Führungsrolle zu. Sein öffentliches Ansehen hat in letzter Zeit eher zugenommen, beispielsweise traut man ihm eher als den Gewerkschaften Arbeitsplatzsicherung und Umweltschutz zu. Die Öffentlichkeit akzeptiert den Unternehmer weiterhin als sozialen Partner, ebenso wie das System der Sozialen Marktwirtschaft, von dem man unverändert Wirksamkeit und Wohlstand erwartet.

Erstaunlich ist, wie falsch und negativ Unternehmer ihre eigene Rolle in der Gesellschaft einschätzen, sie glauben im Gegensatz zur Öffentlichkeit an das negative Unternehmerbild der Linksradikalen, sie finden deshalb nicht mehr den rechten Ton beim Umgang mit der Öffentlichkeit und geraten so in Isolation und Resignation.

Diese Entwicklung ist bedenklich: Ein Versagen des Unternehmers in seiner Führungsrolle wird als Versagen der Sozialen Marktwirtschaft gedeutet. Wenn diese Unsicherheit der Unternehmer weitergeht, dann – so fürchtet Röglin – geht bald ein Gespenst um in Europa: der abgedankte Unternehmer, an dessen Stelle der etablierte Funktionär tritt.

Hierzu drei Bemerkungen:

1. Auch hier zeigt sich der allgemeine Unterschied zwischen veröffentlichter und öffentlicher Meinung.
2. Die veröffentlichte Meinung steht auch hier politisch links von der öffentlichen Meinung.
3. Bölls Denunziation des Unternehmers als »frei herumlaufendes Raubtier« kennzeichnet ihn als radikalen Linken ohne Sachkenntnis.

Da wirtschaftliche Vorgänge meist komplizierter sind, als der Außenstehende ahnt oder durch simple Schlagworte beschrieben werden kann (besonders durch Schlagworte aus dem vorigen Jahrhundert), kommt es immer wieder zu destruktiven politischen Eingriffen in die Wirtschaft oder werden solche geplant.

J. Eick beschrieb »Wie man eine Volkswirtschaft ruinieren kann [12]« und stellt hierbei u. a. fest:

»Es ist ein Irrtum zu glauben,

- *die heutige Situation von Wirtschaft und Gesellschaft sei mit der simplen These vom Klassenkampf erklärbar. Dieser Irrlehre muß die Lehre von der Einheit des Unternehmens gegenübergestellt werden*
- *die von den Gewerkschaften geforderte paritätische Mitbestimmung werde die Effizienz der Firmen und der Wirtschaft nicht ganz erheblich beeinträchtigen. Es ist auch ein Irrtum zu glauben, diese wäre nicht das Ende der ›Sozialen Marktwirtschaft‹, wie sie seit 1949 erfolgreich praktiziert wird*
- *daß eine Demokratie mit Parlament, Regierung und Parteien noch möglich wäre, wenn die Macht der Gewerkschaft in Übermacht umschlägt*
- *Einkommen könnten von irgend etwas anderem herkommen als von Arbeit, entweder der eigenen oder der anderer*
- *die ständige Unternehmer-Beschimpfung habe keinerlei Ein-*

fluß auf die innere Verfassung unserer Volkswirtschaft.« Da ist noch ein Punkt, der häufig übersehen wird: Die wirtschaftliche Entwicklung hängt ab vom vorherrschenden Optimismus oder Pessimismus. Bei gleichen objektiven Voraussetzungen kann die wirtschaftliche Entwicklung aufwärts oder abwärts gehen, je nach vorhandenem oder fehlendem Optimismus. Wahrscheinlich sind viele der gegenwärtigen wirtschaftlichen Schwierigkeiten nicht nur objektiv begründet, sondern auch durch das ignorante Geschwätz der »Systemüberwinder«. Ich vermute, ohne deren unverantwortliche Agitation hätten wir einige hunderttausend Arbeitslose weniger.

Arbeitnehmer möchten vor allem einen guten Verdienst und sicheren Arbeitsplatz. Mitbestimmung ist ihnen selten sehr wichtig. Die Voraussetzungen für einen guten Verdienst und sicheren Arbeitsplatz entstehen vor allem durch den Fleiß, Sachverstand, die Kreativität und Verantwortung des Managements. Hier geht es um unauffällige, harte Arbeit, manchmal um persönliche Kontakte oder schlaflose Nächte. Dies ist publizistisch kaum darzustellen.

Die Mitbestimmung dagegen entsteht ganz anders, hierzu muß man Anhänger sammeln und agitieren. Dies ist publizistisch gut darzustellen, schließlich erscheint man als »sozialer«, »sozialliberaler« oder »sozialistischer« Politiker.

Das Groteske an unserem politischen und publizistischen Betrieb ist, daß man weniger über das redet, was den Arbeitern meistens wichtig ist, und mehr über das, was Arbeitern weniger wichtig ist, aber Politikern und Funktionären Vorteile schafft. Hier werden Forderungen eingeredet, um im Kampf für diese Forderungen politische Macht zu erringen.

Bedenkt man weiter, daß guter Verdienst und sicherer Arbeitsplatz durch Kämpfe im Produktionsbereich gefährdet werden, dann erkennt man, wie wenig die eingeredeten Forderungen tatsächlich im Interesse der Arbeiter liegen. Sie sind nur sinnvoll, wenn man entweder an die Existenz einer ausbeutenden Klasse glaubt oder die Herrschaft einer neuen Herrscherklasse vorbereiten will.

Natürlich gibt es auch stichhaltige Gründe für die Mitbestimmung: Arbeitgeber sind – so wenig wie andere Menschen – ohne Fehl und Tadel. Deshalb müssen ihre eventuellen Fehlentscheidungen zu Lasten der Arbeitnehmer kontrolliert werden. Nicht einzusehen ist allerdings, daß man hierzu eine totale Mitbestimmung aufbauen muß, vor der viele Unternehmer resignieren, ausländisches Kapital das Vertrauen verliert, durch die aber viele tausend Funktionäre Aufsichtsräte werden.

Ähnlich steht es mit anderen hochgejubelten Absichten, so beispielsweise der »Demokratisierung«. Es ist zweifellos richtig, daß manchenorts autokratische Entscheidungsstrukturen konzilianter gestaltet werden müssen, aber es ist unvernünftig, aus der »Demokratisierung« eine Volksbewegung zu machen, die nicht nur die Glaubwürdigkeit und Funktionsfähigkeit unseres Systems verringert, sondern vielfach auch zum Aufbau neuer Herrschaftsformen mißbraucht werden könnte.

Die visionäre Phase unserer Nachkriegsgeschichte war erfüllt von solchen Beispielen für den Mißbrauch an sich vernünftiger Absichten für unvernünftige Zwecke: von der Agitation gegen den Vietnamkrieg (mit der meist sozialistische Propaganda betrieben wurde) bis hin zum Umweltschutz (dessen systemüberwindende Ziele häufig unverkennbar waren).

Die visionäre Phase war auch gekennzeichnet durch vergebliche Versuche, schwierige Probleme mit untauglichen Mitteln zu lösen, beispielsweise den Versuch, die Angst vor Arbeitslosigkeit durch ein Grundrecht auf gesicherten Arbeitsplatz zu beseitigen. Gegen eine ruinierte Wirtschaft hilft aber kein Gesetz, da braucht man Sachverstand und solidarische Anstrengung.

Ebensowenig kann man Entspannung dadurch herbeizaubern, daß man einem politischen Gegner, der keine Entspannung will, ja vielfach Spannung braucht, unbegrenzte Vorleistungen bringt.

Mit der visionären Phase gingen zwar viele unglaubwürdige Illusionen zu Ende, aber an ihre Stelle traten keine glaubwürdigen Orientierungen und keine langfristige Strategie, vielmehr das Gefühl der Ratlosigkeit, des unsicheren Witterns nach allen Seiten und des hektischen Deichebauens, wo Einbrüche drohen.

Für die voraussehbar unsichere Zukunft brauchen wir mehr politische Bewußtheit. Wir können uns nicht behaupten in einer Art verantwortungsloser Playboy-Existenz, in der Hoffnung, andere würden für unsere Sicherheit, Liberalität und unseren Wohlstand sorgen.

Unter den notwendigen Vorkehrungen scheint mir – nächst der Sicherung des Friedens – die Erhaltung der Liberalität die wichtigste Aufgabe zu sein: Liberalität als bestimmendes Element unseres Zusammenlebens, das sich besonders deutlich zeigt beim Vergleich der beiden Staaten in Deutschland.

Mitten durch Deutschland läuft ja die Grenze zwischen
dem Kommunismus und
dem Liberalismus.

Hier können Menschen
frei ihre Meinung sagen,
frei schaffen, anschaffen
und gehen, wohin sie wollen.
Sie können auch streiken
und Wehrdienst verweigern.

Dort müssen Menschen
heimlich fremde Sender hören,
heimlich verbotene Schriften
lesen,
um Schlechtes Schlange stehen,
vor der Polizei zittern
und durch Schießautomaten
über verminte Grenzen fliehen.
Dort gibt es keinen Streik
und keine Wehrdienstverweigerung.
Wohl aber Normen
und »freiwillige« Zusatzschichten,
die unwirtlichsten Städte,
Parteidrill bis zum Kotzen
und Sozialistischen Realismus
wie vom Zuckerbäcker.
Dort gibt es auch
keinen Weg in den
Liberalismus.

Hier ist der Weg
über den »Sozialismus«
in den Kommunismus
weit offen, aber es gibt
keinen Weg zurück.

2. Irrlichter

»Ich denke: Lieber an der Front des Volkes als im Hintern der Reaktion«,
so erklärte Professor Walter Jens seine Sympathie zur »Volksfront«[1].

Zweifellos weiß er, daß das »Volksfront« genannte Kampfbündnis von Sozialisten und Kommunisten *nicht* die Front des Volkes ist, die »Volksfront« steht auf der einen, das Volk auf der anderen Seite der Barrikaden. Auch linke Parteien wehren »Volksfront«-Verdacht ab, um keine Wählerstimmen zu verlieren.

Jens weiß das in nüchternen Momenten, aber seine Rede irrt offensichtlich außerhalb der Nüchternheit und Verantwortbarkeit. Eloquenz ist nicht immer ein Zeichen von Verstand, und manchmal verdrängt Sprache die Vernunft.

Ich sage dies ohne Überheblichkeit – eher mit dem Schuldgefühl, hiervon einst selbst betroffen gewesen zu sein.

Vor Jahren schrieb ich[2]:

»Wo finden wir in unserer Gesellschaft dieses kritische Bewußtsein? Nicht *bei den Routiniers politischer Macht,* nicht *bei den erfolgreichen Managern,* selten *an den Lehrstühlen der Weisheit,* kaum *in der Öffentlichkeit. Anerkennung erwirbt man sich in unserer Gesellschaft mit Schlafpülverchen, nicht mit dem kritischen Bewußsein. Es ist Sache weniger Außenseiter, das kritische Bewußtsein in Opposition zu den erfolgreichen und vielprämiierten Schlafmittelproduzenten zu erhalten.«*

Heute glaube ich nicht mehr an die segensreiche Wirkung des »kritischen Bewußtseins« oder vielmehr dessen, was sich bei uns wenig bescheiden als solches ausgibt. Ich bin heute kritischer und meine: Gemessen an diesem angeblich »kritischen Bewußtsein« ist das altmodische, vieldiffamierte und verlachte gesunde Volksempfinden ein Urgebirge an Vernunft. Der Anspruch, im Namen des »kritischen Bewußtseins« zu agitieren, wurde bei uns vor allem zum Etikett von Ignoranz, Eigennutz,

Machtstreben und Infantilismus, ja manchmal sogar offenkundigem Irrsinn.

Da so viele vom »kritischen Bewußtsein« reden, meint man leicht, die notwendige kritische Funktion sei bei uns voll besetzt und würde auch geleistet. Das Gegenteil ist der Fall, die angeblich »kritische Intelligenz« nimmt die Probleme unserer Zeit kaum wahr, sie lebt im Nirwana, sie agitiert mit Klischees von gestern gegen die Gefahren von vorgestern, sie kämpft Ende des zwanzigsten Jahrhunderts gegen den Kapitalismus des neunzehnten Jahrhunderts und gegen den Faschismus der dreißiger Jahre. Über diesem anachronistischen Schattenboxen erkennt sie überhaupt nicht die wirklichen Gefahren unserer Zeit: das Aufkommen einer neuen Klasse absoluter Herrscher, gegen welche die Monarchen des neunzehnten Jahrhunderts kleine Dilettanten waren, das Aufkommen eines als Antifaschismus getarnten neuen Faschismus, der die Liberalität zerstört, die Machtergreifung des »Großen Bruders«, der die Privatheit vernichtet, das allgemeine Vordringen eines antiliberalen Kollektivismus. Nicht nur, daß diese Schlafmützen die wirklichen Bedrohungen unserer Zeit gar nicht erkennen, sie verbrüdern sich mit ihnen und betreiben geistige Gleichschaltung. Ich fürchte, die Tolpatsche mit ihrem angeblich »kritischen Bewußtsein« werden noch auf dem Archipel Gulag über den Kapitalismus schimpfen.

Ich werfe dieser angeblich kritischen Intelligenz nicht vor, daß sie die Zustände in unserem Lande kritisiert, ich werfe ihr vor, daß sie so beschränkt kritisiert und zur Verbesserung unseres Zusammenlebens nichts beiträgt, daß sie Gebetsmühlen dreht, anstatt Gefahren zu erkennen.

Meines Erachtens wurde noch nie – kaum zur Nazizeit – eine Kulturnation mit großer Tradition durch eine solche kleine Ideologie verwirrt wie gegenwärtig unser Volk durch die arrogante Bewegung, die mit dem Anspruch auftritt, das »kritische Bewußtsein« zu verkörpern und »progressiv« zu sein.

Dabei zeigt es sich immer wieder, daß diese überhebliche Bewegung keinen Überschuß hat, sondern viele Mängel. Vor allem Mangel an Vorstellung, was aus ihrer »Progressivität« wird und Mangel an Bereitschaft, die Verantwortung hierfür zu tragen: menschliches Unglück, kulturelle Demontage und schließlich die unmenschliche Existenz der »blauen Ameisen«.

Unter »Progressivität« verstehe ich also
den Willen zur Veränderung
ohne Vorstellung des »danach« und
ohne Verantwortung für seine Folgen.

Den »Progressiven« ist vorzuwerfen, daß sie keine Alternativen zu unserer Lebensform entwickelten, mehr als vordergründige Denunziation leistete ihre »kritische Theorie« nicht. Man sollte sich aber für keine Absichten engagieren, die man nicht beibehalten könnte, wenn man ausreichende Macht zu ihrer Verwirklichung hätte. Die Infamie dieser »Progressiven« ist, daß sie Zukünfte verheißen, die niemand – sie selbst zuallerletzt – verwirklichen kann. Das sind nur Köder für pubertäre Motivationen.

Diese »Progressivität« hat viele Aspekte, manche davon betrügerischen Charakters.

Die meisten Menschen unseres Landes wollen eine liberale Gesellschaft und eine freie Wirtschaft. Dies nicht nur, weil sie auf das damit Erreichte stolz sind, sondern noch mehr, weil unsere Landsleute zu Tausenden unter Lebensgefahr aus dem »sozialistischen« Teil unseres Landes fliehen und wir uns deshalb keine Illusionen über die dortige Wirklichkeit, das angebliche Paradies machen.

Gleichzeitig wird aber unsere Öffentlichkeit und unser politisches System auf einen Kurs manipuliert, der geradewegs in ein solches angebliches Paradies führt. Dies ist ein ungeheurer Betrug in einem demokratisch verfaßten Staat, begangen an Bürgern, denen man das Prädikat »mündig« anhängt.

Am ideologischen Betrug vor unser aller Augen sind verschiedene Aspekte auszumachen:

Der *semantische* Betrug, bei dem Wörtern eine falsche Bedeutung untergeschoben wird; wo man beispielsweise »Demokratisierung« sagt und Machtübernahme durch Funktionäre meint.

Der *ökonomistische* Betrug, bei dem gegen alle Erfahrung behauptet wird, es ginge der Mehrheit dann besser, wenn die Minderheit resigniert, die noch immer durch ihre Sachkenntnis, Fleiß, Kreativität und Verantwortung den enormen Wohlstand unseres Landes begründet.

Der *moralistische* Betrug, durch den wir gegen alle Erfahrung glauben gemacht werden, Staats- und Parteifunktionäre seien moralischer, fehlerfreier und humaner als Menschen, die durch Leistung zu Kompetenz kamen.

Der *futurologische* Betrug, bei dem uns von »kritischen Futurologen« eingeredet wird, unser liberales System hätte keine Zukunft und wir müßten Kurs auf ein »sozialistisches« Paradies nehmen.

Zu diesen vielen Formen öffentlichen Betrugs kommen kommunikative Sachzwänge, vor allem die Tatsache, daß simple Denkmodelle gute Denkmodelle verdrängen.

Ist dies nicht erstaunlich: Wer keine Erfahrungen mit Maschinen hat, urteilt nicht über sie – wohl aber, wer Erfahrung hat. Über Menschen und ihre Gesellschaft urteilen aber meist nur Unerfahrene, während die Erfahrenen lieber schweigen.

Unverkennbar ist auch der Opportunismus dieser Bewegung: Nachdem bei uns selbst der Revolutionär kaum etwas zu fürchten hat, bringt die »progressive« Attitüde nur Vorteile, vor allem für Meinungsmacher. Ein bedürftiger Poet, der nach mehr strebt, sollte sich »progressiv« betätigen, es zahlt sich aus. Arrivierten Meinungsmachern schafft die »Progressivität« Claqueure und reichen Gewinn.

Hinter diesem progressiv-humanitären Pathos verbergen sich häufig sehr egoistische Absichten, die E. Topitsch meisterhaft beschrieb[3]:

»Im Zeichen der Diffamierung von Macht und Herrschaft greifen solche Gruppen nach totaler Macht und Herrschaft, im Namen der Abschaffung von Gewalt predigen sie Gewalt, unter Bekenntnissen zu emanzipatorischer Vernunft huldigen sie repressiver Unvernunft, und unter Forderungen nach einer alle umfassenden Bildungsgesellschaft vollziehen sie eine in der Geschichte geradezu beispiellose Demontage von Bildung und Kultur.«

Angesichts der verlorenen Rationalität sind die »Progressiven« zu kritischer Auseinandersetzung nicht mehr fähig, wer ihnen widerspricht, wird denunziert. Die öffentliche Auseinandersetzung wird so zu Schlägen unterhalb der Gürtellinie. Ein typisches Beispiel hierfür: Zu H. Schelskys vorzüglicher Analyse »Systemüberwindung, Demokratisierung, Gewaltenteilung[4]« schrieb der ehemalige Minister E. Eppler eine »Kritik[5]«, welche davon ausging, bei der CDU seien alle »von Schelsky besoffen«. Zur Sache brachte Eppler nichts Erwähnenswertes. Er steht damit nicht alleine.

Wo sich solche Methoden durchsetzen, da gibt es keine gesellschaftlichen Lernprozesse mehr, da gibt es nur noch Schlammschlachten.

Wohl am übelsten hat diese Irrationalität den Reformen, vor allem der Bildungsreform mitgespielt. Wieviel Idealismus und Energie wurden sinnlos vertan, weil man meinte, sich über Sachkenntnis und Erfahrung hinwegsetzen zu können.

Es geht jetzt nicht um die »Reform der Reformen«, sondern um die Reform der Reformer – wir brauchen Leute mit Sachverstand, Redlichkeit und Verantwortungsbewußtsein. Wer Reformen will, muß die »Progressivität« bekämpfen.

Die Hintergründe dieser »Progessivität« sind vor allem:

1. Der Verlust an Wirklichkeitssinn: Begriffe und Grundsätze werden nach ihrer intellektuellen Faszination beurteilt, nicht aber an ihrem Beitrag zur Lösung realer Probleme. Man meint, die Welt sei das Produkt unseres Willens und unserer Vorstellung, und wenn erst einmal das richtige Bewußtsein hergestellt sei, dann werde die Realität schon nachziehen.
2. Der Verlust an Rationalität: Tatsachen werden mal benutzt und mal verschwiegen, Begriffe werden mit gleitender Bedeutung verwendet, sprachliche Assoziationen treten an die Stelle der Logik, Psychoanalyse an die Stelle sachlicher Kritik und Ästhetizismus an die Stelle der Erfahrung.
3. Der Verlust an Geschichtsbewußtsein: Man glaubt, aus der Geschichte unseres Volkes wie aus einer Straßenbahn aussteigen zu können und begreift nicht, daß wir biologisch und kulturell unaufhebbar in diese Geschichte eingebunden sind und der Versuch des Aussteigens zu Unsicherheit, Angst, Neurosen und Manipulierbarkeit führt.
4. Der Verlust ethischer Bindungen: Man glaubt, die menschliche Art sei auf dem Wege von der totalen Bindung des Urmenschen über die Aufklärung hin zur totalen Freiheit des zukünftigen Menschen. Man verdrängt die Einsicht, daß das zukünftige Zusammenleben in der dichten Massengesellschaft sehr viele Rücksichten und Verhaltensnormen vor-

aussetzt. Die »Progressiven« sehen nicht, daß wir an den Grenzen der Aufklärung angelangt sind, also dort, wo Werte, Ziele und Denkmodelle nicht mehr weiter privatisiert werden können. Das Problem unserer Zeit aber ist nicht die Emanzipation, vielmehr die Unterwerfung unter feste und dauerhafte Regeln, welche die Erhaltung menschlichen Lebens ermöglichen.

Die Verluste an Wirklichkeitssinn, Rationalität, Geschichtsbewußtsein und ethischen Bindungen sind kulturelle Verluste, eine kulturelle Demontage, die man auch als solche erkennen und bezeichnen sollte.

Helmut Thielicke untersuchte diese »Progressivität«, ihren bergeversetzenden Glauben an die Phrase und ihre Überzeugung, daß sich schon irgendein Phönix aus der Asche erhebe, wenn man erst einmal alles zusammengehauen hat [6].

Thielicke sagte auch klar: Wer diese Art von Avantgardismus verneint, braucht deshalb noch lange nicht reaktionär zu sein und am Vergangenen zu hängen.

Seine Abweichung kann auch das Gegenteil bedeuten, daß er fortschrittlicher ist als der Avantgardismus, daß er nämlich den kommenden Bankrott durchschaut und schon dem zugeneigt ist, was nach der großen Pleite kommt.

Treffsicher spottet Thielicke:

»Nur Psychologie und Soziologie, die als junge Wissenschaften am wenigsten unter der Neigung zur Selbstkritik zu leiden pflegen, jedenfalls in nicht wenigen ihrer Exemplare, dämmern noch ungebrochen dem Morgenrot ihrer Projekte entgegen. Aber auch für sie wird einmal die Stunde der Wahrheit kommen.«

Hans Christian Andersen schrieb das Märchen von »Des Kaisers neuen Kleidern«. Einem eitlen Kaiser wurden da von Betrügern für viel Geld angeblich Kleider gemacht, von denen gesagt wurde, sie seien für jeden unsichtbar, der nicht für sein Amt tauge oder dumm wäre. Da nun aber weder die Minister noch der Kaiser sich Untauglichkeit und Dummheit eingestehen wollten, taten sie so, als ob sie prächtige Kleider sähen (obwohl gar nichts zu sehen war), und schließlich ging der Kaiser mit diesem Nichts bekleidet zur Prozession.

Die Bürger taten alle so, als ob sie prächtige Kleider sehen würden – denn keiner wollte ja für dumm gehalten werden –, bis schließlich ein Kind ausrief: Aber er hat ja gar nichts an! Da wußten es alle: Er hat doch gar nichts an!

Dieses Märchen scheint mir bezeichnend für unsere Situation – vor uns stolziert ein »progressives« Establishment mit dem Anspruch, weitsichtig zu sein und alles Wahre, Schöne und Gute zu bringen: mehr Demokratie, mehr Freiheit, mehr Lebensqualität und alles, alles was wir haben möchten. Die meisten von uns sind skeptisch, aber kaum einer traut sich zu sagen, daß das doch nicht stimmen kann, daß dieses »progressive« Establishment doch recht unglaubwürdig ist und dort, wo sich seine Ideen durchgesetzt haben, gar kein Paradies entsteht, sondern ein Chaos.

Diese Meinungsführer sind die Spitze eines Eisbergs, oder besser: die Spitze einer miserablen Hierarchie, einer unheiligen Ordnung. An ihnen orientieren sich Tausende und Millionen Meinungsmacher, die von der Spitze dieser miserablen Hierarchie Ziele, Bewertungen und Sprache beziehen und von ihnen abgucken, was »progressiv« und was »in« ist.

Es ist nutzlos, sich mit den Tausenden und Millionen der Mitläufer herumzuschlagen: Wer den Kurs wirksam korrigieren will, muß zum Ausgangspunkt der Torheit vordringen und darf sich nicht durch Personenkult und Gebetsmühlen daran hindern lassen.

Wir müssen es überall sagen:
Hier sind nicht Wegweiser, sondern Irrlichter;
man muß politische Agenten an ihrer Wirkung, nicht an ihren Versprechungen messen;
nicht jeder, der Glück verspricht, bringt Glück.

Heinrich Böll wurde schon vor Jahren durch Minister Diether Posser emotionale, unsachliche, übertriebene und schädliche Kritik an unserem Rechtswesen nachgewiesen[7]. Im Hinblick auf Bölls Sympathie zur Baader-Meinhof-Bande schrieb Posser:

»Bölls erster Fehler liegt in der kritiklosen Übernahme der Darstellung, die die Gruppe über ihre Verhaltensweise gibt: ›... haben die Bullen zuerst geschossen. Die Bullen haben jedesmal gezielte Schüsse abgegeben. ... Wir schießen, wenn auf uns geschossen wird.‹

In Wahrheit schossen die Angehörigen der Gruppe stets zu-

erst: . . . Absurd ist auch die von Böll offenbar gebilligte Vorstellung, die Gruppenmitglieder könnten sich mit den Polizeibeamten auf eine Stufe stellen: ›Den Bullen, der uns laufenläßt, lassen wir auch laufen.‹ Die Polizeibeamten, die einen steckbrieflich gesuchten Tatverdächtigen festnehmen oder einen gerichtlichen Haftbefehl vollziehen, handeln im Auftrag der im Staat organisierten Rechtsgemeinschaft unseres Volkes. Sie können... keine Beschuldigten ›laufenlassen‹, ohne sich der Begünstigung im Amt schuldig zu machen.

Böll verharmlost in gefährlicher Weise die Tätigkeit der Gruppe, ...wenn er meint, ihre Theorien klängen ›weitaus gewalttätiger, als ihre Praxis ist‹. Diese Praxis ist verheerend: vollendeter und versuchter Mord oder Totschlag, Banküberfälle, Sprengstoff- und Brandsatzanschläge, Diebstähle, Betrügereien, Urkundenfälschung, illegaler Waffenbesitz...

Sieht Böll nicht, daß diese Gruppe unsere Ordnung mit ihren unbestrittenen Mängeln nicht verbessern will, sondern daß sie sie zerschlagen möchte?«

Falls hieran noch Zweifel bestanden, beseitigte sie das Urteil des Berliner Landgerichts[8]: Angehörige der Baader-Meinhof-Bande wurden wegen gemeinschaftlichen schweren Raubes, Beteiligung an einer kriminellen Vereinigung und unerlaubten Waffenbesitzes zu hohen Freiheitsstrafen verurteilt. Im Mittelpunkt des Prozesses standen drei Banküberfälle. Das Gericht stellte fest, die Bandenmitglieder hätten durch Gewaltaktionen die herrschende Gesellschaftsform erschüttern wollen und seien bei drohender Festnahme zum rücksichtslosen Schußwaffengebrauch entschlossen gewesen. Letzte Zweifel beseitigte der Mord am Berliner Gerichtspräsidenten von Drenkmann.

Im Gegensatz zu Böll meine ich: Hier muß der Staat, die Organisation unseres Zusammenlebens, sein Recht entschlossen verteidigen.

Die öffentliche Auseinandersetzung um Bölls Eintreten für »Freies Geleit für Ulrike Meinhof[9]« ist eines der interessantesten Zeitdokumente. Es zeigt, wie wenig sich viele Intellektuelle unseres Landes mit diesem Rechtsstaat identifizieren und wie weit sie sich geistig von der Wirklichkeit entfernt haben.

Unübertrefflich in grotesker Verkennung der Tatsachen ist Helmut Gollwitzer:

»Henri Dunant, dem man Denkmäler setzt wegen seiner Gründung des Roten Kreuzes, würde heute ebenso als öffentliche Gefahr behandelt werden wie Heinrich Böll.«

Wer jedoch Dunants Geschichte kennt, weiß dies: Dunant hat leidenden Menschen ohne Rücksicht auf ihre politische Zugehörigkeit geholfen, Böll unterstützt aber aus politischen Gründen Menschen, die Leiden erzeugen. Böll ist ein Anti-Dunant.

Was man verantwortungsvoll hierzu sagen kann, sagte Ministerpräsident H. Filbinger:

»Es geht ... darum, unsere Gesellschaft gegen verbrecherische Angriffe zu schützen. Alles andere geht an der Sache vorbei. Die vornehmste staatliche Aufgabe ist es, Gerechtigkeit zu üben. Das aber verlangt, gegen Unrechtstaten entschlossen vorzugehen. Freies Geleit für Ulrike Meinhof ist blanker Hohn für den Rechtsstaat.

Böll möge uns die staatliche Ordnung zeigen, in der es mehr persönliche Freiheit gibt als bei uns. Der hier vorhandene Freiheitsspielraum kann für alle nur dann erhalten werden, wenn es den einzelnen, wie Ulrike Meinhof, verwehrt wird, die freiheitlich-demokratische Grundordnung zu beseitigen. Würde Böll, würden Millionen Mitbürger in einigen Jahren hier noch leben wollen, wenn der Staat militante Gruppen gewähren ließe?«

Um Zweifel auszuschließen – ich maße mir kein Urteil an über den Schriftsteller Böll, aber ich widerspreche entschieden dem Bürger Böll, der meint, aus seinen schriftstellerischen Erfolgen politische Kompetenz und Lehrauftrag ableiten zu können.

Anläßlich der Woche der Brüderlichkeit in Köln 1970 hielt Böll eine Rede [10], in der er nicht gegen die Terrorisierung unserer Gesellschaft protestierte, auch nicht dagegen, daß Polizisten zu Krüppeln geschlagen werden oder dagegen, daß ohne Warnung auf Polizisten geschossen wird, wohl aber sagte:

»... eine Prämie werde ich persönlich jedem Polizeibeamten zahlen, der vor einem deutschen Gericht aussagen würde: Ich fand nicht den Mut, sie niederzuknüppeln, sie niederzureiten, sie in die Fresse und über den Kopf zu schlagen; ich fand nicht den Mut, den Wasserwerfer auf die zu richten, die gegen jenen Herrn und Herrscher fast aller Meinungen demonstrierten, . . .«

Man sollte solche Sprüche mit der Wirklichkeit konfrontieren, beispielsweise mit der Wirklichkeit auf der Frankfurter Zeil

Ende Mai 1974: Straßenbahnlinien wurden von Störtrupps blockiert, Bohlen und Sitzbänke über die Schienen gelegt, Straßenbahnanhänger abgekuppelt, Sitzbänke demoliert, Steine und Flaschen gegen Bahnen und Polizei geschleudert, Knallkörper und Nebelkerzen gezündet, schließlich griffen Rocker die Polizei an[11].

Meine Frage an Böll ist: Kann er dem Frankfurter Polizeipräsidenten und SPD-Genossen einen Rat geben, was er anstelle von Wasserwerfer und Gummiknüppel hätte einsetzen sollen, um den Tausenden müder Arbeiter die Heimfahrt zu ermöglichen, der Stadt Frankfurt Millionenschäden zu ersparen oder auch »nur« um kleine Geschäftsleute zu schützen?

Nun könnte Böll sagen: Dies ist ein anderer Fall, ich habe mich an die Polizeibeamten gewandt, die gegen »Springer«-Demonstranten vorzugehen hatten. Dies wäre aber eine unannehmbare Ausrede, wer Rechtswidrigkeiten gegen Axel Springer toleriert, muß sie auch gegen jeden anderen tolerieren, der Rechtsstaat ist unteilbar.

Deswegen bin ich gegen jede rechtswidrige Aktion, beispielsweise auch gegen Heinrich Böll, obwohl ich dessen politisches Wirken für verantwortungslos halte.

Die Ursache der Eskalation der Gewalt liegt darin[12], daß die linksextremen Gruppen zu viel Spielraum bekommen haben, bei ungesetzlichen Aktionen nicht früh genug auf den Staat stießen und so an Wirkungsmöglichkeit und Zulauf gewannen. Wenn der Frankfurter Oberbürgermeister Arndt neuerdings die »Solidarität der Demokraten« beschwor, so muß man sich daran erinnern, daß dies lange Zeit als »mieser reaktionärer Trick« der CDU denunziert wurde.

Zu Bölls Repertoire gehört auch das Klischee vom unnötigen und verantwortungslosen Experten[13]:

»Der Respekt vor dem Spezialistentum ist ja auch eine Täuschung. Ein neuer Mythos... Aber die Sensibilisierung der Spezialisten müßte eigentlich doch auch den Wissenschaftlern naheliegen. Heute werden die einen immer sensibler, und unten entsteht eine Grobheit und Unartikuliertheit, die manchmal schon in Analphabetentum ausartet.«

Die Vermutung, Spezialistentum sei nur ein Mythos, dürfte Böll spätestens dann aufgeben, wenn er – was ich ihm nicht wünsche – im Vorbereitungsraum zur Operation liegt und sein Leben vom Spezialistentum der Ärzte abhängt, oder wenn er – was ich ihm auch nicht wünsche – mit dem Flugzeug in eine Turbulenz gerät und sein Leben vom Spezialistentum des Piloten abhängt. Seine Wohlfahrt ist vom Spezialistentum vielfältig abhängig, auch wenn er dies nicht immer so leicht erkennt.

Und was soll die Formulierung »unten entsteht«: Sieht Böll sich selbst gar als »oben«, hält er sich für besser als andere, für eine Autorität?

Was er über »Grobheit und Unartikuliertheit« sagt, ist möglicherweise das Ergebnis eines überheblichen Vorurteils: Spezialisten verzichten häufig auf naheliegende Lösungen von Problemen nicht deshalb, weil sie diese Probleme nicht wahrnehmen oder nicht lösen wollten, sondern deshalb, weil sie die Unbrauchbarkeit naheliegender Scheinlösungen schon kennen.

Bölls Vorstellungen zur Lösung des Terrorismus-Problems in unserem Lande scheinen mir dieser Art zu sein.

Ich kann G. Bucerius gar nicht zustimmen, wenn er Böll zugesteht: *»Sie brauchen Ihre Fähigkeiten in politicis nicht unter den Scheffel zu stellen*[14].«

Nein: Was ich von Böll an politischen Äußerungen vernahm, war von unvorstellbarer politischer Naivität. Ich spreche ihm den guten Glauben nicht ab, aber er hat ein »gestörtes Verhältnis zur Wirklichkeit« (wie er selbst sagt)[15].

Was aber gibt einem Menschen mit einem solch gestörten Verhältnis zur Wirklichkeit den Mut, uns politisch belehren zu wollen? Mit welchem Recht wirft er uns vor, die Kommunisten nicht zu mögen, wenn er dies nicht begreift: Die Kommunisten errichten die Diktatur des Proletariats, wir aber wollen keine Diktatur mehr.

Wie weltfremd ist die Annahme, daß kommunistische Staats- und Parteifunktionäre in unserem Lande (in dem Auschwitz möglich war) humaner sein würden als in den »sozialistischen« Ländern und bei uns nicht auch andersdenkende Minoritäten im Gefängnis, Irrenhaus oder Konzentrationslager enden würden!

In einer Zeit, in der russische Intellektuelle alles aufs Spiel setzen, um die Welt vor der Unmenschlichkeit des Kommunismus zu warnen, gibt uns Böll den Kommunismus löffelweise mit Honig ein.

Wie unerträglich naiv war Bölls Fernseh-Interview »Portrait einer Kölnerin« am 27. Juni 1974! Da wurde 45 Minuten lang gezeigt, welch nette Dame diese Altkommunistin ist, welchen Verfolgungen sie ausgesetzt war und daß ihr Mann in diesem unmenschlichen politischen System der Bundesrepublik Deutschland erneut aus politischen Gründen bestraft wurde.

Nach diesen persönlichen Aspekten konnte man erwarten, daß auch die politischen behandelt würden: Weshalb identifizieren Sie sich eigentlich mit dem Kommunismus, der eine Diktatur anstrebt? Was halten Sie von der Praxis des Kommunismus, beispielsweise gegenüber Flüchtlingen aus seinem Machtbereich? Was sagen Sie zur Gewaltanwendung der Kommunisten beispielsweise gegenüber der Tschechoslowakei?

Aber soviel kritisches Bewußtsein brachte Böll nicht auf, er zeigte dies: Kommunisten sind Menschen wie du und ich, der Antikommunismus ist primitiv, kurzum: Böll betrieb – bewußt oder unbewußt – Parteipropaganda für die DKP, die das auch dankbar anerkannte [16].

Könnte wohl irgend jemand im Fernsehen ein vergleichbares Interview über die Leiden eines alten Nazis machen, ohne an die Verbrechen der Nazis zu erinnern? Wer dies versuchte, wäre politisch und journalistisch erledigt. Aber wir brauchen nicht nur Sensibilität gegenüber dem Rechtsextremismus, sondern auch Sensibilität gegenüber dem Linksextremismus.

Kardinal Mindszenty kennt den Kommunismus aus jahrzehntelanger leidvoller Erfahrung besser als Böll. Er empfahl »passive Resistenz« und riet den Katholiken, »alles zu unterlassen, was den Kommunismus auf irgendeine Weise stütze«. Mindszenty hat wenig Verständnis für die Verblendung, die meint, »trotz aller Differenzen gebe es zwischen Kommunismus und Katholizismus doch gewisse Annäherungspunkte«. Dies sei »unmöglich, denn der Totalitarismus, der Atheismus und die millionenfach geübte Unmenschlichkeit gestatten keinen Brükkenschlag [17]«.

Da ist weiter Bölls wildes Wort von den »frei herumlaufenden Raubtieren«, als welche er Unternehmer denunziert [18].

Hierzu hat G. Bucerius sachlich geantwortet, er zeigte Böll, wie wenig wir zu ertragen haben, um das erfolgreichste jemals realisierte Wirtschaftssystem zu haben.

Darüber hinaus möchte ich Böll fragen: Meint er tatsächlich, daß nach Liquidation freier Unternehmer und Übernahme der wirtschaftlichen Entscheidungsmacht durch eine Funktionärsbürokratie weniger Eigennutz und weniger Irrtum, auch böswilliger Irrtum, herrscht?

Ich möchte ihn weiter fragen, ob er den Zusammenhang nicht entdeckt hat, der besteht zwischen der wirtschaftlichen Macht einer ideologisch gleichgeschalteten Funktionärsbürokratie und deren Allmacht auch in politischen Fragen?

Wir haben doch politische Systeme zur Ansicht, in denen es keine »frei herumlaufenden Raubtiere« gibt. Meint Böll wirklich, daß die Menschen dort glücklicher oder weniger bedroht sind? Oder ist er gar so naiv, daß er meint, man könnte auf wirtschaftliche Entscheidungskompetenz gänzlich verzichten?

Gegenüber Bucerius redet sich Böll wie ein Pennäler heraus [19]:

»Mich bestürzt die Tatsache, daß Sie sich durch das Wort »Raubtier« angesprochen fühlen. Ich hätte es nie und nimmer riskiert, diesen zoologischen Terminus irgend jemand persönlich aufzuerlegen.«

Meines Erachtens ist die erste Voraussetzung des Schriftsteller-Seins, daß man die Sprache ernst nimmt und weiß, wovon man spricht (nicht nur beim Blumenbinden). Wer aus eigener Anschauung weiß, wie schwer viele Unternehmer um ihre wirtschaftliche Existenz kämpfen müssen, weist Bölls leichtfertige Diffamierung mit Entrüstung zurück.

Sie wäre erträglicher, wenn dahinter nicht der Millionär Böll stünde, der das »Ende der Bescheidenheit« propagiert hat [20] und den Idealismus beispielsweise an Verleger, Chefredakteure und Intendanten delegieren wollte. Es wäre wünschenswert, den Kapitalismus dieses Poeten mit demjenigen typischer Verleger oder Buchhändler zu vergleichen. Daß unsere Rundfunkanstalten finanziell am Ende sind, ist ja öffentlich bekannt.

Und was soll in obigem Böll-Zitat das Wort »riskieren«? Welches Risiko trägt Böll, wenn er diesen Staat und seine Bürger ständig kritisiert und diffamiert? Geht es ihm hier nicht sehr gut, verdient er hier nicht sehr viel Geld und kann er hier nicht alles sagen, uns sogar beliebig denunzieren? Ein Risiko trägt Sacharow, Böll kokettiert nur mit dem Risiko.

Interessant schiene mir in diesem Zusammenhang folgendes:

Ich habe für die (vor acht Jahren in hoher Auflage erschienene) russische Übersetzung meines Buches »Automat und Mensch«[21] keinen Pfennig bekommen. Da von Böll russische Übersetzungen erschienen sind, möchte ich ihn fragen:

- Hat er auch nichts bekommen – müßte er dann nicht die hierfür verantwortlichen Funktionäre auch als »Raubtiere« bezeichnen?
- Hat er von den Russen ein Sonder-Arrangement bekommen – dies zu wissen, wäre für die deutsche Öffentlichkeit interessant.

Ähnlich interessant wäre es, Bölls Einstellung zu den von keinen Unternehmern veranlaßten Raubdrucken seiner Bücher zu erfahren.

Unter den unerfreulichen Wirkungen der »progressiven« Ideologie finden wir nicht nur die Vergiftung des geistigen Klimas in unserem Lande, den Abbau des Leistungswillens im Bildungssystem und in der Arbeitswelt, wir finden auch Tote, Verletzte und Inhaftierte.

Viele von der »progressiven« Ideologie verführte Jugendliche meinten, dieser Staat und seine Mehrheit fleißig arbeitender Menschen warteten darauf, von ihnen aufgeklärt und in Ordnung gebracht zu werden und hierfür sei jede – auch äußerste – Gewaltanwendung zulässig.

Da unser Staat sich erfreulicherweise wehrte, wurden seine Verteidiger denunziert: Böll griff[22] den Hamburger Innensenator Ruhnau und den damaligen Bundesinnenminister Genscher an, sie schafften ein »Klima der Denunziation« und betrieben »Intellektuellenterror«.

Wer aber die Verhältnisse international vergleicht, weiß, daß die geistige Freiheit in unserem Lande von derjenigen anderer Länder kaum übertroffen wird, und daß – wo Einschränkungen der Freiheit zu bemerken sind – sie weniger durch die Verteidiger des Rechtsstaats und mehr durch den Terror der »Progressiven« verursacht werden.

Was Bölls öffentliches Wirken so unästhetisch macht, ist der übersteigerte Anspruch auf Empfindlichkeit für sich selbst und die Unempfindlichkeit gegenüber anderen. Böll trägt seine Sensibilität wie eine Monstranz vor sich her, gelegentlich haut er sie auch einem über den Kopf. Die Denunziation der Unternehmer als »frei herumlaufende Raubtiere« ist nur ein Beispiel dafür. Böll hat wohl kaum eine Vorstellung davon, wieviel Fernwirkung er durch solche Formulierungen auslöst.

Aber nicht nur Böll ist sensibel, es gibt noch viele andere sensible Menschen, beispielsweise an unseren Universitäten. Sie leiden vielfach schwer unter dem Terror der »Progressiven«, mit denen Böll sympathisiert. Es ist unvorstellbar, wieviel persönliches Unglück hier erzeugt wird, es gibt Fälle, bei denen alte und hochsensible Professoren unter dem Terror zugrunde gingen.

Böll wird fragen: Was geht mich das an? Nun, zum mindesten dies: Die Ideologie, die Sie verbreiten, schafft Terroristen ein gutes Gewissen. Wer tatsächlich sensibel ist und dies auch anderen Menschen zubilligt, kann gegenüber unserem Rechtsstaat nur eine einzige Haltung einnehmen – ihn gegen Rechtsbrecher von rechts und links kompromißlos zu verteidigen.

Mit dem Buch »Die verlorene Ehre der Katharina Blum« wollte Böll zeigen »Wie Gewalt entstehen und wohin sie führen kann«. Zu vermuten ist aber, daß Böll mit diesem Buch neue Gewaltanwendung provoziert.

Böll setzt mit diesem Buch sein Bemühen fort, Terrorismus verständlich, möglichst sogar sympathisch zu machen, unseren Staat aber zu verdächtigen.

Hierbei scheut Böll vor hemmungsloser Schwarzweißmalerei nicht zurück und betreibt virtuos die unterschwellige Manipulationstechnik, die er andernorts verurteilt.

Über die gewissenlose ZEITUNG schreibt er:

»Ich weiß jetzt, wie diese Schweine arbeiten.«

». . . offenbar sei es doch geradezu Pflicht dieser Art Zeitungsleute, unschuldige Menschen um Ehre, Ruf und Gesundheit zu bringen.«

Hierzu könnte ich Böll reichlich Material zur Verfügung stellen. Beispielsweise darüber, wie zwar nicht die imaginäre ZEITUNG, wohl aber die reale »ZEIT« meinen Ruf schädigte und in welch hoffnungsloser Lage der einzelne ist, der gegen einen übermächtigen Verlag klagt. Offensichtlich wird auch von Linken publizistische Macht mißbraucht, aber hierfür interessiert sich Böll nicht.

Bölls Kritik zielt auf die Feststellung, daß hier Gewalt aus verständlichen Gründen entsteht. Seine Kritik ist aber unzureichend, weil sie nicht die Folgen des Verhaltens kritisiert.

Die entscheidende Erfahrung unserer Zeit ist, daß Menschen aus verständlichen Gründen schuldig werden können (viele wurden aus ehrenwerten Gründen zu Nazis) und deshalb die Kritik der Motivation nicht ausreicht, sondern auch die Folgen des Verhaltens untersucht werden müssen.

Böll gibt auch eine wertvolle kulturelle Erfahrung auf, nämlich daß Menschen aus anständigen Gründen unterschiedlicher Meinung sein können und deshalb Toleranz Grundlage des Zusammenlebens sein sollte. Vermerkt sei auch, daß sich unter den von Böll nicht verstandenen Gegengründen die Erhaltung unserer Rechtsordnung befindet; im besonderen das Recht unserer Gesellschaft, sich gegen Rechtsbrecher zu schützen.

Bölls Haß ist grandios. Er wird Gewaltanwendung nicht verringern, sondern weiter provozieren. Diese moralische Unzulänglichkeit ist deshalb so gefährlich, weil hier einer agitiert, der eine starke Ausdruckskraft hat und dessen Etabliertheit viele glauben macht, er sei eine moralische Autorität.

Kant forderte einst, daß man sein Verhalten nach Grundsätzen einrichte, die allgemeine Gültigkeit haben könnten.

Gemessen an diesem Grundsatz der Sittlichkeit verhält sich Böll wenig sittlich:

- Er verlangt Rücksicht auf seine eigene Sensibilität. Aber er hat kein Verständnis dafür, daß auch andere ein bißchen Rücksicht möchten, beispielsweise Schutz vor Terrorismus.
- Er animiert Polizisten zur Duldung von Gewalttätigkeit gegen ihm mißliebige andere Bürger, aber er erwartet selbstverständlich für sich den Schutz des Rechtsstaates.
- Er propagiert das »Ende der Bescheidenheit«, aber er beschimpft andere als »frei herumlaufende Raubtiere«.

Wer diese Widersprüche ohne Personenkult sieht, erschrickt über die Unmoralität eines Poeten, der bei uns als moralische Autorität gilt.

Es wird neuerdings viel über die Unregierbarkeit moderner Demokratien gesprochen. Deren wichtigster Grund ist die Forderermentalität, in Bölls Worten das »Ende der Bescheidenheit«. Weil viele Gruppen mit allen Mitteln, bis hin zum erpresserischen Streik ihre Forderungen durchsetzen, geraten die Regierungen immer mehr in den Zwang, zunächst einmal das Geforderte zuzusagen, um die Erpressung abzuwenden. Wohin dies führt, wird besonders in der Wirtschaft immer deutlicher:

»Wenn es so weitergeht, wird bald parlamentarische Demokratie identisch sein mit Inflation. Und da ein Staatswesen im Zustand einer sich ständig beschleunigenden Inflation immer schwerer zu regieren ist, stellt sich die Frage: Sind diese Länder überhaupt noch regierbar, wenn die ständigen Preissteigerungen immer neue, höhere Gewerkschaftsforderungen begründen helfen? Kommt am Ende der Ruf nach dem starken Mann, der Ordnung schafft[23]?«

Diese Forderermentalität führt zu dem von manchen gewünschten Zusammenbruch liberaler Systeme, – aber nicht wegen unüberwindbarer Sachzwänge, sondern wegen des Mangels an Intelligenz und Moral, welche die Erhaltung dieser liberalen Systeme voraussetzt. Will Böll das Ende der Liberalität? Oder verhindert nur sein »gestörtes Verhältnis zur Wirklichkeit« die Einsicht, daß sein politisches Wirken ins nachliberale Zeitalter führt?

Der Nobelpreis schützt nicht vor Torheit, und der Friedenspreis hindert nicht an der »Anstiftung zum Unfrieden«.

Alexander Mitscherlich wurde im Jahre 1969 mit dem »Friedenspreis des Deutschen Buchhandels« ausgezeichnet. Die Laudatio sagt u. a.:

»Er legt Inhumanes bloß und trägt so zur Entwicklung von Modellen für eine sozial gerechte, lebenswürdige Zukunft bei. Indem er menschliche Aggressivität bestimmt und sie zugleich zu meistern versucht, macht er die Idee des Friedens zu seiner Sache[24].«

Ich sehe Mitscherlichs öffentliche Wirkung skeptischer: Zunächst werfe ich ihm vor, daß er dem intellektuellen Faustrecht einen Durchbruch schaffte mit seinem »Pamphlet« (wie er es selbst bezeichnet) »Die Unwirtlichkeit unserer Städte – Anstiftung zum Unfrieden[25]«, wo er schreibt:

»Wer ein Pamphlet verfaßt, muß sich klar darüber sein, daß er nicht bloß Zustimmung zu erwarten hat. Nur seine Feinde werden vom Autor auch noch die Lösungen der angeklagten Mißstände verlangen. Seine Aufgabe ist die Anklage, das erfordert genug Anstrengung für einen *Mann.«*

Mitscherlich widmet sein Pamphlet

»jenen Leuten, die dem Todestrieb unserer Zivilisation mit soviel naiver Emsigkeit und durchtriebener Schläue dienen: den Hausbesitzern in Deutschland und anderswo.«

Aber hier irrt Mitscherlich: Wo es keine Hausbesitzer gibt, beispielsweise in »sozialistischen« Ländern, da sind die Städte noch unwirtlicher. Er möge einmal durch die Neubauviertel von Moskau gehen: So unwirtlich bauen Hausbesitzer nur selten.

So fragwürdig Mitscherlichs Diagnose, so unverantwortlich ist seine Therapie: »Anstiftung zum Unfrieden«.

Kritik ohne Alternative ist z. B. bei esoterischer wissenschaftlicher Arbeit angebracht. Aber öffentliche Anstiftung zum Unfrieden ohne gewissenhafte Diagnose und ohne Wissen, wie es besser gemacht werden könnte, ist unverantwortlich. Mit dieser Anstiftung zum Unfrieden hat Mitscherlich ein verheerendes Gewohnheitsrecht für unser Zusammenleben propagiert – Friedensstörung ohne Sachverstand und ohne Alternative, kurzum: intellektuelles Faustrecht.

Dieses verheerende Gewohnheitsrecht bestimmt immer mehr unser Zusammenleben, vor allem an den Universitäten: Versuchte man einst zu diskutieren, um gemeinsam besseres zu finden, als der einzelne hätte finden können, so organisiert man heute Terror gegen Andersdenkende. Die Möglichkeit zum gemeinsamen Lernen wird damit praktisch beendet.

Von den vielen verfügbaren Beispielen für die Wirkung des Faustrechts sei eines der Beschämendsten herausgegriffen: Professor Herbert Weichmann, Altbürgermeister der Stadt Hamburg, Verfolgter des Naziregimes und seit einem halben Jahrhundert Mitglied der SPD, sollte am 22. Juni 1973 an der Universität Kiel einen Vortrag über »Grundgesetz in Not?« halten. Aber der akademische Mob hinderte ihn am Reden durch Gebrüll, Megaphone und Beschimpfungen wie »Volksfeinde raus«! Die Justiz sprach von »Meinungsterror« [26]. Den akademischen Mob erreichten Weichmanns Worte überhaupt nicht mehr:

»... von diesem Marsch in das Nirwana, ... wissen wir jedenfalls das eine, und das mit letzter Bestimmtheit: Diese Zukunft bedeutet das Ende unserer durch das Grundgesetz statuierten Freiheiten. Sie stände nicht im Zeichen der Beseitigung

einer angeblich repressiven Freiheit, sondern der Befreiung von der Freiheit überhaupt[27].«

Wie stellt sich Mitscherlich Wissenschaft, Forschung und Lehre bei intellektuellem Faustrecht vor?

G. Rohrmoser hat sich hierüber Gedanken gemacht[28]. Er befürchtet die weitere Auflösung der demokratischen Übereinstimmung der Bürger und Ablösung demokratischer Auseinandersetzungen durch Bürgerkriegs-Strategien. Weiter befürchtet er, daß im Bildungsbereich an die Stelle tradierbarer Lehre dauernde Indoktrination und Propaganda tritt; an die Stelle verbindlicher Methodendiskussion die Formation eines kollektiven Bewußtseins, das keine Rechtfertigung braucht, da es angeblich den Willen eines unaufhaltsamen Prozesses erfüllt.

Einfacher gesagt: Wenn sich dieses intellektuelle Faustrecht durchsetzt, dann tritt an die Stelle der Wissenschaft die Gesinnung, an die Stelle des Dialogs die Massenhysterie, an die Stelle des Nachdenkens das Vorurteil.

Seine Sympathie zum praktizierten intellektuellen Faustrecht bekundete Mitscherlich z. B. auch durch die Solidarisierung mit der »Arbeitsgemeinschaft Unabhängiger Ärzte[29]«, welche die Sitzung des Deutschen Ärztetags in Berlin am 25. Juni 1974 gesprengt hat. Nachdem der Vortragssaal wegen Überfüllung geschlossen wurde, forderten die bereits im Saal anwesenden Mitglieder der Arbeitsgemeinschaft den Einlaß weiterer Zuhörer. Dadurch wurde die Diskussion über die Situation der Psychiatrie in der Bundesrepublik derart gestört, daß der Diskussionsleiter die Sitzung schloß.

Anderntags lehnte der Ärztetag Bedingungen der »Arbeitsgemeinschaft Unabhängiger Ärzte« ab, für eine Diskussion die Hälfte der Diskussionsteilnehmer, den Moderator und die Hälfte der Tribünenplätze zu bekommen[30].

Unbestritten ist das Recht jedes oppositionellen Individuums und jeder oppositionellen Gruppe, ihren Ansichten Gehör zu verschaffen. Aber dies darf nicht mit den Methoden des intellektuellen Faustrechts geschehen. Ich möchte deshalb dieser »Ärztlichen Apo« vier Fragen stellen:

1. Weshalb organisieren Sie nicht selbst einen Kongreß, um die Öffentlichkeit in Ihrem Sinne zu unterrichten?
2. Fürchten Sie nicht, mit solchen Methoden die notwendige

fachliche Arbeit zu behindern?

3. Fürchten Sie nicht, mit solchen Methoden die Öffentlichkeit fachlicher Beratungen zu zerstören, also eine antidemokratische Entwicklung einzuleiten?
4. Wenn sich solche Aktionen häufen, dann werden die Veranstalter Ordner anstellen und einen Saalschutz organisieren. Sehen Sie nicht, daß diese unliberale Entwicklung die zwangsläufige Folge des intellektuellen Faustrechts ist?

Mit dieser Kritik an ihrem Vorgehen ist keine Kritik am sachlichen Anliegen der »Arbeitsgemeinschaft Unabhängiger Ärzte« verbunden: Vermutlich sind manche ihrer Vorschläge und Forderungen angebracht oder gar überfällig.

Aber auch abgesehen von der Propaganda für das intellektuelle Faustrecht ist Mitscherlichs »Anstiftung zum Unfrieden« anfechtbar. Da schreibt er beispielsweise:

»Wir beobachten ein schroffes Nebeneinander von Rationalität und blinder Selbstsucht. Ja schlimmer noch: Rationalität und Selbstsucht sind oft eines, weil Rationalität sich in unserer Gesellschaft meist nur auf unmittelbare, begrenzte Zwecke bezieht, nicht auf die Stimmigkeit des Ganzen.«

Hier stört mich die unerklärte Selbstverständlichkeit »Stimmigkeit des Ganzen«: Was versteht er denn hierunter? Ist das Marcuses heile Welt, die in den Köpfen zeitgenössischer Sozialrevolutionäre ihr Unwesen treibt? Oder ist das die bürokratische Stimmigkeit einer zentralistisch verwalteten Welt ohne die bösen Hausbesitzer? Oder ist das die Stimmigkeit, mit der Gottfried Feder im Dritten Reich gemeinschaftsfördernde Siedlungsformen forderte? Dies ist nicht Stilkritik, sondern die zentrale Frage, die Mitscherlich aber bei seiner »Anstiftung zum Unfrieden« unbeantwortet läßt.

Der unreflektierte Anspruch, die »Stimmigkeit des Ganzen« zu kennen, hängt eng mit dem Anspruch zusammen, zu wissen, was »gerecht« ist, was die »wahren Bedürfnisse« sind, und ist erfahrungsgemäß der Ausgangspunkt politischer Intoleranz.

Mitscherlich schreibt auch:

»Da uns die technischen Möglichkeiten in die Hand gegeben sind, die vernünftigsten Dinge von der Welt umgehemmt für ideologischen Terror auszubeuten ...«

Ich möchte diesen Satz einmal variieren, indem ich das Wort

»technisch« durch das Wort »psychologisch« ersetze und frage, ob der Satz nicht auch dann noch stimmt: da uns die psychologischen Möglichkeiten in die Hand gegeben sind, die vernünftigsten Dinge der Welt ungehemmt für ideologischen Terror auszubeuten ...

Ich meine, der Satz stimmt auch dann noch und beschreibt einen Notstand unserer Gesellschaft: den Mißbrauch der Psychologie, besonders der Psychoanalyse für ideologischen Terror. Ein solcher Mißbrauch der Psychoanalyse ist es beispielsweise, wenn ein Psychoanalytiker einen ihm mißliebigen Politiker, den er nur vom Fernsehschirm her kennt, mit dem Anspruch auf Wissenschaftlichkeit öffentlich diffamiert.

Wer die Zustände in unserem Lande kritisch betrachtet, der muß es beklagen – wieviel Mißbrauch wird hier mit Psychologie und Technik getrieben!

Mitscherlich schreibt auch:

»*Noch nie in der Geschichte hat eine so bedenkenlose und vorerst noch keinesfalls abgeschlossene Traditionsvernichtung stattgefunden, wo immer das von Erfordernissen der* technischen *Entwicklung nahegelegt wurde.*«

Wohl, wohl, bloß ist die Traditionsvernichtung durch die naive Psychologisierung unseres Zusammenlebens so verantwortungslos wie die Traditionsvernichtung durch die Technik. Wieviel Unglück erzeugte beispielsweise die psychologisierte Traditionsvernichtung bei der hemmungslosen Zerstörung des Vertrauensverhältnisses zwischen Eltern und Kindern! Welchen ungeheuerlichen Anschlag auf die Tradition enthalten beispielsweise die »Hessischen Rahmenrichtlinien«, in denen geschichtliche Erfahrung durch ideologische Klischees ersetzt werden!

Weiter schreibt Mitscherlich:

»*Wenn sich der Psychoanalytiker in der Städteplanung zu Worte meldet, dann ist es nicht so, daß hier ein neuer Spezialist zu den alten hinzukommt. Er repräsentiert vielmehr das kritische Bewußtsein, unter dessen Mitwirkung menschliche Umwelt gestaltet werden sollte.*«

Es scheint mir das Kennzeichen unkritischer Spezialisten zu sein, daß sie ihre eigene Funktion als exzeptionell verstehen und die Unterordnung anderer Spezialisten erwarten. Was würde Herr Mitscherlich beispielsweise antworten, wenn der Statiker sagen würde: »Die Mitwirkung des Statikers am Städtebau ist nicht die eines Spezialisten, der zu den anderen hinzukommt, vielmehr garantiert er, daß die Bauten nicht einstürzen und Menschen ums Leben kommen. Deshalb hat der Statiker eine übergeordnete Funktion beim Städtebau.« Statiker pflegen so etwas nicht zu sagen, aber es schiene mir so vertretbar wie Mitscherlichs Meinung über den Vorrang der Psychoanalyse.

Dieses Streben nach Vorherrschaft scheint mir typisch für die »Progressiven«: man hinterfragt alles und jedes, nur nicht seine eigene Ideologie und baut mit ihr intellektuelle Kartenhäuser auf.

Der Anspruch, das kritische Bewußtsein beizusteuern, ist dann besonders dubios, wenn man zugleich bekennt, durch die Anklage bereits erschöpft zu sein und zur Lösung der angeklagten Mißstände nichts mehr beitragen zu können (»Anklage... genug Anstrengung für einen Mann«).

Gemäß Laudatio bei der Verleihung des Friedenspreises versucht Mitscherlich, menschliche Aggressionen zu meistern. Aber dies schien ihm öfters zu mißlingen, beispielsweise, als er den schwerkranken Baron K. Th. von Guttenberg als seinen »Todfeind« bezeichnete und die Hoffnung äußerte, Guttenberg werde vor ihm sterben[31].

Die »progressiven« Irrlichter versuchen immer wieder, durch öffentliche Diffamierung rechtswidrig in die politische Praxis einzugreifen. Ein typischer Fall ereignete sich im Sommer 1974:

Deutsche Gerichte – bis zum Bundesgerichtshof – haben den Arzt Dr. K. Borm freigesprochen, der im Jahre 1941 an der Tötung von über sechstausend »Geisteskranken« beteiligt war. Es habe sich nicht mit ausreichender Sicherheit ergeben, so stellten die Richter nach einer Beweisaufnahme von fast einem halben Jahr fest[32], daß er die niedrigen Beweggründe der Haupttäter und deren Heimtücke gekannt habe.

Da er aber – so das Bundesgericht – weder die heimtückische Tötungsweise noch den wahren Charakter der Massentötungen erkannt habe, könne er auch nicht wegen Beihilfe zum Mord verurteilt werden, denn es fehle der Mordvorsatz und damit die subjektive Voraussetzung für eine Bestrafung als Mord. Borm konnten keine eigenen Tötungshandlungen nachgewiesen werden.

Jeder normal empfindende Mensch ist über das Ausmaß der einst geschehenen Verbrechen entsetzt. Aber er muß trotzdem unseren Gerichten abnehmen, daß sie es sich hiermit nicht leicht gemacht haben.

Gegen das Urteil des Bundesgerichtshofs wandte sich ein offener Brief an den einstigen Bundespräsidenten, unterschrieben u. a. von Heinrich Böll und Gräfin Dönhoff. In diesem Brief[33] findet sich:

»Dr. Borm hat in maßgebender Funktion an der Ermordung von Tausenden von Kranken und Hilflosen mitgewirkt . . .

Wir bitten Sie (Heinemann) um ein öffentliches Wort, bevor Sie Ihr Amt übergeben. Sagen Sie tatsachengetreu, daß die Rechtsgleichheit schon wieder einmal, wie in Weimarer Jahren, zerstört ist und nur eine Generalamnestie für Straftaten aus politischer Gesinnung, die vor *dem Karlsruher Urteil begangen wurden, sie wiederherstellen könnte. Auch müßte die Kodifizierung einer solchen Amnestie sie vor der Neigung vieler im Justizapparat Mächtigen schützen, politische Motive solchen Gegnern ihrer eigenen abzusprechen, die gegen die Gesetze verstoßen haben. . . . kein Mensch auf Erden würde nicht schaudern vor der Privilegierung des Massenmordes und seiner Gesinnung, wie sie in der Bundesrepublik Deutschland geschehen kann.«*

Diesem Ansinnen muß entschieden widersprochen werden:

1. Es ist unwahr, daß es hier um »Ermordung« geht, dies haben angesehene Richter kompetent festgestellt. Wir sollten ihnen dies abnehmen ohne die Verdächtigung, hier zeige sich eine »Neigung vieler im Justizapparat Mächtigen«.
2. Durch diesen Brief wird der Bundespräsident zu Eingriffen in das Rechtswesen animiert, zu denen er nicht berechtigt ist. Die Erhaltung unserer Rechtsordnung ist aber wichtiger als die Verfolgung eines Menschen, der vor 33 Jahren an Handlungen beteiligt war, die damals von keinem Gericht verfolgt worden waren.
3. Wer sich tatsächlich und nicht nur scheinbar zum Rechtsstaat bekennt, der kann aus einem Urteil, das seinem eigenen Rechtsempfinden widerspricht, nicht ableiten, nun müßte die Rechtsordnung aufgegeben werden.
4. Das Ansinnen, eine Generalamnestie für »Straftaten aus

politischer Gesinnung« zu erlassen, ist nach den Terroraktionen vor allem der Baader-Meinhof-Bande unannehmbar. Diese Terroristen gingen bewußt und gewaltsam gegen geltendes Recht vor und würden – nach Amnestie – weiter vorgehen. Dieser unmittelbaren Gefahr für diesen Staat und seine Bürger muß die Exekutive vorbeugen. Dagegen besteht bei Borm nicht die geringste Wiederholungsgefahr.

Mich stört an diesem offenen Brief außer der Überheblichkeit gegenüber unseren Gerichten auch die unreflektierte Voreingenommenheit gegen die Euthanasie in einer Zeit, in der ernsthaft um sie gestritten wird, in der beispielsweise angesehene Bürger der USA, darunter drei Nobelpreisträger, einen Aufruf zur Einführung der Euthanasie unterschrieben[34]. (Um ortsüblichen Diffamierungen vorzubeugen: Ich habe Bedenken gegen die Euthanasie.)

Und wie beurteilen die angeblich sensiblen Verfasser dieses offenen Briefes die »Fristenlösung« zur Reform des § 218, bei der doch ungeborenes menschliches Leben ohne seine Zustimmung zerstört wird?

Müßten solch sensible Kritiker sich nicht auch immer wieder gegen das Morden an der Grenze der DDR wenden? Oder sind sie nur dort sensibel, wo es gegen unseren Rechtsstaat geht?

Diese scheinsensible Position ist oberflächlich und widersprüchlich, man erkennt in ihr die Absicht, diesen Staat unglaubwürdig zu machen und gleichgesinnten Terroristen freies Feld zu schaffen.

Es ist seit Jahrhunderten eine Selbstverständlichkeit, daß ein Rechtsstaat zwei Eigenschaften haben muß:

– Garantie formulierter Rechte
– Trennung der Gewalten.

Gegen diese beiden selbstverständlichen Grundsätze rechtsstaatlichen Zusammenlebens wendet sich der obenerwähnte offene Brief.

Den geistigen Hintergrund dieses offenen Briefes hat E. Topitsch schon vor Jahren exakt beschrieben und benannt: Es ist »krimineller Moralismus[35]«.

Mit diesem kriminellen Moralismus wird versucht, Menschen (hier z. B. den Bundespräsidenten und Richter) mit Hilfe eines eigens zu diesem Zwecke erzeugten schlechten Gewissens gefügig zu machen. Wenn die Vertreter der verfassungsmäßigen Ordnung erst einmal zu demütigen Schuldbekenntnissen gebracht sind, dann kommt bald auch ihre politische Kapitulation, und der Weg in einen mit humanistischen Spruchbändern ausgeschmückten Totalitarismus ist frei.

Gegen eine konsequente Diktatur, ein totalitäres System, sind Tricks mit erzeugtem schlechtem Gewissen kaum anwendbar, während es sich hervorragend zum Kampf gegen eine freiheitliche Demokratie eignet. Totalitäre Machthaber lassen sich nämlich durch den Vorwurf mangelnder humaner Gesinnung nicht im geringsten beeindrucken, geschweige denn psychologisch entwaffnen, und der politischen Auswertung echten oder scheinbaren Märtyrertums beugen solche Systeme wirksam vor.

Topitsch sagt ausdrücklich:

»Freiheit und Glück der Menschen sind also heute nicht zuletzt durch Ideologien der Menschheitsbefreiung und Menschheitsbeglückung bedroht, die der Machtgier, der Zerstörungslust, der Grausamkeit, der Habsucht und dem Ressentiment zugleich als Tarnung und Waffe dienen. Angesichts eines solchen kriminellen Moralismus ist es die Aufgabe einer tatsächlich kritisch-emanzipatorischen Wissenschaft, diese heimtückischen Strategien mit äußerster Folgerichtigkeit zu durchleuchten und so die Illusionisten aufzuklären, die Hypokriten zu entlarven, die präsumtiven Opfer zu warnen und die Freiheit zu verteidigen.«

Wo sich dieser »kriminelle Moralismus« publizistisch betätigt, wird er die Glaubwürdigkeit unseres Staates zerstören, er wird beispielsweise im Hinblick auf den Terror linker Banden schreiben:

»Vom Standpunkt einer bürgerlichen Norm, wie sie lange Zeit galt, gibt das, was heute geschieht, zu außerordentlicher Besorgnis Anlaß. Aber ist die vergangene Ordnung wirklich das adäquate Bezugssystem, an dem das Heute gemessen werden sollte und zu dem es unter allen Umständen zurückzukehren gilt? . . .

Beurteilt man das Geschehen ... nicht aus der Sicht der überkommenen Norm, sondern im Vergleich zu anderen Revolutionen – dann kann man sehr zufrieden sein, daß nicht mehr Gewalt geschieht . . .«

Dies findet sich wörtlich in dem Leitartikel der Gräfin Dönhoff in der »Zeit« vom 6. August 1971.

Wer unseren Staat und seine Ordnung innerlich bejaht, schreibt das nicht. Gräfin Dönhoffs Nachfolger Theo Sommer schrieb sehr richtig genau das Gegenteil:

»*Demokraten müssen eine bestimmte Vorstellung dessen bewahren, was Zivilisation, was Zivilisiertheit bedeutet*[36].«

Nun beklagte Gräfin Dönhoff in der »Zeit« vom 19. 11. 1974 den gegenwärtigen Terror und die Gewalt, »die sich überall wie eine ansteckende Krankheit ausbreiten« und fragt blauäugig nach den »Wurzeln der heutigen Entwicklung«. Sie sollte einmal nachlesen, was sie selbst noch vor kurzem hierzu schrieb.

Das »progressive« Establishment ist in eigenartiger Weise grundlos und freischwebend – seine Autorität ist weder durch politische Entscheidungsmacht noch durch wissenschaftliche Leistungen begründet. Es ist eine sich selbst durch Effekt bei der Verbreitung von Meinungen rechtfertigende Autorität mit Zirkeln gegenseitigen Bestätigens, Preisens und Prämiierens.

Eine solche Autorität ist nur dort möglich, wo die allgemeine Übersicht allgemein verloren ging und der Meinungsmache zugleich ein wirkungsvoller Apparat zur Verfügung steht.

Angesichts der geistigen Entwicklung ist sie aber anachronistisch: Die »progressiven« Philosophen sterben aus oder werden aufgeklärt. Aber die inzwischen bei »progressiven« Meinungsmachern verspätet eingetroffenen Denkmodelle sind verführerisch. Marcuse verwies einst auf den Zusammenhang zwischen Marxismus und Psychoanalyse. Aber den wichtigsten Zusammenhang hat er gar nicht gesehen: Hier entstand ein Werkzeugkasten der Meinungsmache, der Elektroden in das der Realität entfremdete Gehirn sticht.

Mit ihm erzeugt man das Pfingstwunder unserer Zeit: Unmündige reden in Zungen und Erstsemester verkünden Endgültiges über den Gang der Geschichte.

Das Ausmaß der Geistesverwirrung in unserem Lande zeigte sich anläßlich der Herausgabe der Zeitschrift »Kontinent«, als Günter Grass dem russischen Schriftsteller Andreij Sinjawski vorwurfsvoll schrieb[37]:

»*Eigentlich könnte Ihnen bekannt sein, daß Sie als Autoren der Zeitschrift ›Kontinent‹ einem Machtimperium zuarbeiten, das unter dem Namen Springerkonzern bekannt ist und dessen reaktionäre Intoleranz Ausdruck der gleichen Mentalität ist, die Ihnen, unter anderen ideologischen Vorzeichen, in der Sowjetunion Anlaß zu Protest und Widerstand geboten hat.«*

Sinjawski widersprach Grass entschieden:

»... daß diese ›schlechte Gesellschaft‹, sogar dann, wenn man diese nach den Kriterien Ihres Briefes beurteilen sollte, noch keinen einzigen Schriftsteller erschossen oder ins Konzentrationslager geschickt hat. Ihr Vergleich der Tätigkeit der ›Gruppe Springer‹ mit den verlegerischen Bedingungen des gegenwärtigen Rußland, mit dem dort herrschenden staatlichen System der Vernichtung Andersdenkender, ist, vergeben Sie mir, schändlich.

Sie beziehen sich auf Fälle von Zeitungspolemiken, die von Ihrem Standpunkt aus nicht zulässig sind. Aber wir beziehen uns auf Berge von Leichen – darunter auch Leichen von Schriftstellern.«

Grass' Schändlichkeit ist, daß er durch semantische Betrügereien Fronten des Hasses aufbaut. Deprimierend für uns alle ist, daß wir zur Erkennung der Immoralität solchen Verhaltens fremde Zeugen brauchen.

Diese Irrlichter sind in ihrer subjektiven Verwirrtheit eine Last für unsere Existenz, Wohlfahrt und Liberalität:

– Sie helfen nicht bei der Lösung unserer schweren Probleme,
– sie geben meist falsche Ratschläge und
– sie waschen immer die Hände in Unschuld.

3. Liberalismus ohne Adjektiv

Vor allen anderen Fragen über unsere Zukunft steht unverändert die Schicksalsfrage Friedrich Naumanns[1]:

»Entweder wir werden hineingezogen in die russische Sowjeträte-Auffassung oder wir werden herangegliedert an die westeuropäische Form.«

Auf die stetige Angleichung dieser beiden politischen Systeme, auf Konvergenz haben weltfremde Optimisten zwar ständig gehofft, aber sie kam nicht. Diese Hoffnung verführte vielfach Liberale zu Zugeständnissen gegenüber Kommunisten, die ihrerseits immer eindeutig und kompromißlos abgegrenzt haben. Für die Kommunisten war die Konvergenztheorie nie etwas anderes als ideologische Bewußtlosigkeit der Bürgerlichen, die Theorie der nützlichen Idioten.

Unserer westlich-liberalen Lebensform drohen jetzt schwere Gefahren:

1. Die militärische Überlegenheit des Kommunismus in Europa nimmt ständig zu. Der Kommunismus hat
   - große Teile Europas kolonisiert und Aufstände mit Waffengewalt niedergeschlagen: 1953 in Mitteldeutschland, 1956 in Ungarn und 1968 in der Tschechoslowakei;
   - die größte Militärmaschine an den Grenzen des noch freien Europas aufgebaut und das Vorfeld mit einem Netz von Agenten eindeutigen Auftrags überzogen.

   Es ist leichtfertig darauf zu vertrauen, der Kommunismus würde bei passender Gelegenheit auf Expansion verzichten.
2. Die drohende Ablösung unterschiedlich denkender und meist toleranter Unternehmer oder politisch abstinenter Wirtschaftssubjekte durch die ideologisch homogene Macht der Gewerkschaften engt die Liberalität ein.
3. Die psychosoziale Entwicklung treibt viele Menschen in die vermeintliche Sicherheit des Kollektivs und bedroht damit die Liberalität. Hier ist besonders an die Wirkung der Massenmedien zu denken, an die Anfachung des Neids und an

die allgemeine Entfremdung des Menschen in unserer hochkomplexen Welt.

4. Die Politik der Bundesrepublik Deutschland wird immer mehr bestimmt durch Menschen, für die Unliberalität nicht mehr erlebte Praxis, sondern ferne Theorie ist und die vielfach in unserem Bildungssystem marxistisch indoktriniert wurden.
5. Unsere meinungsbildende Elite hat eine ideologische Rutschbahn vom Liberalismus über den Sozialismus in den Kommunismus gebaut.

Um Mißverständnissen vorzubeugen: Nichts gegen einen Sozialdemokratismus, wie ihn z. B. Kurt Schumacher vertrat und größte Sympathie zu einem Liberalismus ohne Adjektiv, aber Alarm und schärfsten Widerspruch gegen die ideologische Rutschbahn

vom »Sozialliberalismus« Maihoferscher Art
über den »demokratischen Sozialismus« Brandtscher Art
zum marxistischen Sozialismus und schließlich
zum stalinistischen Sozialismus/Kommunismus.

Viele unserer Meinungsmacher haben da kaum mehr zuverlässige Abgrenzungen und dauernde Begriffe, da fließt und gleitet alles. Diese Auflösung politischer Strukturen könnte man noch hinnehmen, wenn sie sich auf demokratische Parteien beschränken und gegenüber dem Kommunismus abgrenzen würde. Tatsächlich wird aber auch diese Grenze fortwährend leichtfertig überschritten, man dilettiert Volksfront, gibt uns den Kommunismus löffelweise ein und scheut auch nicht den persönlichen Kontakt mit Terroristen und Anarchisten.

Welches Ausmaß politischer Berechnung es auf der einen Seite und politischer Gutgläubigkeit auf der anderen Seite gibt, zeigt Brandts Wort[2], innerhalb der SPD gebe es

»eine klare Unterscheidung zwischen dem, was jetzt möglich ist, und dem, wovon man die Bürger erst schrittweise überzeugen muß«.

Diese Bedrohungen der Liberalität könnten in politisch ruhigen Zeiten hingenommen werden, aber in den voraussehbar unruhigen Zeiten werden sie die Liberalität unseres Zusammenlebens zerstören.

»Progressive« Zukunftsvisionen gehen stillschweigend von

der Annahme aus, auf unserer Erde entwickelte sich in den kommenden Jahrzehnten eine wohlgeordnete und friedliche Weltgesellschaft, in der allenfalls aufkommende Konflikte durch eine allmächtige UNO gelöst würden.

Ich halte diese Vision zukünftigen globalen Zusammenlebens für völlig falsch und irreführend, sie macht uns unfähig, in den voraussehbar harten Auseinandersetzungen unsere Existenz und Liberalität erfolgreich zu verteidigen. Die Vision einer weichen Zukunft erscheint als Teil einer Strategie, die unseren Willen zur Selbstbehauptung schwächt.

Es sind (außer Glaubenskriegen z. B. um die verschiedenen Kultformen des Marxismus und Kampf um strategische Positionen) vor allem zwei Tatsachen, die zwangsläufig zu einer wenig friedlichen Zukunft führen werden: einerseits die voraussehbar harten Verteilungskämpfe und andererseits die sprunghaft steigenden Gefahren des Terrorismus.

Die Bevölkerung der Erde beträgt im Jahre 1975 etwa vier Milliarden Menschen und wird im Jahre 2000 bei etwa sieben Milliarden liegen. Es gibt außer weltweiten Großkriegen, Seuchen oder Hungersnöten keine ernstzunehmende Maßnahme, um die Erdbevölkerung des Jahres 2000 wesentlich unter sieben Milliarden zu bringen: hierfür ist es schon zu spät. Zwar ist unser Land von der Bevölkerungsexplosion nicht und vom Nahrungsmittelmangel noch nicht betroffen, aber wir müssen doch mit ihren Auswirkungen leben. U. a. ist unser – längst übervölkertes – Land das Ziel von Millionen Fremdarbeitern und ausländischen Studenten, von denen viele nicht mehr in ihre Heimat zurückkehren wollen.

Zwischen den Industrieländern und den Entwicklungsländern bestehen große Unterschiede, die besonders deutlich zu erkennen sind am Sozialprodukt je Kopf. Diese Unterschiede werden trotz Entwicklungshilfe nicht kleiner, sondern größer. Eine nüchterne Analyse zeigt, daß die Schließung der gröbsten Unterschiede zwischen den unterentwickelten und den Industrieländern Anstrengungen erfordert, die weit jenseits des Möglichen liegen: Wir werden in aller Zukunft mit der Ungleichheit leben müssen.

Die weltweite Versorgung mit Rohstoffen und Energie ist ein komplexer und problematischer Vorgang:

- Die Quellen sind ungleichmäßig über die Erde verteilt.
- Der Bedarf ist auch ungleichmäßig über die Erde verteilt und verändert sich fortwährend durch wechselnde Menschenzahlen, Industrialisierung und Ansprüche.
- Transport und Aufbewahrung sind meist kostspielig und nicht unbegrenzt möglich.

Eine allerseits befriedigende Bedarfsdeckung wurde in der Vergangenheit nie erreicht und wird auch in der Zukunft nicht erreicht werden.

Die internationalen Kämpfe um die Verteilung von Rohstoffen und Energie werden in der Zukunft härter. Einen Vorgeschmack dessen vermittelte die Ölkrise im Herbst 1973. Aber durch die rasch wachsenden Bevölkerungszahlen, den weltweit zunehmenden Nationalismus und die zunehmende Abhängigkeit der Industrieländer werden die zukünftigen Verteilungskämpfe noch viel härter sein.

Um in diesen Auseinandersetzungen den Wohlstand unseres Landes mit seinen vielen Essern und wenigen Ressourcen erhalten zu können, brauchen wir eine hochwertige Industrie und sozialen Frieden.

Aber zugleich mit der Verschärfung der internationalen Verteilungskämpfe verschärfen sich auch die nationalen Verteilungskämpfe. Solange das Sozialprodukt Jahr um Jahr beträchtlich wuchs, waren die inneren Verteilungskämpfe relativ harmlos. Um ein gleichbleibendes oder gar sinkendes Sozialprodukt wird aber viel härter gekämpft.

Wenn diese Entwicklung nicht rechtzeitig verstanden und kontrolliert wird, dann zerstören wir kurzsichtig unsere gemeinsame Existenzgrundlage. Die Entwicklung in Großbritannien sollte uns da einiges lehren.

Wir werden uns in der zukünftigen Konkurrenz weder mit den natürlichen Ressourcen unseres Landes noch mit kopierbaren quantitativen Leistungen behaupten können, unsere Chancen liegen ausschließlich in qualitativen Höchstleistungen: Wir müssen uns mit außergewöhnlichen und schwer kopierbaren Produkten oder Dienstleistungen behaupten.

Deshalb ist die bei uns gegenwärtig vorherrschende Tendenz ganz falsch, den Anreiz zu außergewöhnlichen Leistungen abzubauen – diese und nur diese begründen unsere Zukunftschancen. Wir haben die Menschen, die außergewöhnliche Leistungen bringen könnten, aber wir dürfen sie nicht durch Nivellierung behindern, sondern müssen die kreative Produktion durch eine liberale Politik fördern.

Die gegenwärtige Entwicklung der Weltwirtschaft signalisiert schon die kommenden schweren Auseinandersetzungen. Bundeskanzler Schmidt warnte vor einer »dramatischen Veränderung der weltwirtschaftlichen Kooperation« und »apokalyptischen Entwicklung der Weltwirtschaft« [3]. Man fürchtet vielfach das Ende liberaler Formen internationaler Zusammenarbeit. Solche Gefahren betreffen unser Land besonders stark, ist es doch vom Welthandel extrem abhängig.

Aber die wirtschaftlichen Schwierigkeiten wachsen nicht nur international, sondern auch national: einerseits müssen zwecks Geldwertstabilität vor allem in den öffentlichen Haushalten große Summen eingespart werden und andererseits ist wegen der fortschreitenden Preissteigerung mit Zurückhaltung der Gewerkschaften bei Tarifauseinandersetzungen kaum zu rechnen.

Schließlich darf man aber den Leistungswillen nicht strangulieren. Der wirtschaftliche Optimismus, vor allem die Investitionsbereitschaft, darf nicht noch weiter abgebaut werden.

Die zukünftigen wirtschaftlichen Probleme sind beinahe unlösbar und können nur dann halbwegs gelöst werden, wenn alle Bürger diese Schwierigkeiten verstehen und sich solidarisch verhalten. Mit Klassenkampf sind diese Probleme sicher nicht zu lösen.

Angesichts dieser voraussehbaren Zukunft ist der bewußte Verzicht, maßvolle Austerity das wichtigste Erziehungsziel. Wir sollten auch davon Abstand nehmen, immer wieder andere für Fehlleistungen anzuklagen: Jeder muß an seiner Stelle anfangen.

Solche Verhaltensänderungen kommen aber nicht von selbst: Wir müssen uns darüber klar werden, in welch bedrohter Situation die menschliche Art im allgemeinen und unser Volk im besonderen steht. Nur aus der Einsicht in die Größe der Gefahr erwachsen die notwendigen Verhaltensänderungen. Langfristig zu überleben ist eine Kunst, die wir noch lernen müssen.

Es geht hier nicht um egoistische Entwürfe, die nur Minoritäten ein wünschenswertes Leben schaffen, es geht auch nicht um grandiose Entwürfe, die scheinbar alle Probleme lösen, durch die aber der Mensch zur »blauen Ameise« wird, es geht hier um den schmalen Weg, der vielen ein menschenwürdiges, liberales Leben ermöglicht.

Bis vor kurzem waren nur wenige hochentwickelte Industrieländer technisch in der Lage, Superwaffen, besonders Atombomben herzustellen. Sie bemühten sich, die Verbreitung dieser Superwaffen durch internationale Verträge zu verhindern.

In den letzten Jahren löste sich aber die erhoffte Exklusivität weitgehend auf. Material und Herstellungsmethoden für Atomwaffen wurden durch die vielen Kernkraftwerke und das anfallende Plutonium praktisch allen zugänglich. Indien erzeugte im Jahre 1974 eine Atomexplosion, andere Staaten werden folgen. In wenigen Jahren werden Atomwaffen nicht mehr ausschließlich unter der Kontrolle weniger staatlicher Instanzen stehen, auch Terrorgruppen werden sich Atomwaffen beschaffen. Die Atombombe im Koffer wird das Leben auf der Erde total verändern.

Erinnern wir uns an die spektakulären Terroraktionen der vergangenen Jahre, beispielsweise die Anschläge auf die Flughäfen Lod und Rom, die gewaltsamen Flugzeugentführungen oder den Mordanschlag während der Olympiade in München 1972: Wenn der atomare Terror eingesetzt hat, werden diese Aktionen als die vergleichsweise harmlosen Aktionen des konventionellen Terrors erscheinen.

Dann werden Drohungen und Erpressungen ganz anderer Dimensionen kommen: Es geht dann um hunderttausende Tote, Millionen Verletzte, ein unbewohnbares Land und Sachschäden in Höhe von hunderten von Milliarden DM.

Es gibt keinen Zweifel daran, daß unser Land, die Bundesrepublik Deutschland, hierdurch besonders gefährdet ist: reich, dicht besiedelt, vielfach verteidigungsunwillig und durchsetzt mit inneren Staatsfeinden. Durch Deponieren einer Atombombe in einer unserer Großstädte können Terroristen unsere Regierung zu schlechterdings jedem Zugeständnis erpressen, beispielsweise auch zur Herausgabe der Gold- und Devisenbestände oder zur Freilassung aller Staatsfeinde.

Ist dies undenkbar: Radikale vom Schlage der »Roten

Armee-Fraktion« erpressen die Bundesregierung, militärische »Hilfe« von der Sowjetunion gegen »Kapitalisten und Imperialisten« anzufordern?

Das, was unsere angeblich »kritische Intelligenz« propagiert, ist vielfach das Gegenteil dessen, was wir wollen und brauchen:

- Sie manipuliert uns in den Kollektivismus, während wir Liberalismus wollen.
- Sie propagiert das »Ende der Bescheidenheit«, wo Bescheidung notwendig ist.
- Sie propagiert gegenseitige Anklage, wo Solidarität gebraucht wird.
- Sie propagiert Leistungsabbau, wo Leistung gebraucht wird.
- Sie propagiert Nivellierung, wo Höchstleistungen gebraucht werden.

Die Naivität der »Progressiven« zeigt sich besonders bei terroristischen und militärischen Bedrohungen. Falsch ist vor allem ihre Vermutung, der innere Friede sei am besten durch milde Sympathie zu Terroristen zu erhalten. Ich zweifle nicht daran, daß beispielsweise Bölls Sympathieerklärungen viele Hemmungen gegenüber dem Terrorismus abgebaut haben. Die erfolgreichen Polizeiaktionen zeigten aber manchem irregeleiteten Jugendlichen, daß Terrorismus kein Kinderspiel ist.

Wir müssen uns nicht nur den immer schärferen Verteilungskämpfen und dem wachsenden Terror stellen, sondern auch einer unruhigen Weltpolitik. Die Erfahrungen der letzten Jahre begründen keine Hoffnung, der Weltfriede sei gesichert. Lokale Kriege, wie beispielsweise der Nah-Ost-Krieg oder der Zypernkrieg können leicht eskalieren und bedrohen dann auch unser Land.

Eine rationale Friedensforschung ist notwendig, aber sie darf nicht auf Selbsttäuschung aufgebaut sein und nicht zur Ideologie der Wehrlosigkeit werden. Das beste, was wir zur Erhaltung des Friedens tun können, ist dies: Allerseits deutlich machen, daß wir uns mit stärksten Kräften gegen Angreifer wehren werden und daß es keinen militärischen Spaziergang durch unser Land gibt.

Die Erfahrung zeigte: Es ist nichts mit der »Sozialen Verteidigung«, die militärische Verteidigung durch Trotz und Verweigerung unbewaffneter Bürger ersetzen wollte. Spätestens seit der Vergewaltigung der Tschechoslowakei durch die Armeen des Warschauer Paktes im August 1968 gibt es darüber keinen Zweifel mehr: Der Heldenmut eines tapferen Volkes kann sich gegen militärische Macht nicht halten. Die Wirklichkeit ist anders und brutaler als die Illusionen der »Progressiven«.

Warum geben so viele Meinungsmacher ständig so falsche Ratschläge für die Zukunft? Hier wirken vor allem:

- Die Langeweile vieler Menschen in unserem Lande hohen Wohlstandes und geringer Gefahren: Wo es beinahe ungefährlich ist, Anarchist, Terrorist oder Revolutionär zu spielen, wird es zum amüsanten Nervenkitzel. Und wer hierbei nicht aktiv wird, kann wenigstens wilde Sprüche produzieren.
- Die unübersehbare Komplexität unserer Welt, in welcher der Zusammenhang zwischen Verhalten und Folgen häufig undurchschaubar wurde. Die einst bestehende Rückkopplung von der Einsicht in die Folgen falschen Verhaltens zur Korrektur der Verhaltensentwürfe löste sich vielfach auf, die Absichten verirren sich jetzt leicht.

Ich wünschte, man könnte z. B. Heinrich Böll politische Verantwortung übertragen, beispielsweise für die Sicherheit der Stadt Frankfurt. Meine Prognose ist: Er würde es kurze Zeit mit seinen vielpublizierten Ideen probieren, damit total scheitern und dann den Laden voll Zorn hinschmeißen.

Aber leider wird man dieses Experiment nicht machen können, und Böll wird weiter unangefochten die Chancen nutzen, die unsere der Realität entfremdete Kommunikation auch den Produzenten unverantwortbarer Ideen bietet.

Das progressive Paradoxon besteht darin, daß angeblich »Progressive« die Probleme unserer Zeit besonders spät, manchmal zuletzt begreifen. Beispiele hierfür sind:

- Die »progressiven« Bildungspolitiker, die mit dem Kampf gegen »Law and order« zur Macht kamen, schließlich aber kein anderes Mittel als das Ordnungsrecht für unsere Universitäten fanden.
- Die »progressiven« Wirtschaftspolitiker, die zuerst hochnäsig über Warnungen vor inflationären Entwicklungen hinweggingen, aber schließlich mit letzter Kraft Deiche gegen die Inflation bauten.

- Die »progressiven« Allerweltsreformer, die zuerst ihre Kritiker als beschränkte Reaktionäre beschimpften, sich schließlich aber selbst auf das Machbare beschränkten.

Wahrscheinlich wird sich auch in der Entspannungspolitik etwas Ähnliches ergeben: Man wird schließlich zu der »reaktionären« Einsicht zurückkehren, daß Vorleistungen sich nicht immer auszahlen. Aber mit weniger Selbsttäuschung und mehr Sachverstand hätte man das schon vorher wissen können.

Es zeigte sich auch, daß die zum Selbstzweck gemachte »Progressivität« ganz andere Folgen hat, als ihre kurzsichtigen Vorkämpfer erwarteten – vor allem entstand durch die krankhafte »Progressivität« wachsende Reformunwilligkeit, also genau das Gegenteil des Erhofften.

Ein Vorzug liberalen Zusammenlebens ist die Veränderbarkeit politischer Strukturen durch den demokratischen Konsens autonomer Bürger. Die krankhafte »Progressivität« – Veränderung ohne Vorstellung ihrer Wirkungen und ohne Verantwortung für ihre Folgen – schafft aber nur einer Minderheit von Elefanten die Freiheit, im Porzellanladen herumzutrampeln und zwingt die Mehrheit, ständig Scherben zu kitten.

Die obigen Beispiele – Zerstörung von Recht und Ordnung, Gleichgültigkeit gegenüber Geldentwertung und groteske Überschätzung der Reformmöglichkeiten – haben dies gemeinsam: Die schlimmen Folgen der krankhaften »Progressivität« konnten schnell erkannt werden.

Aber die krankhafte »Progressivität« bewirkt noch viele andere Veränderungen, deren Folgen wir noch nicht erkannt und beurteilt haben, die aber unsere Kinder und Enkel einmal schwer schädigen werden. Es ist beispielsweise zu vermuten, daß die Kindererziehung auf Grund der Konflikttheorie (Hessische Rahmenrichtlinien) langfristig schreckliche Folgen haben wird: Wer zur Asozialität erzogen wird, wird schließlich asozial sein.

Die »progressive« Ideologie, die unserem Volke in den letzten Jahren so übel mitspielte, hat vor allem dies nicht begriffen:

- Der Mensch stand zu allen Zeiten vor denselben existentiellen Fragen, hier gibt es keinen Progreß.
- Die Vermutung, in unserer Zeit begänne die Historie eine neue Qualität anzunehmen, das Gefühl »Mit uns zieht die

neue Zeit« war immer Ursache der politischen Intoleranz und des Fanatismus.

– Der Mensch ist als Individuum außerstande, aus sich heraus sozial annehmbares Verhalten zu entwickeln, er ist auf Erfahrungen anderer Menschen angewiesen. Oft sogar auf Erfahrungen, die nicht rational begründet werden können.

Andererseits ist die Schwäche der konservativen Ideologie in unserem Lande vor allem:

– Sie verharrt vielfach in ideologischer Prüderie, sie begreift nicht, daß alle menschlichen Institutionen und alle Verhaltensformen durch Bewertungen, Ziele und Denkmodelle bestimmt sind, die bewußt gemacht werden sollten.
– Sie hat nicht begriffen, daß das Zusammenleben in der dichten Industriegesellschaft Planung voraussetzt, die auf bewußten Bewertungen, Zielen und Denkmodellen aufbaut.
– Sie hat nicht begriffen, welche starken psychischen Kräfte im Menschen durch den Aufruf zur Emanzipation freigesetzt werden können.

Wenn die Konservativen die Rolle des Reaktionärs überwinden wollen, dann müssen sie vor allem verblüffungsfester werden: Sie müssen schon vor dem Triumphgeschrei der »Progressiven« wissen, weshalb es *so* nicht geht. Noch mehr: Sie müssen merken, wann es doch geht.

Wenn die »Progressiven« die Rolle des ignoranten Hansdampf in allen Gassen überwinden wollen, dann müssen sie gründlicher darüber nachdenken, weshalb alles so ist, wie es ist und ob ihre Entwürfe tatsächlich etwas verbessern können.

Schließlich sollten die »Progressiven« sich bewußt machen, daß viele ihrer Absichten nicht der Vernunft, sondern der Galle, und die Konservativen, daß viele ihrer Grundsätze nicht aus der Erfahrung, sondern aus der Trägheit des Denkens entspringen.

Aber es gibt keine Alternative »Entweder konservativ oder progressiv«: Jedes vernünftige Verhalten resultiert sowohl aus konservativen als auch aus progressiven Elementen. In der Zukunft ebenso wie in der Vergangenheit wird die »anthropologische Dialektik« wirksam sein[4]:

Institutionalisierung einerseits: Errichtung lebenssichernder und Kulturen formender Institutionen wie Recht, Staat, Ehe, Familie usw.

Emanzipation andererseits: Befreiung des Individuums aus institutionellen Zwängen, Ausgleich der Unterschiede, Veränderung.

Versucht man diese beiden Bestrebungen (einerseits Institutionalisierung und andererseits Emanzipation) mit den beiden politischen Flügeln zu identifizieren, dann stößt man auf eine interessante Vieldeutigkeit:

Die naheliegende Zuordnung ist

Institutionalisierung	–	rechts
Emanzipation	–	links

Diese Zuordnung orientiert sich daran, daß die Rechte bei uns lange Zeit an der Regierung war und die Linke gegen das »Establishment«, gegen konservative Starrheit und gegen »Keine Experimente« kämpfte. Neuerdings paßt aber diese Zuordnung nicht mehr, die Linke plant, Staat und Wirtschaft mit einer gigantischen Machtanhäufung, Bürokratisierung und Reglementierung zu überziehen. Deshalb dürfte im Hinblick auf die Zukunft eher angebracht sein

Institutionalisierung	–	links
Emanzipation	–	rechts

Hierzu zwei Bemerkungen:

1. Wer tatsächlich gegen ein allmächtiges und durchbürokratisiertes Establishment und für Emanzipation und Liberalität ist, der muß jetzt den Linken mit allen demokratisch möglichen Mitteln widerstehen.
2. Wahrscheinlich konstituieren unser Grundgesetz und die Soziale Marktwirtschaft das optimale politische System einer hochindustrialisierten Gesellschaft, welches das höchste Maß an Liberalität und Emanzipation ermöglicht. Die Pläne der Linken führen zwangsläufig zur Einschränkung der Emanzipation und Liberalität.

In unserer politischen Landschaft ist es ebenso konservativ wie außergewöhnlich festzustellen:

Dieser unser Staat, sein Grundgesetz und seine Soziale Marktwirtschaft brauchen den Vergleich mit anderen nicht zu scheuen. Durch seine Zerstörung wäre keines unserer wesentlichen Probleme gelöst: unsere Gewässer nicht sauberer, unsere Luft nicht reiner, unsere Städte nicht wirtlicher, unser Verkehr nicht humaner, unser Bildungssystem nicht besser, unsere Menschen nicht glücklicher.

Deshalb, meine ich, ist es kein Zeichen fehlender Progressivität, sich den Systemüberwindern entgegenzustellen.

Ein Bekenntnis zu unserem System ist kein Bekenntnis zu allem, was hier geschieht. Tatsächlich ist hier vieles mangelhaft und reformbedürftig. Aber durch die Zerstörung dieses politischen Systems würden sich noch mehr Mängel einstellen.

Man darf bei der Kritik an unserem System nicht in den Fehler verfallen, es mit einem theoretischen Ideal zu vergleichen – Utopia ist nirgendwo –, sondern muß es mit realisierten politischen Systemen vergleichen. Hierbei schneidet unser System hervorragend gut ab. Nach seiner Zerstörung und Umwandlung in irgendeines der anderen realisierten politischen Systeme wäre keines unserer lebenswichtigen Probleme leichter zu lösen als vor seiner Zerstörung.

Gerade wer unser politisches System bewußt verteidigt, sollte auch seine Mängel kritisieren und auf Besserung drängen. Unter den vielen dauernden Fehlleistungen unserer Politik ragt eine weit heraus: Unverständnis und Gleichgültigkeit für das Kind und die Jugend. Hier haben alle bisherigen Regierungen versagt. G. Fölsing wies darauf hin[5], daß in der Regierungserklärung vom 18. Januar 1973 der Kinderschutz vernachlässigt wurde und fragt:

»Warum wurde das elementare Recht des Kindes auf eine menschenwürdige Umwelt ... nicht ebenfalls ausdrücklich hervorgehoben und bestätigt, warum muß das Kind noch länger auf eine grundgesetzliche Sicherung der Gleichrangigkeit von Kindes- und Elternrecht verzichten?«

Diese Fragen hängen eng mit den Problemen des Geburtenrückganges, der Abtreibung, der Brutalität gegenüber Kindern und den vielen Selbstmorden von Kindern zusammen.

Es gibt für uns keine wichtigere Entwicklungsaufgabe als die Entwicklung unserer eigenen Kinder. Hier geht es um wirksame Hilfen für die werdende Mutter, um frühkindliche Erziehung, hochwertige Kindergärten, Schulen, Spielplätze, Jugendheime, Elternschulen, Familienurlaub, Steuerermäßigung, Sozialwohnungen, Ausbildung usw. Bisher sind unsere Kinder tatsächlich die Benachteiligten unseres Volkes. Dazu überläßt man sie vielfach den unverantwortlichen Manipulationen »progressiver«

Bildungsphantasten, für die unsere Kinder kaum mehr als Experimentiermaterial sind.

Eine liberale Politik darf Kinder aber nicht der Familie entfremden – Kinder sind gerade nicht die uniformen Atome einer sozialistischen Gesellschaft, sondern die zukünftigen Bürger einer liberalen Gesellschaft.

Jugendliche fügen sich gerne ein, wo ihnen ein angemessener Rahmen geboten wird, so z. B. in Turn- und Sportvereine, Gesangs- und Musikgruppen, Jugendgruppen des Deutschen Roten Kreuzes usw. Aber dieses Angebot müßte nach Zahl und Vielfalt wesentlich vergrößert werden.

Vor allem sollten wir unserer Jugend deutlich machen, daß der Weg in den Kollektivismus weder wünschenswert noch unvermeidbar ist und uns erspart bleibt, wenn wir die Intelligenz und Moral aufbringen, die ein liberales Zusammenleben voraussetzt.

Es gibt einen Vorgang, der von Anhängern der Unionsparteien wie ein Fehltritt schamhaft verschwiegen und von ihren Gegnern den Unionsparteien vorwurfsvoll vorgehalten wird: Das »Ahlener Programm« der CDU von 1947, das die Sozialisierung mancher Wirtschaftsbereiche anstrebte. Dort findet sich beispielsweise:

»*... daß die Zeit der unumschränkten Herrschaft des privaten Kapitalismus vorbei ist ... Wir fordern die Vergesellschaftung der Bergwerke ... Ziel dieser sozialen und wirtschaftlichen Neuordnung kann nicht mehr das kapitalistische Gewinn- und Machtstreben, sondern nur das Wohlergehen unseres Volkes sein ...*«

Mit derartigen Zitaten lassen sich manche Anhänger der Unionsparteien ein schlechtes Gewissen einreden: Ihr wolltet doch auch einmal Sozialisierung, warum seid ihr gegen Sozialisten, die jetzt ähnliches wollen?

Auf diese Frage könnten die Unionsparteien eine Antwort geben, die nicht ihre Schwäche, sondern ihre Stärke zeigt. Etwa so: Wir waren und sind nicht dogmatisch für oder gegen sozialistische Wirtschaftsformen festgelegt, aber nach den eklatanten Mißerfolgen sozialistischer Wirtschaftsformen andernorts und den enormen Erfolgen der Sozialen Marktwirtschaft bei uns haben wir die optimale Wirtschaftsform gefunden.

Der grundsätzliche Unterschied zwischen den Sozialisierungsabsichten einst bei der CDU und jetzt bei den Sozialisten ist der: Die CDU verwarf ihre einstigen Entwürfe, weil sie durch die praktische Erfahrung eines besseren belehrt wurde, die Sozialisten wollen aber jetzt theoretische Entwürfe durchsetzen, obwohl ihre Minderwertigkeit durch die Praxis schon erwiesen ist.

Dieser Unterschied ist von größter politischer Bedeutung und sollte ausdrücklich so festgestellt werden:

- Das eine Prinzip: *Erfahrung schlägt Theorie* führt zu einer stetigen Verbesserung der politischen Praxis.
- Das andere Prinzip: *Theorie schlägt Erfahrung* führt zur unmenschlichen Praxis, beispielsweise des Sozialismus.

Die beiden gegensätzlichen politischen Strategien zeigen sich auch deutlich an den Programmen:

Das Prinzip *Erfahrung schlägt Theorie* ergibt pragmatische, uneinheitliche Programme,

das Prinzip *Theorie schlägt Erfahrung* ergibt formal einheitliche Programme.

In einem Vergleich der Programme unserer vier im Deutschen Bundestag vertretenen Parteien[6] kritisieren die (der SPD nahestehenden) Autoren:

»So zeigt sich bei der CDU/CSU beispielsweise ein fast ideologischer Glaube an die Rationalität und das Funktionieren des Marktmechanismus; struktur-, wettbewerbs- oder bodenpolitische Probleme lösen sich danach fast automatisch. Gleichzeitig – und in sich nicht schlüssig – finden sich aber immer wieder zuweilen versteckte Hinweise auf die Notwendigkeit staatlicher Eingriffe, um Auswüchse zu verhindern. Das Prinzip Marktwirtschaft wird damit permanent beschworen, gleichzeitig aber durch Einschränkungen permanent ad absurdum geführt. Dies alles kennzeichnet CDU und CSU als programmatisch ambivalente Parteien. ... ein bienenfleißig zusammengestellter Warenhauskatalog politischer Einzelangebote, der die Aufgabe, ein geschlossenes Bild der angestrebten Gesellschaft vorzulegen, weder bewältigen kann noch will.«

Ich stimme dieser Kritik teilweise zu: Die Programme der CDU und CSU sind tatsächlich weniger einheitlich, sie vermitteln kein geschlossenes Bild. Aber sie haben einen entscheidenden Vorzug: mit diesen Grundsätzen wurde ein politisches System aufgebaut, das den Vergleich mit anderen nicht zu scheuen braucht. Hierfür seien zwei unverdächtige Zeugen genannt: Der Vorsitzende des DGB, H. O. Vetter, sagte anläßlich seiner Ansprache am 1. Mai 1974, daß es kein Land gebe,

»in dem die Arbeitnehmer einen höheren Lebensstandard, mehr Rechte und größere persönliche Freiheiten hätten«.

Der frühere Vorsitzende der FDP, Walter Scheel, sagte anläßlich seiner Vereidigung zum Bundespräsidenten:

»Wir leben in einem Gemeinwesen, das selbst in vielerlei Hinsicht ein ... Höhepunkt ist. Sozialer Ausgleich und sozialer Friede sind Wirklichkeit. Wissenschaft und Kunst können sich mit den Leistungen anderer Völker messen. Die großen Freiheiten der Meinungsäußerung, der politischen Betätigung, der individuellen Entfaltung sind unbestritten. Die Einsicht in den Zusammenhang von Freiheit, innerem Frieden und wirtschaftlichem Wohlstand ist weit verbreitet. Millionen Deutsche kennen heute Lebenschancen, von denen ihre Eltern nur träumen konnten.«

Wohin jedoch das entgegengesetzte Prinzip *Theorie schlägt Erfahrung* führt, zeigte das Jahr 1974: vom Scheitern Brandts bis zur vielfachen Revision der »progressiven« Programmatik der SPD. Diese Revision beschrieb L. Bewerunge[7] so:

»Die Partei gibt sich redlich Mühe, vom Denken in Jahrhundertreformen Abschied zu nehmen und den Blick wieder mehr auf den Boden der harten Tatsachen zu richten. Alle weitgehenden und zum Teil bis zur Systemüberwindung gehenden Parteitagsbeschlüsse der letzten Jahre sind aus diesem Wahlkampfprogramm wie weggeblasen. Es hat den Anschein, als habe die SPD zum Beispiel nie nach der Vergesellschaftung des Bank- und Kreditgewerbes gerufen, als hätten die Jungsozialisten nicht die staatliche, am Ende rein sozialdemokratische Lenkung aller Investitionsströme durch ein vielfältig gegliedertes Rätesystem gefordert.

Es kann kein Zufall sein, daß bei der Aufzählung sozialdemokratischer Ziele in diesem Warenhauskatalog, der vom aktiven Landschaftsschutz über die Förderung von Amtstierärzten bei der Lebensmittelüberwachung bis zum »Sport für alle« reicht, die Sorge um die Sicherung der Arbeitsplätze absoluten

Vorrang erhalten hat.

Die Sozialdemokraten häufen auch nicht mehr Versprechen auf Versprechen. Die Strategie geht vielmehr dahin, dem Wähler die Wahrheit zu sagen, schwierige Probleme und mißliche Entwicklungen beim Namen zu nennen. Ehrlichkeit, so könnte man die neue taktische Spekulation der SPD ... beschreiben, währt vielleicht doch am längsten.«

Die bisherige Strategie der SPD war deshalb so unerträglich, weil sie aus Überschätzung der realen Möglichkeiten gigantische Versprechungen machte und sachverständige Kritiker ihrer unerfüllbaren Versprechungen wie dumme Jungen behandelte.

Wer den Aufbau unseres Staates und seiner Wirtschaft bewußt miterlebt hat, zweifelt daran nicht: Sie entstanden überwiegend aus den Grundsätzen und der Regierungspraxis der CDU/CSU. Dies gilt uneingeschränkt für die Soziale Marktwirtschaft, die unseren hohen Wohlstand begründete und die staatsbürgerlichen Rechte und Freiheiten sinnvoll machte. So wertvoll die einstige Mitwirkung der SPD bei der Abfassung unseres Grundgesetzes und ihre ständige Kritik an der Regierungspraxis war, so unwahrscheinlich erscheint es heute, daß mit ihren Plänen ein vergleichbarer allgemeiner Wohlstand hergestellt worden wäre. Brandts Scheitern und Schmidts antiprogrammatische Rettungsaktionen verstärken den Verdacht, daß mit dem intellektuell einheitlicheren Programm der SPD das eben nicht hergestellt worden wäre, was Vetter und Scheel für unser Land feststellten: hoher Lebensstandard, viel Rechte, große persönliche Freiheit, sozialer Ausgleich, sozialer Frieden, Lebenschancen.

Der Bürger steht vor der Wahl zwischen zwei Programmen: Die Programme der Unionsparteien sind uneinheitlich und wenig faszinierend. Aber sie haben sich zur Herstellung allgemeiner Wohlfahrt, Rechtsstaatlichkeit und persönlicher Freiheit bewährt.

Das Programm der SPD ist einheitlicher und simpler. Aber es hat sich nicht in der Praxis bewährt, es steht sogar unter dem Verdacht, Wohlstand, Recht und Freiheit abzubauen.

Im obenerwähnten synoptischen Vergleich wird ausdrücklich festgestellt, daß die Aufgabe, »ein geschlossenes Bild der angestrebten Gesellschaft vorzulegen«, von den Programmen der

CDU/CSU nicht bewältigt wird. Diese interessante Formulierung zeigt eine typische Fehlleistung unserer gegenwärtigen politischen Auseinandersetzungen: Man meint, es ginge um intellektuelle Faszination und die geschlossene Verarbeitung im politologischen Seminar. Aber unseren Bürgern geht es gar nicht darum, sondern um realisierten Wohlstand, Recht und Freiheit.

Diese Formulierung läßt zugleich erkennen, daß es viel schwerer ist, die guten Denkmodelle der CDU/CSU öffentlich verständlich zu machen. Dies begründet Chancenungleichheit, vor allem in den Massenmedien. Viele lassen sich von den simplen Denkmodellen berauschen und meinen, was Moderatoren und Poeten beflügelt, müsse doch auch die Realität beflügeln. Aber die Wirklichkeit ist anders.

Das Prinzip *Theorie schlägt Erfahrung* steht im ständigen Kampf gegen die Wirklichkeit. Hier erinnern wir uns an die Vergewaltigung der Naturwissenschaften durch die Nazis (»Deutsche Physik«) und durch die Kommunisten (Russische Vererbungslehre, Kampf gegen Relativitätstheorie und Kybernetik usw.) oder an die infamen Angriffe zeitgenössischer Ideologen gegen Konrad Lorenz.

Dieses dogmatische Prinzip kollidiert vor allem mit der geschichtlichen Erfahrung. Diese zeigt, wie Theorien, besonders politische Dogmen, durch die Wirklichkeit verändert und aufgelöst werden. Es ist deshalb kein Wunder, daß unsere »progressiven« Meinungsmacher eine Abneigung gegen geschichtliche Erfahrung haben und aus dieser nur wenige – ihre Dogmen bestätigende – Klischees auswählen. Hier ereignet sich dann die Auflösung geschichtlicher Wirklichkeit, die Th. Nipperdey an den Hessischen Rahmenrichtlinien kritisiert[8]. Wohin das schließlich führt, hat Orwell in seinem Roman »Neunzehnhundertvierundachtzig«[9] beschrieben: Manipulation der geschichtlichen Erfahrung bis hin zur totalen Beseitigung mißliebiger Sachverhalte und Personen, die zu »Unpersonen« werden.

Das Prinzip *Theorie schlägt Erfahrung* wurde zu dem, was die »Progressiven« angeblich beseitigen wollten: Zum Herrschaftsinstrument. Hier wird das Denken gegen die Erfahrung abgeschirmt und ein beabsichtigtes Verhalten indoktriniert.

So schwindet das Verständnis für objektive Gesetzlichkeiten

und verstandesmäßige, logische Begründungen. Über den »deutschen Objektivitätsfimmel« spottete schon Hitler, und seine Nachfahren mit den roten Fahnen ohne Hakenkreuz marschieren in seinem Geiste.

Ortega y Gasset hat bereits 1929 davor gewarnt[10]:

»Unter den Marken des Syndikalismus und Faschismus erscheint zum erstenmal in Europa ein Menschentypus, der darauf verzichtet, Gründe anzugeben und recht zu haben, der sich schlechtweg entschlossen zeigt, seine Meinung durchzusetzen. Das ist neu: das Recht darauf, nicht recht zu haben, Grundlosigkeit als Grund.«

Dieses Prinzip *Theorie schlägt Erfahrung* muß sich ständig gegen die Wirklichkeit abschirmen: durch Beseitigung von Informationen, Immunisierungsstrategien, Denunziation der Erfahrung usw. Beispielsweise gibt es für einen gläubigen Marxisten nichts Schlimmeres als die Erfahrung, daß nach Liquidation der Unternehmer der Wohlstand der Arbeitnehmer nicht zu-, sondern abnimmt.

Die Autorität des sowjetischen Imperialismus steht und fällt mit dem Glauben an die Existenz rachsüchtiger »Imperialisten, Revanchisten und Kapitalisten«, die das »Friedenslager« bedrohen und den Sowjetbürger mit falschen Informationen vom rechten Glauben weglocken.

Besonders übel wirkt dieses Prinzip *Theorie schlägt Erfahrung* bei der Verschwörung gegen unsere Liberalität: Im unbeirrbaren Glauben, allein und ausschließlich zu wissen, wie man unser Volk ins Glück führt, braucht man keine Rationalität, Kompromisse oder Rücksichten mehr, diese »Progressiven« meinen das Recht zu haben, auch ohne Alternativen und Sachkenntnis zum Unfrieden, zum inneren Kampf, zum Terror aufzustacheln.

Liberalismus setzt Toleranz voraus und die Vermutung, daß auch konträre Ansichten aus honorigen Motiven herauswachsen und man durch rationale Kommunikation weiter kommt. Schwarzweißmalerei paßt nicht zum Liberalismus.

Während man »Sozialismus« inhaltlich einigermaßen bestimmen kann (beispielsweise durch eine bestimmte Eigentumsverfassung, Arbeitsverfassung, Wirtschaftsordnung und egalistische Staatsverfassung), ist eine vergleichbare inhaltliche Bestimmung des Liberalismus kaum möglich, ihm geht es ja gerade darum, menschliches Verhalten nicht auf abstrakte und formale Grundsätze festzulegen, Liberalismus ist eine Ordnung minimaler Bestimmungen.

Dieser unterschiedliche Gehalt erklärt auch, weshalb es zwar viel »wissenschaftlichen Sozialismus«, aber wenig »wissenschaftlichen Liberalismus« gibt, er beschränkt sich im wesentlichen auf die Grundsätze liberalen Wirtschaftens.

Dies hat für die Strategie des Liberalismus eine wichtige Konsequenz – die Theorie-Gläubigkeit muß auf Theorie-fähige Sachbereiche eingeschränkt werden; wird jedoch Theorie-unfähiges menschliches Verhalten auf theoretische Prinzipien eingeschränkt, dann wird zwangsläufig die Liberalität eingeschränkt. Die Allerwelts-Theorie-Gläubigen werden im Liberalismus immer etwas Minderwertiges sehen.

Wessen Bewußtseinsenge nur radikales Denken ermöglicht, der kann zwar »Linksradikal« oder »Radikalsozialistisch« sein, nicht aber »Liberalradikal« oder »Radikalliberal«. Die Liberalen haben auch keine so verführerischen Klischees wie »Lebensqualität«, »Emanzipation«, »Demokratisierung« usw., die müssen sich mit der Welt herumschlagen, wie sie ist.

Für Liberalismus kann man schlecht mit Theorie werben, seine Chancen liegen im typischen Beispiel, im Vergleich des Lebens konkreter Menschen in liberalen und nichtliberalen politischen Systemen:

– Der Sozialismus siegt, wo die theoretische Begründung gilt.
– Der Liberalismus siegt, wo das Wohl konkreter Menschen gilt.

Für die intellektuell so wenig faszinierenden uneinheitlichen liberalen Programme spricht noch ein anderer wichtiger Gesichtspunkt: Die faszinierenden einheitlichen Programme ersticken regelmäßig die Kreativität. Typisch hierfür ist Sacharows Kritik am sowjetischen System und dessen Einschränkung freien Denkens. Perfekte Programme führen immer zum perfekten Untertanen, die menschliche Freiheit wächst oft aus den Fugen der Programme.

Die Liberalität ist auch durch die psychosoziale Entwicklung bedroht:

– Bei der zunehmenden Komplexität unserer Welt und zunehmenden Zahl gegenseitiger Abhängigkeiten werden immer weniger Menschen darauf vertrauen, durch eigene Initiative ihr Schicksal steuern zu können und werden in die vermeintliche Sicherheit des Kollektivs flüchten.

– Bei der zunehmenden Transparenz menschlichen Zusammenlebens wird der Neid immer stärker gereizt werden, man wird immer unfähiger, mit der Ungleichheit zu leben.
– Durch die Wirkung der Massenmedien wird das Denken simplifiziert: Der Kollektivismus mit seinen simpleren Denkmodellen hat hier die größten Vorteile.

Ferner ist das geplante Vorgehen des Kollektivismus dem ungeplanten und vereinzelnden des Liberalismus kurzfristig vielfach überlegen.

Deshalb setzt jede erfolgreiche Verteidigung des Liberalismus einen teilweisen Verzicht auf Liberalität voraus: Die autonomen Individuen, die nicht Masse werden wollen, müssen sich verbünden.

Entwürfe zur bewußten Verteidigung des Liberalismus sollten

– unserer Jugend eine Alternative zum leichten Weg in den Sozialismus zeigen und Hoffnung auf eine liberale Zukunft geben.
– unsere Gesellschaft solidarischer machen – solidarisch, unsere liberale Lebensform in den voraussehbar schweren Auseinandersetzungen zu verteidigen.
– die Bürger unseres Staates verblüffungsfester machen, d. h. ihr Geschick verbessern, diesen Staat und seine Grundsätze wirksam zu begründen.
– politische, wirtschaftliche, soziale Entscheidungen verträglich miteinander machen, so daß Entscheidungen verschiedener Instanzen oder zu verschiedenen Zeiten einander unterstützen und sich nicht gegenseitig stören oder gar unwirksam machen.
– Fehlentwicklungen unserer komplexen Technostruktur vermeiden helfen. Welche Gefahren hier drohen, zeigen vor allem die Stadtentwicklung, die Umweltzerstörung, die Verkehrsentwicklung und die mißlungene Bildungsreform.

Für die Zukunft des Liberalismus kann man aber kaum wohlklingende Programme schreiben, Liberalismus ist Verzicht auf

Vorprogrammierung. Die Hoffnung auf die Zukunft des Liberalismus erwächst aus der schwer konkretisierbaren Hoffnung auf die menschliche Kreativität, die immer neue Wege zur Herstellung menschenwürdiger Lebensformen in der Zukunft findet.

Wo finden wir den großen Entwurf, der Hoffnung auf die Zukunft unserer liberalen Lebensform begründet?

Die programmatischen Schriften der SPD – denen man einen liberalen Anstrich vielfach nicht absprechen kann – erwiesen sich als unmaßgeblich für die praktizierte Politik dieser Partei: Einerseits hat die Praxis wenig mit den Programmen zu tun, andererseits wurde unliberalen Absichten innerhalb und außerhalb der SPD kein nennenswerter Widerstand entgegengesetzt.

Die programmatischen Schriften der FDP sind anmutig, aber nicht zu Ende gedacht und haben die Nominal-Liberalen kaum zum Kampf gegen den Kollektivismus veranlaßt.

Walter Scheel meinte zwar vor Jahren [11]:

»Ich bin überzeugt davon, daß unser programmatischer Durchbruch der Unruhe der Jugend neue Ziele zu setzen vermag, daß er ihr die Möglichkeit gibt, in diesem Lande auf eine freiheitliche Entwicklung durch eine freiheitliche Politik zu bauen.«

Aber die Wirklichkeit erfüllte Scheels Hoffnungen nicht. Weder die unruhige Jugend im allgemeinen, noch die Jungdemokraten im besonderen wurden von den »Freiburger Thesen der Liberalen« gepackt, sie entwickelten keine zur sozialistischen vergleichbare liberale Aktivität.

Der Liberalismus wurde opportunistisch, altklug und müde.

Liberalismus ist kein totales Prinzip der Art, daß man aus ihm heraus alle sozialen und politischen Probleme lösen könnte. Hier geht es eher um die Absicht, den vielen kollektivierenden Sachzwängen und Einflüssen Widerstand entgegenzusetzen. Eine vernünftige Gestaltung ergibt sich weder aus der uneingeschränkten Gleichmacherei noch aus individueller Hemmungslosigkeit, sie braucht von beiden etwas und ihren ständigen Ausgleich. R. Dahrendorf meinte deshalb, wir bräuchten eigentlich die Auseinandersetzung einer »Gleichheitspartei« und einer »Freiheitspartei« [12].

Aber diese Auseinandersetzung führt nur dann zu einem vernünftigen Ergebnis, wenn die Freiheitspartei sich tatsächlich für Freiheit engagiert, nicht aber dann, wenn sich zwar die Gleichheitspartei für Gleichmacherei, die Freiheitspartei aber für ein Mittelding einsetzt.

Es ist wie ein Tauziehen: Die eine Partei zieht in Richtung Gleichmacherei, die andere in Richtung Liberalität. Wenn die Liberalen aber nicht mehr ziehen, sondern sich altklug in die Mitte stellen, dann stürzt das ganze System in Richtung Gleichmacherei, für die man sich weithin kompromißlos engagiert. Der von den angeblich Liberalen erhoffte Kompromiß kommt so gar nicht zustande.

Genau dies ist unsere gegenwärtige Situation: Die angeblich Liberalen stellen sich auf einen »sozialliberalen« Kompromiß ein, engagieren sich kaum mehr für Liberalismus und merken nicht, daß das ganze System in den Kollektivismus rutscht und stürzt.

Während R. Dahrendorf die Notwendigkeit der »lebendigen Auseinandersetzung zwischen einer ›Gleichheitspartei‹ und einer ›Freiheitspartei‹« betont, sieht es W. Maihofer ganz anders: Er entwickelt aus der Tatsache, daß bei der Revolution 1848 Liberale und Sozialisten auf derselben Seite der Barrikaden gegen Reaktionäre gekämpft haben, die Vorstellung, Sozialisten und Liberale seien eigentlich Verbündete.

Dieser Schluß ist so abenteuerlich wie der Schluß, daß aus dem gemeinsamen Kampf gegen Hitler ein natürliches Bündnis zwischen Kommunisten und Demokraten entstanden sei.

Nein: Ein gemeinsamer Feind mag zwar zeitweise taktisches Zusammengehen ermöglichen, aber für eine grundsätzliche Partnerschaft ist es zu wenig. Wer meint, »Sozialliberalismus« sei eine funktional einheitliche Position, der muß die Augen vor den realen Problemen verschließen. Der »Sozialliberalismus« ist günstigstenfalls der »Bremser«, wird leicht zum »arbeitslosen Bremser« und schließlich zum »nützlichen Idioten«.

Es gibt keine infamere Art, einer guten Sache zu schaden, als sie mit falschen Argumenten zu propagieren. Ich fürchte, der »Sozialliberalismus« wird den Liberalismus in der FDP zugrunde richten.

Daß dieser »Sozialliberalismus« mit Liberalismus nicht mehr viel zu tun hat, gestand W. Maihofer indirekt ein, als er sagte[13], daß »fast alle unsere früheren Stammwähler« die FDP verlassen haben. In der Tat: Wer die Liberalen, ihre stolze Tradition und ihre Überzeugungen kennt, die Theodor Heuss, Thomas Dehler, Wolfgang Döring, Karl Georg Pfleiderer und Reinhold Maier, der kann sich nicht vorstellen, daß sie noch irgend etwas mit diesem »Sozialliberalismus« zu tun haben wollten.

Unliberal ist schon Maihofers Schwarzweißmalerei: einerseits die »konservative Erstarrung, in elegischer Nachtrauer und taktischen Nachhutgefechten für eine weit hinter der Zeit herhinkende gestrige Gesellschaft« (das sind die stupiden Unionsparteien) und andererseits Leute, welche die »sozialistische Umwandlung unserer Gesellschaft anstreben« (das sind die zwar voreiligen, aber doch sympathischen Leute von links außen). Dazwischen die »Sozialliberalen«: »Es sind jene aufgeklärten Bürger, die sich auch in der Politik kein X für ein U vormachen lassen«, die nicht unter »Realitätsverlust« leiden, welche die »endliche Überwindung des Klassenkampfes« schaffen, die »ehrlich« und nochmals »ehrlich« sind und »auf der Höhe ihrer Zeit« stehen und »die politische Praxis mit neuem Geist« durchdringen.

So wie ich Reinhold Maier einschätze, hätte er dazu wohl gesagt: Des isch ja zum Kotze!

Maihofer ist stolz darauf[14], daß seine Partei nicht aus »bestimmten religiösen oder profanen Weltanschauungen dem Menschen von außen und oben allgemeingültige und allgemeinverbindliche Antworten auf die Frage nach den Zwecken und Zielen seines Daseins« vorgibt. Bei ihm tritt an die Stelle des »von außen und oben« die Frage nach dem erreichbaren Wählerpotential. Hier schlägt Opportunität die Einsicht in die Notwendigkeiten, seien es nun politische oder moralische Notwendigkeiten.

Naiv ist Maihofers Anspruch, daß hier Politik ohne Ideologie gemacht würde, eine Politik, »die nicht *eine* ideologische Einseitigkeit durch eine umgekehrte *andere*« ersetzt. Maihofer scheint sich seiner linken Ideologie gar nicht bewußt zu sein.

Trotz seines liberalen Vokabulars halte ich Maihofer nicht für einen Liberalen, und zwar aus mehreren Gründen:

– Sein Verständnis des Eigentums – wie er es in der Verfassungsdebatte des Deutschen Bundestags offenbarte – ist mehr sozialistisch als liberal (siehe 1. Kapitel).

– Er orientiert sich vielfach an Klassengegensätzen, beispielsweise meinte er, daß die Arbeitnehmerschaft sich mit der Union weder identifizieren noch solidarisieren könnte.
– Seine Begriffsumdeutung erinnert an die Vorgehensweisen marxistischer Dialektiker.
– Seine Schwarzweißmalerei ist unliberal.

Bedenklich sind Maihofers Simplifikationen, so beispielsweise:

»Nicht Ordnung statt Reform,
sondern Ordnung durch Reform!«

Die Frage, wer denn überhaupt Ordnung statt Reform anstrebe, sei übergangen, interessanter ist die Frage: Woran mißt er denn, was Reform und was Zerstörung ist? Auf diese Frage gab er noch nie eine Antwort.

Als angeblich Liberaler, der so viel von »Demokratisierung« spricht, müßte er doch auch zu Schelskys Frage Stellung nehmen »Mehr Demokratie oder mehr Freiheit?« – aber offensichtlich hat er keine Argumente gegen Schelskys Feststellung, daß »Demokratisierung« die Liberalität zerstört.

Wenn Maihofer sagt, »eine für uns Liberale akzeptable Mitbestimmungslösung setzt darum eine nach beiden Seiten ehrliche Verwirklichung von Parität zwischen Kapital und Arbeit« voraus, dann soll er doch auch sagen, wie bei Patt-Situationen Enscheidungsfähigkeit hergestellt werden soll. Dies müßte doch auch einem linken Rechtsphilosophen klar sein: Wo zwei Gegner gleichberechtigt sind, können keine Entscheidungen gefällt werden. Hier beginnt das Problem des Paritätismus und Maihofer sollte sagen, welche Art »Unehrlichkeit« er vertritt.

Hierbei ist seine Interessenvertretung des »dritten Faktors Disposition« schwächlich. Wer die Praxis kennt, weiß, daß man weder mit Kapital allein, noch mit Arbeit allein eine Produktion aufbauen kann, wohl aber mit der Führungsmannschaft, mit den Leuten, die durch Sachkenntnis, Initiative, Kreativität und Verantwortungsbewußtsein Kapital und Arbeit zusammenbringen. Diese Gruppe möchte Maihofer zwar für sich gewinnen, aber sein Durchsetzungsvermögen im »sozialliberalen« Lager scheint hierfür nicht auszureichen.

Kennzeichnend hierfür ist, was W. Kannengießer am 18. Februar 1974 schrieb[15]:

»Falsch ist es … sicherlich, über die Mitbestimmung den Ge-

werkschaften in den Unternehmen den beherrschenden Einfluß zu sichern. Es bleibt festzuhalten, daß die FDP auch in diesem Punkt gescheitert ist. . . . Schlimm ist . . . daß die FDP nun mithilft, der syndikalistischen Mitbestimmung der Funktionäre den Weg zu bereiten. Sie gibt damit für jedermann erkennbar den Anspruch auf, Garant liberaler Politik zu sein.«

Ähnliches kann man für viele andere Bereiche »sozialliberaler« Politik feststellen, für andere wirtschaftliche Bereiche, für den Bildungsbereich, für die Medienpolitik usw. Im Hinblick auf die unliberale Entwicklung des Presserechts blieb Rudolf Augstein »nur die Hoffnung auf die Obstruktion des von CDU und CSU beherrschten Bundesrats [16]«.

(Möglicherweise beruht Augsteins Sympathie zur sozialliberalen Politik darauf, daß er nicht oft genug von ihren Wirkungen betroffen ist. Wäre er dies, so würde er auch öfters auf Obstruktion hoffen, ja möglicherweise die Unionsparteien als das kleinere Übel erkennen.)

Theodor Heuss wandte sich einst gegen alle Versuche, den grundrechtlichen Schutz des Eigentums auszuhöhlen und sprach ausdrücklich davon, daß dieses »doch für Wirtschaft und Kultur eine Voraussetzung sei [17]«. Heute geht es den Sozialliberalen vor allem darum, das Eigentum zu einem sozialen Anspruch zu machen, ohne die Folgen für Wirtschaft und Kultur zu bedenken.

Kennzeichnend für den geistigen Zustand der FDP ist auch die Tatsache, daß manche ihrer Unterorganisationen oder Funktionäre politisch weit links von der SPD stehen und die Verteidigung unseres liberalen Staates gegen innere oder äußere Feinde verhindern wollen.

Und schließt die Mitverantwortung für die Bildungspolitik des einstigen Hessischen Kultusministers von Friedeburg den Anspruch »liberal« zu sein, nicht aus?

Die Liberalität ist hier und jetzt schwer bedroht: außenpolitisch, innenpolitisch und wirtschaftspolitisch durch die kollektivierenden Tendenzen der Massenkommunikation, nicht zu vergessen Terroristen und die neue Herrscherklasse der Funktionäre. Wer sich in einer solchen Zeit mit anachronistischen Anti-Kirchenpapieren amüsiert, dem muß die Liberalität unseres Zusammenlebens schon arg gleichgültig sein.

Was aber könnte den Anspruch der FDP begründen, »liberal« zu sein, als der fortwährende kompromißlose Einsatz für Liberalität? Die Eigenschaft »liberal« ist doch nicht im Grundbuch als Besitz einer Partei eingetragen, das ist doch ein Anspruch, der Tag um Tag durch praktische Politik bestätigt werden muß. Es ist doch ein Betrug, wenn eine Partei sich als »liberal« ausgibt, aber keine liberale Politik macht.

Die FDP war nicht nur leichtfertig, sie hat auch auf das falsche Pferd gesetzt. Frau Professor E. Noelle-Neumann berichtete über eine erstaunliche Umwertung des Begriffes »Sozialismus«[18]:

Anfang der sechziger Jahre verstand man unter »sozialistisch« etwa »menschlich«, »warm«, »Schutz«, »Fürsorge« und etwa 60 Prozent sahen einen Vorzug darin, wenn sich eine Partei als »sozialistisch« bezeichnet. Dieses positive Bild des »Sozialismus« hat sich bis zum Jahre 1973 total verändert – jetzt denkt man an »bürokratisch«, »kalt« und »unfrei« und 64 Prozent würden gegen eine solche »sozialistische« Regierung stimmen.

Unser gemeinsamer Kurs in die Zukunft wurde drastisch korrigiert. Um 1972 schien die »Systemüberwindung«, der Übergang von einer liberalen zu einer sozialistischen Verfassung unseres Zusammenlebens nur noch eine Frage der Zeit zu sein, im Bildungssystem, den Medien und in der tonangebenden Öffentlichkeit herrschten beinahe uneingeschränkt marxistische Denkmodelle.

Die zwischenzeitlich eingetretene Kurskorrektur ist auch daran ersichtlich, daß sich die SPD neuerdings deutlich gegen Systemüberwinder abgrenzt. In ihren theoretischen Diskussionen wird nicht mehr uneingeschränkt von sozialistischen Wirtschaftsformen geschwärmt, sondern kritisch beispielsweise über die methodischen Voraussetzungen und ökonomischen und gesellschaftspolitischen Zusammenhänge bei der Investitionskontrolle nachgedacht.

Ich schrieb im Jahre 1972 an Bundeskanzler Brandt offene Briefe, in denen ich vor der ideologischen Aushöhlung unseres Staates warnte. Sollte jemand meinen, die damaligen Warnungen seien unbegründete Schwarzmalerei gewesen, dann würde ich so antworten: Die Kurskorrektur trat nicht deshalb ein, weil manche ihre Notwendigkeit leugneten, sondern weil viele Bürger weniger leichtfertig waren.

Geschichte ist ja kein Film mit vorgegebenem Ablauf, sondern das Ergebnis geistiger Vorwegnahmen. Es ist etwa so, wie wenn ein Insasse eines Autos vor der Fahrt in den Abgrund warnt – seine Warnung wird nicht dadurch falsch, daß der Kurs korrigiert wird. Und wer vor dem Abgrund rechts gewarnt hat, verliert nicht das Recht, vor dem Abgrund links zu warnen.

Meine einstigen Briefe an Bundeskanzler Brandt wurden von H. Schueler in der »ZEIT« vom 17. März 1972 als »Hysterie der Angst« gedeutet. Am 1. März 1974 beurteilte Theo Sommer, Chefredakteur der »ZEIT« dieselben Probleme genau umgekehrt:

»Denn Gelassenheit kann angesichts der anarchistischen Auswüchse allein nicht ausreichen. Die Obrigkeit muß zugleich ihre Entschlossenheit beweisen, den Rechtsstaat zu verteidigen ...

Dies ist ein guter liberaler Standpunkt, dessen sich keiner zu schämen braucht. Niemand soll für Fortschritt halten, was bloß Aggression ist.«

Dieser Kurskorrektur der »ZEIT« mit zwei Jahren Verspätung stimme ich auch jetzt noch gerne zu: Spät kommt ihr »Zeit«-genossen, doch ihr kommt!

(Aber zu fragen bleibt: Erkennt man die »Progressiven« immer an der langen Leitung?)

Die geistigen Anfänge der Kurskorrektur liegen schon weit zurück. Eines der ersten hierfür erwähnenswerten Bücher ist »Die Wiedertäufer der Wohlstandsgesellschaft«[19], herausgegeben von Professor Erwin K. Scheuch, der zur Einleitung u. a. schreibt:

»Mit dem Titel ›Die Wiedertäufer der Wohlstandsgesellschaft‹ sollte die böse historische Kontinuität der Vergewaltigung des Mitmenschen aus Gesinnung angesprochen werden.«

Hier beklagt Professor W. Hennis den

»Einfluß einer irrational aktivistischen Gruppe um Rudi Dutschke, dem das Ziel nichts und die Bewegung alles ist«.

Zu erwähnen ist auch das im Jahre 1970 erschienene »Jahrbuch für kritische Aufklärung IV, Club Voltaire«[20], in dem die Creme der aufgeklärten Geister unseres Landes Stellung nimmt gegen die aufkommende Woge der Gegenaufklärung. Hier spricht G. Szczesny davon, daß »*ein dogmatischer und terroristischer Politizismus viele Funktionen der religiösen Erlösungslehren übernommen hat*«. Einige typische Titel aus diesem Buch sind:

Hans Albert: »Politische Theologie im Gewande der Wissenschaft«

Ernst Topitsch: »Die reaktionäre Ideologie der ›studentischen Revolution‹«

Rolf Hochhuth: »Der alte Mythos vom ›neuen‹ Menschen«

Ludwig Marcuse hofft auf eine »Dritte Aufklärung« und sagt:

»*Die großen Worte, mit denen die herrschenden Dichter und Denker regieren . . ., verhindern: daß viele Erfahrungen vieler einzelner in ihr Bewußtsein gelangen. Es ist wohl noch nie untersucht worden, wieweit die Schöpfer mächtiger Universalien (Hegel, Marx, Freud), welche die Gegenwart kontrollieren, ihre Nutznießer nicht nur scharfsinnig, auch blödsinnig gemacht haben.*«

Die Autoren dieses Jahrbuchs für kritische Aufklärung sind seit langem durch ihr Engagement gegen starre Konservativität bekannt, aber sie wenden sich ebenso entschieden gegen orientierungslose »Progressivität«.

Mit dem Buche »Das sogenannte Gute« nahm G. Szczesny »Abschied von der Linken«[21].

Einen sehr wichtigen Beitrag lieferte Professor Helmut Schelsky mit seinem Buche »Systemüberwindung, Demokratisierung, Gewaltenteilung«[22], in dem er u. a. die Frage stellt, ob wir »Mehr Demokratie oder mehr Freiheit« wollten.

Mehrere wertvolle Beiträge lieferte Professor Helmut Schoeck mit seinen Büchern »Der Neid und die Gesellschaft«[23], »Ist Leistung unanständig?«[24], »Umverteilung als Klassenkampf«[25] und »Die Lust am schlechten Gewissen«[26].

Von erfahrungswissenschaftlicher Seite geschrieben sind besonders erwähnenswert die Taschenbücher von Konrad Lorenz »Die acht Todsünden der zivilisierten Menschheit«[27] und von Christa Meves »Manipulierte Maßlosigkeit«[28].

Parteipolitisch bedeutungsvoll ist es, daß sich auch angesehene Mitglieder der SPD aktiv einschalteten, so vor allem Professor H.-D. Ortlieb mit seinem Buche »Die verantwortungslose Gesellschaft«[29], Professor Hermann Lübbe mit »Hochschulreform und Gegenaufklärung«[30] und Professor Thomas Nipperdey mit »Konflikt – einzige Wahrheit der Gesellschaft?«[31].

Wertvolle Analysen unserer gegenwärtigen ideologischen Situation lieferten Professor G. Rohrmoser mit »Revolution – unser Schicksal?«[32], »Marxismus und Menschlichkeit«[33] und Professor Otto B. Roegele mit seiner »Kleinen Anatomie politischer Schlagworte«[34].

Arnold Gehlen kennzeichnete die Gefahr unserer Zeit in seinem vortrefflichen Buche »Moral und Hypermoral«[35] so: *»Da die Moralhypertrophie sich gegenüber den noch funktionierenden Autoritäten kritisch verhält, gibt sie die Aufstiegsleiter für die neue Gegenaristokratie der von Verantwortung nicht betroffenen Idealisten her, deren Wirkungschance ja im Angriff liegt.«*

W. Brezinka verteidigte mit seinem Buche »Erziehung und Kulturrevolution«[36] die Position derer, die entschlossen sind, die Mauern des Brauches, der Tradition, der Verantwortung und auch des guten Tons nicht niederreißen zu lassen gegen die Utopien vom »neuen Menschen« und der »herrschaftsfreien Gesellschaft«. Er sagt ausdrücklich, daß das Erziehungswesen zum wichtigsten Kampfplatz um die Macht wurde.

Bemerkenswert ist auch, wie meinungsbildende Blätter sich immer deutlicher gegen die radikalen Wahnideen abgrenzen. So schrieb z. B. Horst Krüger im »SPIEGEL« am 26. März 1973:

»Ich finde diese Republik so schlecht nicht, wie ihr sie hier macht ... Warum ... sehen die Menschen hier fröhlicher, selbstsicherer, eben doch glücklicher aus, die Jugend auch bunter als ›drüben‹ ... ?«

Auf die ebenso deutliche – wenngleich späte – Kurskorrektur der »ZEIT« habe ich schon hingewiesen.

Deprimierend ist die politische Kurskorrektur besonders für den linken Medienverbund: Setzten sich doch Menschen, Bewertungen, Ziele und Denkmodelle durch, die zu denunzieren in den letzten Jahren die wichtigste Funktion des linken Medienverbundes war.

Die Bürger unseres Landes erwiesen sich als mündiger, als den Irrlichtern lieb ist.

Ich sehe unsere gegenwärtige geistige Situation ähnlich der eines Wagens, der in eine Sackgasse geraten ist und nun einige

Mühe hat, zu wenden und seinen Kurs zu korrigieren. Manches, was bis vor kurzem noch »progressiv« erschien, erweist sich neuerdings als leichtfertiges Vorurteil und manches andere, das bis vor kurzem noch als unmodern erschien, verstehen wir heute als notwendige Voraussetzung menschlichen Zusammenlebens.

Es zeugt für die politische Intelligenz der meisten unserer Arbeiter, daß sie den radikalen Spuk zu allen Zeiten abgelehnt haben und immer ausdrücklicher ablehnen. Von der angemaßten »Solidarität revolutionärer Arbeiter und Studenten« war nie ernsthaft die Rede, die Gefühle der Arbeiter waren und sind mehr bestimmt durch Verachtung für die jungen Leute, die auf ihre Kosten an den Hochschulen agitieren.

Es erscheint auch bemerkenswert, daß man bei Streiks und Demonstrationen erstaunlich oft nicht rote Plakate und Transparente sieht und ausdrücklich gesagt wird, der Streik oder die Demonstration hätte keine politischen Hintergründe, sei vor allem kein Teil kommunistischer Aktionen.

Schlechter als unsere Arbeiter verhielt sich vielfach die akademische Intelligenz: Menschen, deren Amt es ist, Verstand und Vernunft zu mehren, prostituierten sich dem Unverstand und der Unvernunft; und manche zogen sich an milde Gestade zurück und sonderten unverbindliche Sprüche ab, anstatt sich dort zu stellen, wo die Entscheidung über unsere Zukunft fällt.

Bei den Studenten verschieben sich die Mehrheiten, die Radikalen verlieren ihre beherrschende Rolle. Auch das äußere Erscheinungsbild verändert sich: Der ungepflegte Kaspar Hauser ist nicht mehr »in«. Die Zahl der roten Elfenbeintürme in den Universitäten nimmt ab, ihre Verteidigung mit den übelsten Verfahrenstricks macht die roten Reaktionäre weiter unglaubwürdig.

Anläßlich der Abiturientenfeier in Landshut 1974 sagte W. Götzer, daß seine Schulkamerden

»... es satt haben, sich das Geschwätz von Ausbeutung, Gesellschaftsveränderung und Revolution noch länger anhören zu müssen, die arbeiten wollen, Positives leisten und konstruktive Kritik auf dem Boden und im Interesse dieser unserer freiheitlichsten Ordnung beitragen wollen.

Wir treten ein für Vernunft, Verantwortung und Leistung,

statt künstlich erzeugtem Klassenkampf, Emanzipationsneurose und ideologisch verbrämtem Faulenzertum, das fehlendes Können und mangelnden Einsatz als ›neue Lebensform‹ pflegt[37].«

Erstaunlich ist auch, daß die Bereitschaft zum Wehrdienst wächst: Viele erklären frank und frei, daß sie gerne einrücken; die Zahl der Disziplinlosigkeiten nimmt ab; Freiwillige werden nicht mehr beschimpft.

Im Widerspruch zur Hetze »progressiver« Meinungsmacher gegen die »Bullen« nimmt die Beliebtheit unserer Polizei zu: Man hat zur Polizei mehr Vertrauen als zu den Irrlichtern und ihren Terroristen.

An vielen Orten formiert sich Widerstand gegen eine orientierungslose Politik, so z. B. Elterninitiativen gegen eine Bildungspolitik, die in unseren Kindern nichts als ein Manipulationsobjekt »progressiver« Bildungsphantasten sieht.

Unzureichend ist aber immer noch das öffentliche politische Engagement vieler unserer Bürger. Man möchte ihnen zurufen: Nehmt die verlogenen Sprüche der Systemüberwinder nicht länger passiv und geduldig hin, widersprecht ihnen und wehrt euch! Wir sollten endlich zu einer Gesellschaft mündiger Bürger werden, in der die veröffentlichte Meinung die Meinung der Mehrheit ist und nicht die einer extremen und herrschsüchtigen Minderheit.

4. Von Visionen zu Notlügen

Viele Jahre habe ich mich – ohne Mitglied zu sein – mit der Sozialdemokratischen Partei Deutschlands identifiziert und für sie geworben im persönlichen Gespräch, durch Vorträge, in Büchern, Zeitungsaufsätzen, Wahlaufrufen usw. Vor der Bundestagswahl 1969 hätte ich mich beinahe in Stücke reißen lassen, wenn ich hierdurch den Sieg der SPD hätte erzwingen können.

Nach der Regierungsbildung durch die SPD im Jahre 1969 begann ich ein Buch so[1]:

»*In unserem Lande sind die erstarrten politischen Strukturen endlich in Bewegung geraten.*

Ich möchte Sie, lieber Leser, davon überzeugen, daß wir jetzt nicht argwöhnisch warten und räsonieren, sondern durch Vorschläge, Kritik und Engagement das Beste aus dieser Bewegung machen sollten.«

Aber nach zwei Jahren SPD-Regierung in Bonn war mein Vertrauen restlos erschöpft und in Mißtrauen umgeschlagen.

So schrieb ich zum Jahreswechsel 1972/73[2]:

»*... ich habe jetzt das Gefühl, daß wir gemeinsam eine schiefe Ebene hinabgleiten, deren Ende wir nicht sehen.*«

Mit dem damaligen Bundeskanzler Brandt hatte ich im Jahre 1972 einen Austausch offener Briefe[3] und ein persönliches Gespräch. Ich versuchte, ihm meine Sorgen über die ideologische Aushöhlung unseres Staates verständlich zu machen, und hoffte, ihn zu einer klaren Stellungnahme bewegen zu können. Aber mein Versuch war ohne jeden Erfolg.

Dieses Unverständnis für das zentrale Problem unserer Politik – die bewußte Identifikation mit unserem Staat – führte m. E. zum politischen Scheitern Brandts, zum Niedergang und zur Demoralisierung seiner Partei.

Vor der Bundestagswahl 1972 distanzierte ich mich öffentlich von der SPD, u. a. mit der Begründung:

– Den gegenwärtigen Wahlkampf der SPD halte ich für widerlich: von dem unbewiesenen Korruptionsvorwurf bis zur Ak-

tivierung primitiver Klassenkampfemotionen (»Das große Geld«) und der Absicht, die »Betriebe zu mobilisieren« und zu »holzen«. Typische Wahlreden (von Helmut Schmidt bis Günter Grass) sind von unerträglicher demagogischer Leichtfertigkeit. Ich hoffte einst, die SPD würde die Irrationalität und Hemmungslosigkeit der politischen Auseinandersetzungen verringern; nun aber entwickelte sie sich zu dem Übel, dessen Beseitigung ich von ihr erhoffte.
– Schließlich alarmieren mich die mehrfach geäußerten Vermutungen, daß – wenn Willy Brandt nicht wiedergewählt würde – revolutionäre Umtriebe zu erwarten seien. Der entscheidende Vorzug unseres demokratischen Systems besteht aber darin, daß je nach Ausgang freier und geheimer Wahlen bestimmte Parteien die Regierung übernehmen. Wenn dieser Mechanismus aber schon nach drei Jahren Regierung Brandt gefährdet ist, wie soll es dann erst nach einer weiteren Wahlperiode werden? Ich meine, zur Erhaltung der Demokratie in unserem Lande muß man eine solche Entwicklung verhindern und rasch für Ablösung sorgen.

Weshalb engagierte ich mich einst für die SPD?
– Ich erhoffte mehr Glaubwürdigkeit und weniger Demagogie.
– Ich erhoffte mehr politische Rationalität und weniger Polarisierung unseres Zusammenlebens.
– Ich erhoffte mehr Gemeinnutz und weniger Eigennutz.
– Schließlich war ich beeindruckt von einigen Persönlichkeiten, vor allem von
  Carlo Schmid, der beim Aufbau unseres Staates so Hervorragendes geleistet hat,
  Kurt Schumacher, an dessen Einstellung gegenüber dem Kommunismus nie Zweifel aufkamen,
  Fritz Erler, dessen klarer Kopf und Weitsicht bestechend waren, und
  Waldemar von Knoeringen, der nach menschlichen Formen sozialdemokratischer Politik suchte.

Diese respektablen Männer haben heute keinen Einfluß mehr auf die SPD. Was an ihre Stelle trat, begründet kaum Vertrauen.

Im Urteil über Herbert Wehner, der lange die Politik der SPD beherrschte, stimmten zwei angesehene Politiker überein, die sonst nur selten übereinstimmten[4]:

Kurt Schumacher: »*Laßt diesen Mann niemals nach vorne, er richtet die Partei zugrunde.*«

Konrad Adenauer: »*Er ist der böse Dämon der SPD.*«

Was über Wehners Wirken beim Sturz Brandts und in der Affäre Wienand bekannt wurde, bestätigt diese Urteile. Aber nicht nur die personellen Veränderungen zerstörten mein Vertrauen zur SPD, mehr noch die politische Praxis. Ich meine:

- Die SPD brachte weniger Glaubwürdigkeit und mehr Demagogie.
- Die SPD brachte weniger Rationalität und mehr Polarisierung.
- Die SPD schränkte Eigennutz nicht ein, sondern leitete ihn nur anderen Nutznießern zu.

Die SPD verlor ihre demokratische Glaubwürdigkeit, als sie jahrelang gegen die »Systemüberwinder« nicht Front machte, sondern opportunistisch lavierte, ja teilweise sogar zu ihnen überlief. Die SPD macht sich gegenwärtig weiter dadurch unglaubwürdig, daß sie nicht Front macht gegen die Machtübernahme der neuen Herrscherklasse allmächtiger Funktionäre.

Die fehlende Programmtreue der SPD zeigt sich beim Vergleich von Parteiprogramm und Parteipolitik. Im »Godesberger Programm«[5] liest man beispielsweise:

»*Wir widerstehen jeder Diktatur, jeder Art totalitärer und autoritärer Herrschaft; denn diese mißachten die Würde des Menschen, vernichten seine Freiheit und zerstören das Recht. Sozialismus wird nur durch die Demokratie verwirklicht, die Demokratie durch den Sozialismus erfüllt.*«

Tatsächlich widersteht die SPD aber nur selten und schwächlich den Vorstößen totalitärer Herrschaft, beispielsweise der Diktatur des Proletariats.

Typisch hierfür sind die Vorgänge, die zu den Straßenschlachten auf der Frankfurter Zeil im Sommer 1974 führten. Über diese schrieb Minister Heinz Schwarz[6]:

»*... daß die Ursachen für die mißliche Situation in Frankfurt in erster Linie im Versagen der politischen Führung in dieser Stadt und damit der hessischen SPD zu suchen sind. Sie hat es jahrelang versäumt, rechtzeitig einen Trennungsstrich gegenüber den Kräften zu ziehen, die das parlamentarische System* *nur als Mittel zur Beseitigung dieses Systems benutzen wollten. Sprüche wie ›Demokratie – das ist nicht viel, Sozialismus ist das Ziel‹ wurden lange Zeit toleriert.«*

Oft wird die Programmthese »...die Demokratie (wird) durch den Sozialismus erfüllt«, in recht bedenklicher Weise verstanden; etwa so, als ob Demokrat nur sein könnte, wer den Sozialismus will. Aber gerade dies ist angesichts der unerklärten Bedeutung des Wortes »Sozialismus« unannehmbar, hier gerät man auf die schiefe Ebene, die hinabgleitet, wer sich der SPD anvertraut.

Da ist ein Gedanke, der mich zunächst beeindruckte: Angesichts der raschen Veränderungen unserer Welt und der immer drängenderen Forderungen kann man nicht – wie es die Unionsparteien angeblich wollen – alles so erhalten, wie es ist; gewissermaßen einen Gebirgsbach hochstauen – der risse doch alles in die Tiefe. Eine solche konservative Politik müsse scheitern.

Da sei es schon besser – wie die SPD anstrebe – wohlüberlegt nachzugeben und teilweise auch wohlüberlegt zu widerstehen.

Ein solches wohlüberlegtes Nachgeben und Beharren hat aber eine notwendige Voraussetzung: den eigenen festen Standpunkt. Die letzten Jahre zeigten aber: Die SPD hat nicht den festen Standpunkt, der notwendige Voraussetzung einer solchen flexiblen Strategie ist. Deshalb kann sie diese Strategie wohlüberlegten Nachgebens überhaupt nicht durchhalten – während sie meint, eine dynamische Politik zu machen, gleitet sie tatsächlich die schiefe Ebene hinab.

Da heißt es im Programm

»Nur ein vielgestaltiges wirtschaftliches und kulturelles Leben regt die schöpferischen Kräfte des einzelnen an, ohne die alles geistige Leben erstarrt.«

Aber dies gilt offensichtlich nicht überall; beispielsweise nicht an manchen Universitäten, in denen mit Billigung oder Zustimmung sozialdemokratischer Politiker die einst selbstverständliche geistige Freiheit eingeschränkt oder beendet wurde und sozialistische Kaderschmieden entstanden.

Es ist eine Verdrehung der Tatsachen, wenn der sozialdemokratische Bürgermeister von Bremen, Koschnick, in der Verfassungsdebatte des Deutschen Bundestages sagte[7]:

»... daß, nachdem an den deutschen Hochschulen hundert Jahre lang konservative Orthodoxie einen wissenschaftlichen Pluralismus nicht erlaubte, wir heute angegriffen werden mit der Begründung, wir würden einen solchen verhindern.«

Solche Behauptungen mögen in Juso-Kreisen geglaubt werden, im Deutschen Bundestag sollte man sich aber an Tatsachen halten. Vor allem daran, daß an deutschen Universitäten bis vor kurzem – abgesehen von der Nazizeit – die Meinungsfreiheit nicht eingeschränkt war und linke Denker von Hegel bis Bloch keine anderen Schwierigkeiten als rechte Denker hatten. Der Linksdenker Adorno ging nicht an konservativer Orthodoxie zugrunde, sondern am Terror linker Radikalisten. Sozialdemokratische Professoren verließen ihre Universitäten nicht wegen konservativer Orthodoxie, sondern weil der linke Wahn Lehre und Forschung nicht mehr zuließ.

Heutzutage kann ein deutscher Professor nur noch ausnahmsweise und verklausuliert die Heiligen des Sozialismus kritisieren. Durch die Bildungspolitik der SPD wurde mancherorts ein Ausmaß politischer Gleichschaltung bewirkt, wie es sie an unseren Hochschulen – außer zur Nazizeit – in den letzten hundert Jahren nicht gab. Gegen die Behauptung des FU-Professors von Simson, nur Linke hätten noch eine Chance, an bestimmte Fachbereiche berufen zu werden, klagte die FU Berlin vergeblich, das Kammergericht bestätigte diese Meinung. Von den unzähligen Beispielen für den Abbau des bei uns einst selbstverständlichen »vielgestaltigen kulturellen Lebens« sei nur auf die an der Bremer Universität nicht gehaltene Rede von Professor Immanuel Geiss verwiesen. Sie wurde nicht gehalten, weil, nach Geiss' eigenen Worten, »die Vertreter der Studentengruppen und der extremen Linken gegenüber Dienstleistern und Hochschullehrern die Redezeit monopolisierten, so daß abweichende Meinungen gar nicht mehr zu Gehör kamen.« Geiss schrieb:

»Wenn ich gewußt hätte, daß als einzig mögliche inhaltliche Ausfüllung des Bremer Modells nur der sogenannte wissenschaftliche Sozialismus marxistisch-leninistischer (... in Wahrheit stalinistischer) Observanz zugelassen wird, so hätte ich mich weder für diese Universität beworben, noch mich an ihrer Gründung beteiligt. Allmählich komme ich mir mit meiner Be-

teiligung an der Gründung dieser Universität nur als ›nützlicher Idiot‹ . . . vor[8]*.«*

Und wie paßt das Programm-Versprechen »vielgestaltigen kulturellen Lebens« beispielsweise zu den »Hessischen Rahmenrichtlinien« (für welche die SPD Verantwortung trägt), mit deren Hilfe arglosen Kindern der Konflikt als einzige Wahrheit der Gesellschaft indoktriniert wird[9]?

Ich meine: Während die SPD in ihrem Programm ein vielgestaltiges Leben verspricht, baut sie in der Praxis Stück um Stück eine Erziehungsdiktatur auf, die zum Sozialismus erzieht und in der Liberalität abstirbt. Heute klingt es wie Hohn, im Godesberger Programm zu lesen: »*Die Sozialdemokratische Partei Deutschlands ist die Partei der Freiheit des Geistes.«*

Die fehlende Programmtreue zeigt sich auch im wirtschaftlichen Bereich. Da liest man beispielsweise im »Godesberger Programm«:

»Die Wirtschaftspolitik muß auf der Grundlage einer stabilen Währung die Vollbeschäftigung sichern, die volkswirtschaftliche Produktivität steigern und den allgemeinen Wohlstand erhöhen.«

Tatsächlich aber wurde die Inflation von maßgebenden SPD-Politikern lange Zeit verharmlost (Inflation sei ja auch wieder so ein Modewort) und dann nur halbherzig bekämpft.

Die Folgen für unsere Wirtschaft und unsere Bürger sind verheerend – so verlieren allein die Sparer in unserem Lande gegenwärtig jährlich etwa 30 Milliarden DM durch den Kaufkraftverlust ihrer Ersparnisse. Dies ist mehr, als die vielgepriesene »Vermögensbildung« bringen kann.

Der internationale Beitrag zur Inflation ist ebenso unbestreitbar wie der nationale Beitrag, vor allem infolge fehlender Bereitschaft der Sozialpartner, Eigennutz dem Gemeinnutz unterzuordnen.

Kennzeichnend für unsere Situation ist das, was der Vorstandsvorsitzende des Volkswagenwerkes, R. Leiding, im Juli 1974 sagte: Es geht – angesichts der wirtschaftlichen Schwierigkeiten – nicht darum, den Arbeitnehmern ihren verdienten Lohn vorzuenthalten. Aber bleibt man nicht auf dem Boden des ökonomisch Machbaren, werden sich Siege an der Lohnfront als Pyrrhus-Siege für die Beschäftigten erweisen: Die Ertragskraft des Unternehmens darf nicht weiter verringert werden[10].

Darüber, daß die Wohlstand-zerstörende Forderermentalität vor allem von der SPD und den Gewerkschaften getragen wird, bestehen keine Zweifel. SPD-Poet Böll sprach vom »Ende der Bescheidenheit«.

Es könnten noch viele solche offensichtlichen Widersprüche zwischen Programm und Wirklichkeit aufgezeigt werden, sie erwecken den Verdacht, daß mit einem werblich durchdachten Programm ganz andere Absichten getarnt wurden. Diese Widersprüche zerstören die Glaubwürdigkeit der SPD.

Dies verzeiht der mündige Bürger nicht: Man kann zwar Entscheidungen, Taktik und Strategie kurzfristig korrigieren, aber die Wiederherstellung verlorener Glaubwürdigkeit braucht Jahrzehnte und eine neue Mannschaft.

Wie fern sind die Zeiten, als Erich Ollenhauer noch Programmtreue forderte!

Aber noch mehr als durch Programm-Untreue wurde die Glaubwürdigkeit der SPD durch die politische Praxis zerstört. Beispielsweise durch die phantastischen Versprechungen Brandts bei seiner Regierungserklärung im Oktober 1969, deren Nichteinhaltbarkeit von vorneherein klar war und durch die Erfahrung voll bestätigt wurde.

Die SPD, die einst ausgezogen war, »mehr Demokratie zu wagen«, konnte auf den Sturz Brandts nicht anders als durch das Angebot von Neuwahlen reagieren, eine glaubwürdig demokratische Gesinnung hätte hier dem mündigen Bürger die Chance geben müssen, Vertrauen oder Mißtrauen auszusprechen. Unglaubwürdig wird aber, wer mit »Demokratisierung« wirbt und dann, wenn ihm die Bürger davonlaufen, sich auf den Rechtstitel »Wahlperiode« zurückzieht.

Dies um so mehr, als der Bundestagswahlkampf 1972 ganz im Hinblick auf den Kanzlerkandidaten Brandt geführt worden war: »Auf den Kanzler kommt es an!« wurde millionenfach verkündet, und millionenfach wurde gefragt »Willy Brandt – wer denn sonst?«. Der Wahlsieg der SPD im Jahre 1972 war so eindeutig an die Person Brandts geknüpft, daß es unanständig ist, die für Brandt erhaltenen Stimmen zu übertragen auf eine Partei, die ihn abgesetzt hat.

Die Bundestagsabgeordneten, die 1972 die Partei gewechselt

hatten, wurden als »Mandatsüberträger« beschimpft. Aber die SPD hat ja selbst Millionen Wählerstimmen übertragen, als sie die Brandt-Stimmen für andere Personen und Zwecke ausnutzte.

Die Vorstellung, irgend jemand anders als seine eigene Partei habe Brandt abgesetzt, verstärkte die Unglaubwürdigkeit der SPD weiter: Millionen Fernsehzuschauer erlebten doch, was die Genossen Wehner, Kluncker, Grass u. a. gesagt haben, und kennen die ständigen hemmungslosen Angriffe der Jungsozialisten. Diese millionenfach bezeugbaren Tatsachen kann man doch nicht weglügen.

Letzte Zweifel an der Verantwortung der SPD für den Sturz Brandts wurden durch seines Nachfolgers Erklärung im Bundestag beseitigt, die Opposition habe vergeblich auf eine langwierige Krise der Koalition gewartet. Noch überzeugender konnte man das Interesse der SPD am Sturze Brandts nicht dokumentieren.

Aber man sollte darüber nicht vergessen, daß das stärkste Sachargument des Bundestagswahlkampfs 1972 die zur Wahl termingerecht gelieferten Absprachen mit der DDR waren. Nachdem Brandt ausgerechnet hier sein Fiasko erlebt und eingestanden hatte, war es unerträglich, daß sich die SPD später auf die Wahl berief, bei der dieses Fiasko noch als Trumpf ausgespielt worden war.

Ich meine: So kann eine Partei nicht mit dem Wähler umspringen, wenn sie glaubwürdig bleiben will; so macht sie sich total unglaubwürdig.

Verträge werden nichtig, wenn sie unter Vortäuschung falscher Tatsachen abgeschlossen wurden. Es müßte auch eine Wahlanfechtung wegen Vortäuschung falscher Tatsachen möglich sein. Aber die geschichtliche Entwicklung kann man nicht einklagen und korrigieren: Man muß sich rechtzeitig vor Betrug schützen. Meines Erachtens ist die SPD kein Partner, auf den vertrauend wir unsere Zukunft aufbauen können.

Ebenso wie die Hoffnung auf mehr Glaubwürdigkeit durch die SPD trog die Hoffnung auf mehr Rationalität und weniger Polarisierung.

Das entscheidende Kennzeichen der Demokratie ist die Art, wie politische Entscheidungen durch rationale Kommunikation getroffen werden. Wenn sich aber eine Partei aus dieser rationalen Kommunikation zurückzieht und jede Kritik als »Hetze reaktionärer Kräfte« denunziert, endet die rationale Kommunikation, die das Wesen der Demokratie ausmacht.

Die SPD reagiert auf sachliche Kritik immer häufiger mit Polemik, sie entwickelte eine antidemokratische Immunisierungsstrategie: Die SPD spricht sich selbst heilig und verdammt ihre Gegner als Ketzer.

Aber ist es eine Hetze, wenn man beispielsweise feststellt,

- daß Brandts Regierungsprogramm von 1969 in seinen wichtigsten Punkten nicht erfüllt wurde?
- daß seit der Machtübernahme durch die SPD die Forderungen der Gewerkschaften und die Geldentwertung Ausmaße angenommen haben, die früher undenkbar waren?
- daß der Wahlsieg 1972 entscheidend begründet wurde durch Vortäuschung von Tatsachen, die sich zwischenzeitlich weitgehend als unzutreffend erwiesen?

Es wäre interessant aufzulisten, was alles einst von der SPD-Regierung an Verheißungen verkündet und was von der Opposition an Warnungen vorgebracht wurde und diese positiven und negativen Prognosen an der zwischenzeitlich erfahrenen Wirklichkeit zu prüfen. Dieser Vergleich würde sicher nicht zu Gunsten der SPD-Regierung ausfallen. Die Warnungen vor ihrem Optimismus hatten mehr Realitätsgehalt als ihre Verheißungen.

Aber wo immer man die SPD kritisierte, es wurde als Hetze abgewertet, kaum einmal sachlich beantwortet, wie es Voraussetzung demokratischer Willensbildung ist.

Mit dieser Immunisierungsstrategie hat man dann auch keine Hemmungen, die Opposition zu beschimpfen, z. B. als »rückschrittliches Lager«, »Bildungslücken«, »Scheuklappen«, »Charakterschwäche«; und wenn einer anderer Ansicht ist, dann muß ja »Korruption im Spiele« sein oder es handelt sich gar um einen »Staatsstreich auf kaltem Weg«.

Hiervon werden auch Wissenschaftler, z. B. Konjunkturforscher nicht ausgenommen, denen man bei unliebsamen Prognosen »Angstmacherei« vorwirft. Wenn schließlich Wähler davonlaufen, dann kann dies nur an unzureichender Intelligenz liegen.

Eine Spitzenleistung dieser arroganten Immunisierungsstrategie vollbrachte Brandt am 11. Mai 1974, als er erklärte, nicht nur seine Partei, sondern »alle anständigen Menschen« stünden auf seiner Seite. Ich bekenne, *nicht* zu diesen »anständigen Menschen« (wie Herbert Wehner, Karl Wienand und Johano Strasser) zu gehören, und hoffe, daß noch viele Bürger meine Skepsis teilen und auf »mehr Demokratie« bestehen, wo uns mehr Demagogie geboten wird.

Im wirtschaftlichen Bereich erhoffte ich von der SPD weniger Eigennutz und mehr Gemeinnutz. Tatsächlich aber hat die SPD – wo sie hierzu die Macht hatte – den Eigennutz nicht verringert, sondern anderen Empfängern zugeleitet.

Es ist unbestreitbar, daß einst Unternehmer in unserem Lande einen unangemessen starken politischen Einfluß und wirtschaftliche Vorteile hatten. Hiergegen habe ich mich einst auch öffentlich gewandt.

Durch die SPD wurde nun der politische Einfluß und das Kräfteverhältnis im wirtschaftlichen Verteilungskampf entscheidend verändert. Aber als Ziel der Veränderungen erwies sich weniger der Gemeinnutz, mehr das Bemühen, eigene Leute an die Futterkrippen zu bringen. Wo immer die SPD regiert, wirft man ihr »Machtverfilzung« vor.

Es scheint mir höchst zweifelhaft, ob die Gewinner dieser Entwicklung tatsächlich Arbeitnehmer sind – wie die SPD-Propaganda behauptet. Ich meine, der Kreis der tatsächlichen Gewinner ist viel kleiner: Es sind Funktionäre.

Drei Tatsachen sind für unsere Situation typisch:

– Erstens, daß sich bei den Tarifauseinandersetzungen die Gewerkschaften gegen die stärksten Bedenken des damaligen Bundeskanzlers Brandt und seines Wirtschaftsministers durchsetzen konnten.
– Zweitens die vielen Gewerkschaftsfunktionäre in der Regierung Schmidt – hier ist von einem »Proporz gesellschaftlich relevanter Kräfte« keine Rede mehr. (In Schmidts Kabinett gehören außer ihm selbst elf Minister und 15 parlamentarische Staatssekretäre einer Gewerkschaft an[11].)
– Drittens, daß die angeblich »kritische Intelligenz« sich großenteils gewerkschaftlich organisiert hat und dieser Machtanhäufung kaum mehr Widerstand entgegensetzt.

Ich weiß nicht, was den Optimismus in unserem Lande begründet, bei uns seien Funktionäre humaner und weniger eigensüchtig als in den »sozialistischen« Ländern; ich bin überzeugt davon, daß sie bei uns nach Machtübernahme so eigensüchtig und inhuman wie in den »sozialistischen« Ländern sein werden und daß sie auch hier nicht nur unsere Wirtschaft und unseren gemeinsamen Wohlstand, sondern auch die Freiheit zerstören werden.

Zur Machtübernahme durch Funktionäre gibt es einige interessante Aussagen.

Herbert Wehner 1971 [12]:

»Ich bekenne ganz offen: hätten wir im Bundestag eine absolute Mehrheit, wir würden in einigen Punkten, gegen die sich zu Recht die Kritik der Gewerkschaft richtet, ein besseres Gesetz machen. Und wir werden es machen, wenn jene besseren Zeiten gekommen sind.«

Der jetzige Bundeskanzler Schmidt sagte 1971 [13]:

»Eine sozialdemokratisch geführte Bundesregierung kann grundsätzlich nicht gegen die Gewerkschaften regieren, sie kann dies auch nicht wollen.«

Aus einem Interview zwischen dem Vorsitzenden des DGB, H. O. Vetter, und dem jetzigen Staatssekretär Gaus 1971 [14]:

Vetter: *Ich bin sicher ein Anhänger des Primats der Politik, solange die politischen Parteien begreifen, daß die Arbeitnehmerschaft die größte Schicht unserer Gesellschaft ist . . . dann ist es meines Erachtens die Aufgabe der Gewerkschaften, das, was an wirklichen, produktiven Ideen dort entwickelt wird, zu übernehmen, mit der Absicht es zu verwirklichen.*

Gaus: . . . *notfalls auch an den Parteien vorbei?*

Vetter: *Notfalls auf jeden Fall. – Notfalls auf jeden Fall.*

Ich meine: Deutlicher kann man in unserer liberal denkenden Gesellschaft seine unliberalen Ziele nicht formulieren.

Solche Absichten müßten doch den sogenannten Liberalen zu denken geben, aber sie haben wie ein Brett vor dem Kopf das unglückliche Wort, »aus den Parlamenten hinaus katapultiert« zu werden, und merken gar nicht, daß die »Pendlerpartei« nur vorübergehend gebraucht wird. Die Rolle des nützlichen Idioten hat noch niemand sehr lange gespielt, das ist keine Lebensstellung.

Der Liberalismus wird zu Ende sein, wenn erst einmal die Kaste ideologisch gleichgeschalteter Funktionäre herrscht, mit der wirtschaftlichen Freiheit wird auch die politische Freiheit zu Ende gehen.

Dann werden die sogenannten Liberalen den Zeiten nachtrauern, als man noch Wahlen brauchte, um sie hinauszukatapultieren. Aber – wie gesagt – die geschichtliche Entwicklung ist weder einklagbar noch korrigierbar, auch nicht für »sozialliberale« Schwärmer.

Ein Trauerspiel für Freunde und Gegner der SPD war deren ideologische Unterwanderung durch die einstige »Außerparlamentarische Opposition«. Großmäulig wurde behauptet, man wolle überschäumende junge Kräfte in unser demokratisches Zusammenleben hineinführen, während tatsächlich Extremisten ganz anderer Absicht mancherorts die Macht in der Partei übernahmen.

Die Groteske dieses Vorgangs ist am besten durch einen Vergleich zu verdeutlichen: Zwerge wollten einen Eisenbahnzug wegschieben, aber sie brachten ihn trotz aller Anstrengungen nicht vom Fleck. Als sie aber auf den Führerstand geklettert waren und an den Hebeln drehten, da bewegte sich das Riesending so, wie sie wollten. Der Zugführer lächelte und strich zufrieden über seine Verdienstmedaillen.

Das politische Trauerspiel unserer Zeit ist, daß eine große Partei mit eindrucksvoller Geschichte und schwer erkämpften Grundsätzen sich als ein Wahlverein ohne politische Bewußtheit erwies.

Grotesk wirken hierbei die markigen Reden ihres Vorsitzenden Brandt über die Gesinnungstreue eines Otto Wels und eines Kurt Schumacher.

Brandt fragte, ob ihm denn keine Solidarität zustünde. Ich meine: Den Anspruch auf Solidarität hätte er sich verdienen können, beispielsweise damals, als die Apo unsere Universitäten terrorisierte und er keinen Finger für Menschenwürde und Meinungsfreiheit rührte, sondern mit freundlich-unverbindlichen Phrasen dem Irrsinn ein gutes Gewissen schaffte.

Brandts Aufstieg und Fall ist zweifellos eines der lehrreichsten Ereignisse unserer Zeit. Hierzu scheinen mir folgende Feststellungen angebracht:

– Auf Brandt wurde gewartet
– Brandt war voll weltfremder Illusionen

– Brandt wurde vielfach gewarnt
– Brandt scheiterte nicht an seinen Gegnern, sondern an der Wirklichkeit
– Wir sind durch Brandts Scheitern dem Zynismus näher gekommen.

Willy Brandt war die politische Erscheinung der späten sechziger Jahre, von der viele hofften, sie würde nun endlich das bewegen, was schon längst hätte bewegt werden müssen: Da waren viele notwendige Reformen, die versäumt worden waren; da versprach einer, soziale Ungerechtigkeiten zu beseitigen; da war einer, der gegen Hitler gekämpft hatte und international akzeptiert wurde; da war der Berliner Regierende Bürgermeister, der in kritischen Situationen besonnen gehandelt hatte; da war ein Mensch, dessen persönliches Charisma hoffen machte, er würde das ideologische Vakuum unseres Landes ausfüllen.

Kurzum: Brandt entsprach mit seinem Erscheinungsbild und seinen Verheißungen genau dem, was Ende der sechziger Jahre gesucht wurde. So entstand der »Mythos Brandt«.

Es war wohl die »Neue Züricher Zeitung«, die zuerst Willy Brandt als den »am weitesten überschätzten und fehleingeschätzten europäischen Politiker der letzten Jahre« bezeichnete.

Ich teile diese Ansicht: Ausgangspunkt von Brandts Fehlleistungen ist sein weltfremder Utopismus und sein unzureichendes Augenmaß für das Erreichbare, für die Wirklichkeit schlechthin.

Aus dieser utopischen Ausgangsposition erwuchs zwangsläufig seine ständige Fehleinschätzung z. B. des Radikalismus in unserem Lande.

Einige Sätze aus meinem Briefwechsel mit Willy Brandt seien hier wiedergegeben[15]:

»*Ein politisches System hat aber seine eigene Zerstörung geistig schon akzeptiert, wenn es seine eigenen Prinzipien fortwährend in Frage stellen läßt und darauf verzichtet, seine eigene Position zu vertreten.*

Ich glaube nicht, daß diese Mängel unüberwindbar sind, allerdings fürchte ich, daß wir nicht mehr viel Zeit zum Handeln haben… Herr Bundeskanzler: Bitte ergreifen Sie die Initiative, bevor es zu spät ist.«

Auf diesen meinen Brief vom 31. Januar 1972 antwortete der damalige Bundeskanzler am 4. März 1972. Aus diesem Antwortbrief auch einige charakteristische Sätze:

»Gerade weil wir den utopischen Paradiesen der Radikalen nicht trauen, gerade weil die SPD als die erfahrenste deutsche Partei weder ideologisch leichtgläubig noch politisch gleichgültig ist, hat sie ein umfassendes Reformprogramm konzipiert, das sie mit anderen reformbewußten Kräften in Bund und Ländern mit Nachdruck verfolgt ... Sie, lieber Herr Steinbuch, und alle mit Ihnen Besorgten können sicher sein: die SPD ist nicht leichtgläubig, sie ist aber auch nicht kleingläubig!«

Die Antwort wurde nicht nur von mir, sondern auch öffentlich als unbefriedigend empfunden. Ich schrieb deshalb – wegen bevorstehender Landtagswahlen verzögert – am 10. Mai 1972 in einem zweiten offenen Brief an Brandt:

»Geistige Auseinandersetzungen sollten eigentlich Problemlösungen vorbereiten. In unserem Lande wird aber gegenwärtig vielfach ein unverantwortliches Spiel ohne Realitätsbezug gespielt, nicht aber die Lösung unserer Probleme gesucht ...

Unser Volk hat unter dem Optimismus seiner Politiker schon zu schwer gelitten, als daß man hier noch schweigen könnte.«

Aus diesem Briefwechsel ebenso wie aus Brandts späteren Äußerungen zum Radikalismus in unserem Lande und in seiner Partei war keine Hoffnung zu schöpfen, er würde irgendwann einmal mit Überzeugung und Wirkung dieses Problem angehen und lösen.

Hier ist auch an Brandts leichtfertige Devise »Mehr Demokratie« zu erinnern. Daß diese tatsächlich zu »Weniger Freiheit« führt, hat Helmut Schelsky [16] (und die Praxis) gezeigt. Es sei aber auch bemerkt, daß »Mehr Demokratie« die Glaubwürdigkeit unseres Rechtsstaates mindert, sie erzeugt den Verdacht, der Artikel 20 unseres Grundgesetzes sei nicht verwirklicht, die Bundesrepublik sei kein demokratischer Staat und wir müßten ihn verändern.

Ferner: Es entspricht zwar nicht der Logik, wohl aber dem Denken der »Systemüberwinder«, wenn dieses »Mehr Demokratie« zur Legitimation antidemokratischer Aktionen benutzt wird, beispielsweise in Richtung auf das grundgesetzwidrige imperative Mandat.

Wenn schließlich »Mehr Demokratie« als Abbau von Privilegien gedeutet wird, so ist zu fragen, ob die Gründe für die Richtlinienkompetenz des Bundeskanzlers – zweifellos ein Privileg – nur für ihn gelten dürfen, oder ob nicht auch viele andere Entscheidungsfunktionen in Staat, Wirtschaft und Wissenschaft notwendigerweise eine entsprechende Kompetenz brauchen.

Brandts Regierungserklärung vom 28. Oktober 1969[17] erkennen wir rückblickend als eine Sammlung unerfüllbarer Versprechungen:

+ »Bildung und Ausbildung, Wissenschaft und Forschung stehen an der Spitze der Reformen, die es bei uns vorzunehmen gilt«
– aber die sogenannte Bildungsreform wurde zwischenzeitlich zu einem ärgerlichen Erinnerungsposten, an dessen Erledigung niemand mehr glaubt. Die Reformutopie führte in ein geistiges Chaos, in dem jetzt niemand mehr weiß, nach welchem Bilde überhaupt gebildet werden soll. Wo sich in unserem Bildungssystem tatsächlich etwas gebessert hat, danken wir dies dem Steuerzahler mehr als dem Genie dieser Regierung.
+ »Die in der vorigen Legislaturperiode angekündigte Steuerreform wird die Bundesregierung verwirklichen«
– aber nach weiteren fünf Jahren war sie immer noch nicht verwirklicht. Die kläglichen Reste der Steuerreform wurden von D. Stolze so gekennzeichnet[18]: Von der Vision eines »einfacheren und gerechteren Steuersystems« ist nichts geblieben; das versprochene »Jahrhundertwerk« wird jetzt als das »schlechteste Steueränderungsgesetz der Nachkriegszeit« bezeichnet. »*Was unter dem Etikett ›Reform‹ verkauft werden soll, ist eine Mischung aus teils notwendigen, teils unsinnigen Korrekturen und einer Portion sozialistischer Umverteilungsideologie. Die Propagandisten der Koalition geben vor, ein paar Reiche und Superreiche zwicken zu wollen, während es in Wahrheit darum geht, die vielen Tüchtigen zu schröpfen.*«
+ »Eine stetige Wirtschaftsentwicklung ist die beste Grundlage des gesellschaftlichen Fortschritts. Sie schafft das Klima, in dem sich private Initiative, Risikobereitschaft und Leistungs-

fähigkeit entfalten können. Sie sichert die Arbeitsplätze, schützt die steigenden Einkommen und wachsenden Ersparnisse vor der Auszehrung durch Preissteigerungen. Auf Dauer können Stabilität und Wachstum nur in einer funktionsfähigen marktwirtschaftlichen Ordnung erreicht werden«

– aber noch nie war die marktwirtschaftliche Ordnung bei uns so gefährdet wie jetzt durch Bestrebungen in Brandts Partei und noch nie seit 1945 schmolzen die Ersparnisse so schnell dahin. Weder der Hinweis auf Versäumnisse früherer Bundesregierungen, noch der Hinweis auf die internationale Entwicklung kann darüber hinwegtäuschen, daß die Regierung Brandt weder bei den Steigerungsraten ihrer Haushalte noch in ihren Verhandlungen mit den Gewerkschaften das getan hat, was zur Verwirklichung obiger Versprechungen hätte getan werden müssen.

Besonders grotesk wirkt das Selbstlob:

+ »Diese Regierung redet niemand nach dem Mund. Sie fordert viel, nicht nur von anderen, sondern auch von sich selbst . . . Sie wird daher auch jene Solidarität zu schätzen wissen, die sich in Kritik äußert«

– Die praktischen Erfahrungen mit dieser Regierung waren aber gerade umgekehrt: Nach kurzem »Hauruck-Reformismus« entdeckte man, daß die Wirklichkeit nicht leicht zu verändern ist, und gab auf. An die Stelle der versprochenen kritischen Diskussion trat die Immunisierungsstrategie, die jede Kritik als »Hetze reaktionärer Kräfte« diffamiert.

Willy Brandt rief der UNO-Vollversammlung im Herbst 1973 siebenmal zu, »mutig und miteinander« zu handeln. Als aber die Erpressung der Ölscheichs nur vier Wochen später forderte, Mut und Einigkeit zu zeigen – beispielsweise gegenüber den Niederlanden und den USA –, da fehlte ihm Mut ebenso wie Einigkeit.

Theodor Eschenburg verteidigte Brandts Führungsschwäche mit der Entschuldigung, Chancen und Hemmungen seien ja bedingt durch das politische Milieu und abhängig von Umständen und Aufgaben. Diese Verteidigung ist zwar honorig, sie überzeugt aber nicht – Brandts Führungsschwäche zeigte sich nicht, als ihm die Hände gebunden waren, sie zeigte sich, als er beinahe unbegrenzte Möglichkeiten hatte. Sie beruht auf mangelnder Voraussicht und mangelnder Klarheit des Wollens.

Illusionär war auch Brandts Anspruch, die »Neue Mitte« zu markieren:

- Die »Neue Mitte« muß von einer gemeinsamen Überzeugung getragen sein. Selbst in Fraktionen zerfallen, die sich leidenschaftlich bekämpfen, kann eine Partei keine »Neue Mitte« bilden.
- Die »Neue Mitte« müßte auf einer stetig vertretenen politischen Überzeugung stehen, aber die SPD hat ihr eigenes Programm vielfach vergessen – was einst in gebundener Sprache verkündet wurde, ist heute nur noch Spott.
- Schließlich müßten die politischen Grundsätze glaubwürdig sein – ein Kartenhaus von Selbsttäuschungen markiert keine »Neue Mitte«.

Nein, es ist nichts mit dieser »Neuen Mitte«, sie ist Wunschbild eines auf den Klippen Gescheiterten, der vom sicheren Hafen träumt.

Daß Brandt an seiner Glaubwürdigkeit selbst zweifelte, zeigte sich an der häufig benutzten Beteuerung: »Sie können sich darauf verlassen!« Wer seiner Glaubwürdigkeit sicher ist, braucht keine solchen Beteuerungen.

Ich meine: Politik wird an ihren Wirkungen gemessen, nicht an der Gesinnung. Brandt ist ein Mann für Poeten, nicht aber für die Politik.

Brandt wurde oft und deutlich gewarnt – nicht nur von seinen politischen Gegnern, auch von seinen eigenen Parteigenossen.

Professor Heinz-Dietrich Ortlieb, seit 1931 Mitglied der SPD, warnte vor dem Verspielen der Demokratie in unserem Lande und widmete sein Buch »Die verantwortungslose Gesellschaft« ausdrücklich Willy Brandt[19]:

»In Willy Brandt sehe ich einen der wenigen Sozialdemokraten, der auch bei seinen Gegnern so viel an moralischem Ansehen gewonnen hat, daß er die Chance hätte, uns aus dem Strudel unserer zerfallenden pluralistischen Gesellschaft retten zu können – falls er diese Gefahr zu erkennen vermag.«

Professor H. Weichmann, altes Mitglied der SPD, sprach davon, daß unser Grundgesetz in Not sei, er schon einmal eine

Republik zugrunde gehen sah und er auch jetzt unsere Demokratie gefährdet sieht[20]. Die Tatsache, daß er vom akademischen Mob der Universität Kiel daran gehindert wurde, seine Rede zu halten, verlieh seiner Warnung besonderes Gewicht und hätte seinen – in Demokratisierungsillusionen schwelgenden – Parteivorsitzenden aufschrecken müssen. Aber vermutlich hat er diesen profanen Vorgang überhaupt nicht zur Kenntnis genommen.

Wenn Brandt in seiner Regierungserklärung vom 18. Januar 1973 von »Demokratisierung der Hochschulen« sprach, so erinnerte er sich vermutlich nicht an das, was Professor H. Lübbe, altes Mitglied der SPD, in seinem Buch »Hochschulreform und Gegenaufklärung«[21] geschrieben hatte:

»Es ist ein unguter Zustand, wenn die etablierten politischen Kräfte, die Parteien, ja die Parlamente und die Regierungen, die Herausforderung der neuen Jugendbewegung ... nicht annehmen. Es wäre das gut so und möglicherweise erfolgversprechend, wenn dahinter die Gelassenheit derer steckte, die ihrer Sache sicher sind. Das Gegenteil ist der Fall; der übliche Konzessionismus ist ein Ausfluß der Unsicherheit solcher, die nicht begreifen, was sie da beunruhigt ... das ist schlimm für den Zustand unserer politischen Öffentlichkeit.«

Die Fernsehkritik von Günter Grass an Willy Brandt zeigte die tiefe Enttäuschung seines langjährigen Duzfreundes, sprach er doch von »schlafmützigem Trott, mangelnder Tatkraft und Entrücktheit«.

Nicht unerwähnt bleibe die Forderung des schleswig-holsteinischen SPD-Landesvorsitzenden J. Steffen, Brandt solle »mehr als Sprüche« produzieren.

Helmut Schmidt – auf die Führungsqualität Brandts angesprochen – sagte 1974[22]:

»... die Wirklichkeit ist auch durchaus kritikwürdig und an Stellen sogar beklagenswert.«

Ein respektloser Genosse spöttelte 1974[23]:

»Vier Jahre hat Willy Gottvater gemacht, jetzt macht er den Gekreuzigten.«

Conrad Ahlers, Bundestagsabgeordneter der SPD, stellte 1974 fest[24], daß die SPD auf einen Stand von vor rund zwanzig Jahren zurückgeworfen sei und daß die Führungsgremien sich zu keinem drastischen Kurswechsel durchringen könnten.

Brandt scheiterte *nicht* an seinen Gegnern, sondern an der Realität, weil seine Denkmodelle nicht geeignet waren, politisch zu wirken.

Mir wurde dies besonders deutlich, als ich mich am 17. April 1972 mit ihm über den Radikalismus in der SPD unterhielt. Sein Hauptmotiv war offensichtlich, alle Kräfte zusammenzuhalten. Ich fragte ihn:

Was wollen Sie mit den vielen Menschen, die zwar dasselbe Parteibuch, aber keine gemeinsame politische Überzeugung haben? Mit einer solchen Partei kann man doch keine Politik machen!

Auf diese Frage erhielt ich keine erinnernswerte Antwort, die richtige Antwort hat zwischenzeitlich die Realität gegeben – mit einer Partei, die nur durch das Parteibuch, nicht aber durch gemeinsame politische Überzeugungen verbunden ist, kann man keine erfolgreiche Politik machen. Die Vorteile der Regierungsmacht können gemeinsame Überzeugungen nur solange ersetzen, als keine ernsthaften Belastungen die Partei prüfen.

Die Auseinandersetzungen mit den radikalen Kräften in der SPD waren zu allen Zeiten von rührender Unbeholfenheit. Brandt sah viele Jahre tatenlos zu, wie eine aus akademischen Seminaren kommende radikale Minderheit zunehmend die Macht in seiner Partei ergriff und sie umfunktionierte.

Als im April 1974 eine »Zehn-Punkte-Erklärung des SPD-Vorstandes zur Lage der Partei« verkündet wurde[25], hat sie niemand mehr ernst genommen. Grotesk war die ausdrückliche Feststellung, daß das Parteiprogramm unverändert gilt und für die gesamte Partei verbindlich ist; sie wirkt so, wie wenn ein Kaufmann feststellt, daß er nur echtes Geld verwende.

Die Erklärung endet mit dem treuherzigen Satz:

»Meine herzliche Bitte: Laßt uns erneut zeigen, was deutsche Sozialdemokraten zu leisten vermögen.«

Die Antwort der Radikalen war eindeutig: Sie lassen sich nicht »disziplinieren« und machen weiter wie bisher.

Eine andere Folge von Brandts weltfremdem Denken war seine Unfähigkeit, Gemeinnutz gegen den wirtschaftspolitisch unverantwortlichen Eigennutz mancher Gewerkschaftsfunktionäre zu verteidigen. Hier war in den Jahren des politischen

Kampfes eine Kumpelschaft entstanden, die Brandt daran hinderte, als Staatsmann und nicht als Genosse zu handeln.

Aber man kann keine Politik einseitig für Arbeitnehmer machen, ohne der Wirtschaft im gesamten und damit indirekt auch den Arbeitnehmern zu schaden.

Hiermit in engem Zusammenhang stand sein Unverständnis wirtschaftlicher Zusammenhänge, beispielsweise des Zusammenhanges zwischen Geldwertstabilität und Sicherheit der Arbeitsplätze.

Brandts Kumpelgesinnung war wohl auch schuld an der Spionageaffäre Guilleaume: Linke Genossen hielt er auf jeden Fall für gut, Zweifel an ihnen für die Gesinnung »kalter Krieger«.

Brandts Außenpolitik litt darunter, daß er

- aus seiner Entspannungseuphorie heraus der sicheren Einbindung unseres Landes in das westliche Bündnis zu wenig Aufmerksamkeit schenkte,
- schnelle Erfolge auf Kosten unserer eigenen Position anstrebte,
- Außenpolitik mit den Vorstellungen von Schuld und Sühne betrieb.

Auf keinen Fall kann die Vermutung zugelassen werden, Brandt sei durch üble Machenschaften seiner Gegner hinterrücks gestürzt worden; der historischen Wahrheit halber sei festgestellt: Brandt scheiterte an seinem Unverständnis der politischen Wirklichkeit. Die Spionageaffäre Guilleaume bot der SPD die einzigartige Chance, Brandt unter Wahrung des Gesichts aus der Verantwortung zu ziehen.

Die Tragik Brandts ist wohl, daß einem Menschen eine Machtfunktion übertragen wurde, der Macht für etwas Unmoralisches hält.

Auf Brandt wurde einst gewartet, man erhoffte von ihm die Lösung unserer schweren Probleme und sah in ihm ein Vorbild. Diese Erwartungen wurden bitter enttäuscht – das erhoffte Vorbild erwies sich als ein sehr irdischer Mensch, der viel mehr versprach, als er halten konnte.

Jetzt ist die Gefahr groß, daß sich bei vielen Hoffnungslosigkeit einstellt, es scheint ja sinnlos zu sein, sich für weitsichtige Ziele und ethisches Verhalten zu engagieren, scheinbar muß man pragmatisch und hoffnungslos so weiterwursteln wie bisher.

Jetzt ist allgemeine Resignation zu befürchten; es wird in Zukunft schwerer sein, Menschen für politische Ziele zu begeistern. Deshalb sind wir jetzt dem Zynismus näher als vor Brandt – er nahm zu viele Hoffnungen mit in sein politisches Grab.

Die Möglichkeiten des Kanzlers Schmidt ergeben sich aus
– seinen früheren Leistungen und Fehlleistungen,
– dem Zustand seiner Partei und
– der Unklarheit seiner Absichten.

Schmidts Leistungen bei der Hamburger Sturmflut sind unvergessen und symbolisch: dieser Mann packt zu und hat schnellen Erfolg. Ähnlich hat er auch zugepackt, als die Regierung Brandt im Frühjahr 1974 zerfiel.

Aber Schmidt trägt auch Verantwortung für Brandts gescheiterte Politik – vor allem mußte er als Finanzminister erkennen, wo Verheißungen die Grenzen des Möglichen überschreiten. Nicht zu vergessen ist auch Schmidts törichte Alternative »fünf Prozent Geldentwertung oder fünf Prozent Arbeitslose« und seine leichtfertige Bemerkung »Inflation – das ist auch wieder so ein Modewort«. Schmidt trat auch nicht in Erscheinung, wo Brandt versagte, beispielsweise bei den versäumten politischen Auseinandersetzungen mit den Jungsozialisten. Es bleibe dahingestellt, ob dies menschliche Schwäche, Opportunismus oder die Tragik des disziplinierten Stellvertreters war.

Es war auch unredlich, die Regierungsverantwortung zu übernehmen ohne die klare Feststellung, daß die bisherige Politik gescheitert ist und wir jetzt mit neuen Grundsätzen neu anfangen müssen.

Schmidt lavierte bei seiner Regierungserklärung[26] zwischen »Kontinuität und Konzentration«: Einerseits behauptete er, die bisherige Politik fortzusetzen, und andererseits wollte er sich auf das Wesentliche konzentrieren. Aber es gibt Grundsätze, die sich gegenseitig ausschließen – das Wesen Brandtscher Politik waren Verheißungen ohne Rücksicht auf ihre Realisierbarkeit, Schmidt aber beschränkt sich auf das Realisierbare ohne utopische Verheißungen. Ein krasserer Gegensatz ist kaum denkbar und es wäre ein Zeichen politischer Redlichkeit gewesen, dies auch auszusprechen. Vermutlich hätte Schmidt hiermit überraschende Zustimmung gefunden:

- Einerseits in der Öffentlichkeit, die jahrelang mit utopischen Verheißungen genarrt worden war und endlich wissen wollte, was wir tatsächlich erhoffen und leisten können.
- Andererseits aber auch bei vielen seiner Genossen: Früher oder später werden die Utopisten in der SPD wieder das unverantwortliche Spiel mit den Verheißungen beginnen. Die Übernahme der Regierungsverantwortung schaffte Schmidt einen Augenblick lang die einmalige Autorität zu sagen: Unerfüllbare Versprechungen sind keine Grundlage langfristig erfolgreicher Politik.

Noch vor zehn Jahren erschien die SPD als die geschlossenste und disziplinierteste Partei unseres Landes, sie gab auch wenig Veranlassung, an ihrer Programmtreue zu zweifeln. Zwischenzeitlich ging ihre Geschlossenheit und Glaubwürdigkeit verloren. Hierfür gibt es vor allem zwei Gründe:

- Einerseits geriet die SPD in den Reißwolf der Dialektik: Wo einst arbeitende Genossen Programme in der Sprache arbeitender Menschen entwarfen und auslegten, da wurde dies neuerdings vielfach Sache akademisch geschulter Sprachvirtuosen, denen es nicht um die Erfüllung eines Programms, sondern um die Ausnutzung einer willfährigen Partei für ihre revolutionären Absichten geht.
- Andererseits verlor die SPD die verbindende Motivation des Opponierens und erlag vielfach den Versuchungen der Macht. Heutzutage erscheint nur noch eine einzige Absicht voll glaubwürdig: Wir sind an der Macht und wollen für alle Zeiten dran bleiben.

So wurde die SPD zu einer Partei, die in mehrere feindliche Lager zerfallen ist und in der schon jetzt um die Führung nach dem Ende der Ära Schmidt/Brandt/Wehner gekämpft wird.

Erhard Eppler – einst Minister für wirtschaftliche Zusammenarbeit – trat wenige Wochen nach Schmidts Regierungsantritt zurück. Die Gründe hierfür wurden der Öffentlichkeit wieder wenig überzeugend gesagt: Einerseits bleibe natürlich alles wie bisher, andererseits beschränke man sich aber auf das Mögliche.

Die Hintergründe wurden aufgehellt durch einen Aufsatz[27],

den Eppler kurz nach seinem Rücktritt schrieb:

Hier breitete Eppler verschämt aus, wie lange er Minister war, wo er überall Herzblut vergossen hat und in welche Gewissensnöte ihn der Geiz unserer Steuerzahler brachte. Dabei ein herziges Bild, wie der Minister einem armen Eingeborenenjungen über die Haare streicht. Dazu schrieb er:

»Nun weiß ich wohl, daß diese Perspektive subjektiv ist, daß ich niemandem übelnehmen kann, wenn er eine andere hat. Aber für mich gelten andere Maßstäbe.

Auch ein Politiker muß beim Rasieren in den Spiegel sehen, und auch er hat ein Recht darauf, dies zu tun, ohne sich zu schämen.«

Soviel Noblesse braucht angemessene Kontraste: Die »erbärmliche Provinzialität unserer entwicklungspolitischen Diskussion« und die »kleinkarierte Opposition«. Seinem Nachfolger wünscht er, daß er mit »Unterstützung einer aufgeschlossenen Regierung tun kann, was nötig ist«.

Hier zeigt sich Epplers Weltbild: Ich, ich, ich vertrete das gute Gewissen, für mich gelten besondere Maßstäbe, nicht die gewöhnlichen Maßstäbe gewöhnlicher Politiker. Für mich ist Politik nicht die Kunst des Möglichen, sondern der Holzhammer meines Wahns.

Zweifellos an Schmidts Adresse gerichtet ist Epplers vorwurfsvoller Wunsch, sein Nachfolger möge eine »aufgeschlossene Regierung« antreffen.

Glaube niemand, hier hätte Eppler im Affekt gehandelt, nein: Dieser Mann ist nicht der reine Tor, als der er sich gern darstellt, dieser Mann ist durch und durch Berechnung, »ein Christ, der über Leichen geht[28]«, und sein Kalkül sagt ihm dies: Von Schmidts Herkulesarbeit werden viele abgestoßen und denen will ich rechtzeitig signalisieren, wo sich die Fronde sammelt.

Werden sich die Radikalen von der SPD trennen? J. Gross schrieb hierzu[29]:

»Die Linken werden sich nicht von der Partei trennen; sie brauchen sie wie die Zecke das Wirtstier, um überhaupt eine Basis zu haben ...«

Vermutlich hat er damit recht, aber die Situation wird sich doch etwas verändern: Die SPD und ihre Unterorganisationen werden vermutlich nicht mehr der Austragungsort radikaler Agitation sein, die Zugehörigkeit zur SPD wird mehr als Legitimation für Agitationen andernorts benutzt, die Auseinandersetzungen werden verlagert auf Betriebe, Schulen und in die Medien. Damit könnte die radikale Indoktrination noch gefährlichere Dimensionen annehmen, vor allem dann, wenn wirtschaftliche Schwierigkeiten (z. B. viele Arbeitslose) kommen oder außenpolitische Spannungen entstehen.

Ich vermute, der Kollaps der SPD seit dem Jahre 1974 ist vor allem begründet durch die öffentliche Entdeckung, daß diese Partei – wenn sie erst einmal die Macht hat – andere Ziele verfolgt, als sie bei der Werbung bekanntgibt. Brandt sagte es ja deutlich, daß es innerhalb der SPD eine klare Unterscheidung gebe zwischen dem, was jetzt möglich ist und dem, wovon man die Bürger schrittweise überzeugen muß. Schmidts Chancen liegen darin, von dieser Partei, die ohne ihn auseinanderläuft, deutlichen Abstand zu nehmen. So entsteht die groteske Situation, daß der Kanzler und seine Partei aufeinander angewiesen sind, aber keine gemeinsamen Ziele haben: Schmidt macht mit einer linken Partei eine rechte Politik.

So zitierte der »SPIEGEL[30]« Rudi Arndt: »Vieles an dieser Politik läuft SPD-Forderungen zuwider« und kennzeichnet Schmidts Absichten so:

»Er will die Bundesrepublik möglichst unbeschadet durch die große Krise bringen, und er will 1976 die Wahlen gewinnen – wenn es sein muß gegen die reine Lehre der Partei und auf Kosten der eigenen Popularität bei Genossen.«

Nach Artikel 21 des Grundgesetzes wirken die Parteien »bei der politischen Willensbildung des Volkes mit«. Aber wie sollte denn das geschehen, wenn die Absichten der Parteien nicht nur undeutlich, sondern sogar in sich widersprüchlich sind? Wenn einer beispielsweise die SPD wählt, gibt er dann seine Stimme marxistischen Systemüberwindern oder gibt er sie Helmut Schmidt? Und wer FDP wählt, gibt er dann seine Stimme Liberalen oder »Sozialliberalen« – und wählt er überhaupt eine autonome Partei oder wählt er einen Wurmfortsatz? Die gegenwärtige Parteienstruktur ermöglicht nicht die Willensbildung, die sie nach dem Grundgesetz fördern sollte, sondern verfälscht und verhindert sie.

Wenn man die existierenden Parteien auflösen und neue

Gruppen entsprechend den typischen Überzeugungen unseres Volkes organisieren könnte, dann müßte sicher eine eindeutig nichtmarxistische SPD und eine eindeutig liberale FDP entstehen. Dann könnte auch eine vom Vertrauen einer großen Mehrheit unseres Volkes getragene Koalition entstehen, welche eine starke Regierung für unsere unfriedliche Zukunft bilden könnte.

War Brandt der Visionär ohne Augenmaß für das Mögliche, so erscheint Schmidt als Pragmatiker ohne Perspektive, er erwies sich als der Mann, der zupackt und kurzfristigen Erfolg sucht. Daß er ein beschränktes Verständnis des Pragmatismus hat, wurde schon andernorts festgestellt[31].

Für Schmidts politische Zukunft ist – abgesehen von seiner Gesundheit – wahrscheinlich die entscheidende Frage, ob er aus der Defensive, gewissermaßen aus der ständigen Abwehr verschiedenartiger Sturmfluten herauskommt und weitsichtige Perspektiven entwickelt, also zu einer offensiven Planung kommt.

Es geht hierbei nicht darum, erneut im Stile Brandts irrealen Visionen nachzujagen, es geht vielmehr darum, überhaupt Ziele zu haben, sie nüchtern und mit Sachverstand auszuwählen und ebenso hartnäckig wie flexibel zu verfolgen.

Hat Schmidt langfristige Grundsätze?

Wer seine Erklärungen als Kanzler vergleicht mit der von ihm unterschriebenen Einführung zum »Entwurf eines ökonomisch-politischen Orientierungsrahmens für die Jahre 1973–1985«[32], der stößt auf einen erstaunlichen Bruch: Schon die Tatsache, einerseits wirtschaftliche Daten bis zum Jahre 1985 beschlossen zu haben und andererseits sich jetzt abrupt auf das Machbare ohne Rücksicht auf Orientierungsdaten zu beschränken, ist erstaunlich.

Das Erstaunen wird noch größer, wenn man in dieser Einführung liest, daß »Finanzkrise und Rezession aus Durchwurstelei entstanden« und damit aufgeräumt werden müsse.

Dieser Orientierungsrahmen sieht eine beträchtliche Vergrößerung des Staatsanteils am Bruttosozialprodukt vor: Von 27,9 Prozent im Jahre 1970 auf 33,9 Prozent im Jahre 1985. Diese Zunahme wurde als eine »Ratenstrategie zur Durchsetzung einer sozialistischen Gesellschaft« gedeutet[33]. Auch hier wäre es ein Akt politischer Redlichkeit, wenn Schmidt diese Deutung bestätigen oder glaubwürdig zurückweisen würde. Daß er im Augenblick eine diesem Orientierungsrahmen gerade entgegengesetzte Politik betreibt, stärkt das Vertrauen nicht, sondern irritiert zusätzlich: Was will Schmidt denn wirklich?

Auch innerhalb der SPD wird diese Vieldeutigkeit kritisiert[34]:

»Jetzt soll alles das nicht mehr wahr sein. Jetzt tut Schmidt so, als ob er das Gegenteil beabsichtigt.« »Eine Partei von fast einer Million Mitglieder läßt sich nicht sagen: Derzeit findet keine Theorie-Diskussion statt.«

Die vielfach beklagte Schwäche Schmidts ist sein unzureichendes Verständnis für die Zukunft, er meint, das Nachdenken über die Zukunft könnte man Futurologen überlassen.

Es ist schon lange her, da versuchten einige Wissenschaftler mit Waldemar von Knoeringen der SPD eine realistische Zukunftsarbeit vorzuschlagen.

Im Berichtsband dieser Sitzung[35] findet sich:

»Die deutsche Politik braucht Antennen für die Zukunft ... Langfristige Probleme der Gesellschaftspolitik werden meist aber erst dann aufgegriffen, wenn Fehlentwicklungen und Gefahren offenkundig geworden sind. Das genügt nicht. Wir fordern die Einsetzung einer ›Deutschen Kommission zur Beobachtung der gesellschaftlichen Entwicklung‹ durch Bundesgesetz. ...

Das bisherige Führungssystem wird dieser Aufgabe nicht mehr gerecht. Die Partei braucht Organe zu ihrer wissenschaftlichen Orientierung.«

An diesem Mangel hat sich bis heute nichts geändert und es scheint, daß die SPD-Führung von seiner Beseitigung heute weiter als jemals zuvor entfernt ist.

F. J. Strauß kritisierte, daß bei Schmidt vor allem das »geistig richtungweisende Wort« fehle. Es ist voraussehbar, daß er sich mit dieser ideologischen Beschränktheit gegen die Vollblut-Ideologen in seiner eigenen Partei nicht lange wird durchsetzen können, ebensowenig gegen die ideologisch hochgerüsteten Genossen der Gewerkschaften – er wird, ohne es zu merken, auf einem fremden Kurs geführt. Die mangelnde Orientiertheit zeigt sich auch an Schmidts Verzicht, anläßlich seiner Regierungserklärung auf die Einheit Deutschlands einzugehen, und an seinen fehlenden Aussagen über Wissenschaft und Bildung – das Thema, das einst bei Brandt an erster Stelle kam.

Ohne eigene, überzeugende Äußerungen zu den Lebensfragen unseres Volkes ist Schmidt aber nicht mehr als ein Liquidator einer gescheiterten Politik – auch wenn er diese Liquidation recht geschickt angeht.

Der Fraktionsführer der CDU/CSU, Professor Karl Carstens, beklagte, daß die Unions-Parteien die einzigen Parteien seien, die »geschlossen und entschlossen« unseren Rechtsstaat verteidigten.

Zweifellos gibt es keinen verantwortlichen SPD-Politiker, der offen sagt: Ich bin gegen diesen Staat. Aber die meisten dieser Politiker haben sich weder innerparteilich noch außerparteilich in bemerkenswerter Weise für die Verteidigung dieses Staates eingesetzt.

Dabei hatten sie zu einem solchen Engagement reichlich Gelegenheit: Beispielsweise durch Kritik an den »systemüberwindenden« Absichten der Jungsozialisten; bei deren Versuchen, das grundgesetzwidrige imperative Mandat zu verwirklichen, bei deren gemeinsamen Aktionen mit Kommunisten. Der SPD-Abgeordnete Corterier schrieb sehr richtig, daß manche *»eine andere Partei und einen anderen Staat wollen«*.

Ministerpräsident H. Filbinger sagte im Deutschen Bundestag[36]:

»Hier im Deutschen Bundestag ergreifen die Sozialdemokraten das Wort, die sich zum Grundgesetz bekennen. Auf den Parteitagen der SPD und vor allem auf Juso-Kongressen reden die anderen, und es ist eine grundsätzlich andere Sprache, die hier und die dort gesprochen wird.«

Auf die Frage, weshalb SPD-Politiker, vielfach hauptberufliche Politiker, sich dem revolutionären Treiben in ihrer eigenen Partei nicht oder kaum merklich und unwirksam entgegenstellten, gibt es meines Erachtens nur zwei mögliche Antworten:

- Entweder waren diese Politiker politisch bewußtlos und begriffen nicht, was da geschah,
- oder es bestand irgendeine Komplicenschaft der Art: Diese Revolutionäre schaffen das, was wir zwar wollen, aber offen nicht tun können.

Sehen Sie, verehrte Leser, noch eine weitere mögliche Antwort?

Und ist die eine wie die andere nicht deprimierend für den inneren Zustand der – nach Brandt – »erfahrensten deutschen Partei«?

Aber nicht nur Äußerungen von Randgruppen sind bedenklich, auch manche kompetente Äußerung ist kaum verträglich mit dem Anspruch, auf dem Boden dieses Staates zu stehen.

Beispielsweise hielt es Wehner für dringlich, aus den »verknorpelten und deformierten Begriffen Soziale Marktwirtschaft und Rechtsstaat« herauszukommen.

Da ist auch noch das Wort von den »acht Arschlöchern in Karlsruhe«, von denen man sich seine Ostpolitik nicht kaputt machen lasse (als Bundesrichter die Grundgesetzverträglichkeit der Ostverträge prüften).

Bei vielen Äußerungen von SPD-Politikern empfinde ich das Bemühen, rechtliche Festlegungen, z. B. des Grundgesetzes, in einem anderen, neuen Sinne auszudeuten, sich also auf das Feld zu begeben, das an den »semantischen Betrug« angrenzt.

Ein Gesetz besteht ja eigentlich aus zwei verschiedenen Zutaten: einerseits dem codifizierten Text und andererseits der Bedeutung der benützten Wörter. Das Gesetz kann nicht nur dadurch gebrochen werden, daß man den Gesetzestext verändert, sondern auch dadurch, daß man die Wortbedeutungen verändert. Hier werden Begriffe, welche die Verfasser des Grundgesetzes in unserer normalen Sprache liberal verstanden, in »sozialistisch« übersetzt.

So bleibt uns schließlich die Frage: Können wir einer Partei trauen,

– die so wenig für die Liberalität unseres Zusammenlebens tat,
– die Gemeinnutz so wenig gegen Eigennutz verteidigte und
– deren praktische Politik so weit von ihren Verheißungen entfernt ist?

Ich meine, wer unseren Wohlstand und unsere Liberalität erhalten und nicht auf die sozialistische Rutschbahn geraten will, der sollte denen vertrauen, die sich jederzeit geschlossen und entschlossen hierfür eingesetzt haben, nicht aber denen, für welche die rechte Politik eine Notlüge ist, aus denen tatsächlich aber andere Absichten sprechen. Vor allem kann eine Partei, die vor kurzem ausgezogen war, »mehr Demokratie zu wagen«, nach dem Scheitern ihrer Verheißungen weder durch Demagogie noch durch dompteurhafte Autorität wieder glaubwürdig werden.

Und wer als Sozialdemokrat bisher schwieg, sich aber jetzt als stallausmistender Herkules aufspielt, der sollte besser weiter schweigen: 1972 hätte er seine Glaubwürdigkeit beweisen können, 1975 ist es zu spät.

Es geht hier nicht um SPD oder CDU, es geht hier um die Frage, ob in unserem Lande mangelnde demokratische Glaubwürdigkeit durch Autorität ersetzt werden kann. Es gibt keinen Zweifel: Unser Land braucht die SPD – aber eine glaubwürdige SPD.

5. Kommunikation und Politik

Daß Kommunikation eng mit Politik, besonders mit Macht zusammenhängt, wurde schon oft festgestellt. Dieser Zusammenhang zeigt sich beispielsweise daran, daß Kommunikation politische Zusammenarbeit ermöglicht oder bei Fehlen verhindert, daß Information über Macht diese ersetzt oder daß bereits eine politische Diagnose politisches Verhalten verändern kann – z. B. die Behauptung, wir stünden »mitten in der Revolution«.

Umgekehrt verändert auch Macht das informationelle Verhalten. Typisch hierfür ist es, wenn ein Politiker ohne Scham erklärt, seine Aussagen vor dem Siege seiner Partei seien »natürlich« anders gewesen als danach.

Angesichts dieses engen Zusammenhangs zwischen politischer Macht und Kommunikation ist es nicht verwunderlich, daß zeitgenössische Revolutionäre sich zuerst der Kommunikationsmittel bemächtigen, der Sender und Redaktionen.

In unserem Lande wird der Kampf um die Medien gegenwärtig nicht mit roher Gewalt geführt, vielmehr mit subtileren Methoden: mit der Erzeugung bestimmter Vorurteile, wie Informationen beschaffen sein müßten und wer das Recht hat, sie zuzuteilen. So wird bereits das Verständnis angeblich »richtiger« Medienpolitik zum Machtfaktor.

Bemerkenswert ist hierbei, daß die gegenwärtige Auseinandersetzung um Medienpolitik von politischen Gruppen hochgespielt wurde, die glauben machen, sie – und nur sie allein – verträten die Interessen der Mehrheit. Die meisten Verbraucher sind aber mit der Mediensituation in unserem Lande gar nicht unzufrieden – besonders diejenigen, welche die Situation andernorts im Osten und Westen aus eigener Anschauung kennen.

Die Vorstellung, was »richtige« Medienpolitik ist, hängt eng mit der Vorstellung vom »richtigen« Menschen und der »richtigen« Gesellschaft zusammen, sie ist hochgradig ideologisch – je nach den ausgesprochenen oder nicht ausgesprochenen Prämissen erscheint das eine oder das andere als »richtig«.

Die Praxis spricht eine deutlichere Sprache, sie lehrt uns, welche Vorstellungen vom »richtigen« Menschen und der »richtigen« Gesellschaft zu wünschenswerten Ergebnissen führen und welche nicht.

Untersucht man die Ideologie, die sich neuerdings in der Medienpolitik breit macht, so findet man ein altes Gespenst: es ist die »progressive« Ideologie, die vor zehn Jahren die Veränderungen unserer Universitäten auslöste und sie vielfach als Stätten freier Lehre und Forschung zugrunde richtete. Es ist unwahrscheinlich, daß diese Ideologie bei der Medienpolitik Besseres bewirkt und eine liberale Kommunikation ermöglicht.

Im politischen Tageskampf wird leicht zum Reaktionär gestempelt, wer diesem »progressiven« Kurs nicht folgt. Ich meine aber: Wenn eine Kultur in eine Sackgasse geraten ist, dann sollte man sich nicht nach vorne drängen, sondern einen besseren Kurs suchen. In zehn Jahren wird man über die gegenwärtigen Medienpapiere der Sozialliberalen ähnlich denken wie schon jetzt über ihre einstigen Bildungspapiere. Deshalb mein Vorschlag: Nicht der »Progressivität« nachlaufen, sondern eine liberale Medienpolitik notfalls auch im Widerspruch zu den angeblich Liberalen ansteuern.

Meine Behauptung, daß dieselbe Ideologie, die unseren Universitäten so schrecklich mitgespielt hat, jetzt die Medien als nächstes Opfer packt, soll begründet werden:

Zunächst ist festzustellen, daß diese Medienpolitik aus klassenkämpferischen Wurzeln herauswuchs. Dies zeigen die ersten Entwürfe ganz deutlich, beispielsweise ein vom Bundesvorstand der Jungsozialisten im Jahre 1972 herausgegebenes Papier[1]:

»Indem sich die Presse in extremer Weise den vermeintlichen Interessen des Publikums anpaßt oder diese erst weckt, dient sie nicht der Veränderung und Aufklärung, sondern bewirkt in erster Linie eine Verfestigung der bestehenden Herrschaftsverhältnisse.«

Noch deutlicher ist diese klassenkämpferische Tendenz groteskerweise in der »Medienkonzeption der Jungdemokraten[2]«:

»Die Massenmedien sind integraler Bestandteil des Herrschaftssystems der BRD. Deshalb können strukturelle Veränderungen – vor allem im Pressesektor – im Sinne einer systemüberwindenden Perspektive nur Ausdruck einer Gesamtstrate-

gie sein, die primär die Machtfrage im Produktionsbereich stellt.«

Die späteren Fassungen der Medienpapiere der SPD und FDP verhüllen zwar diese klassenkämpferischen Wurzeln, aber sie bewirken trotzdem genau das, was ursprünglich beabsichtigt war: das Hineintragen des Klassenkampfes in die Redaktionen und schließlich die Überwindung dieses liberalen Systems.

Diese Ideologie geht von der Behauptung aus, daß in unserem angeblich »kapitalistischen« System die Eigentumsfunktion zu publizistischen Verzerrungen führen müsse. Aber die praktischen Erfahrungen decken diese Behauptung kaum. Ein Machtmißbrauch – wenn überhaupt – müßte doch dort besonders deutlich sein, wo örtliche Monopole bestehen. Aber eine neue Untersuchung von E. Noelle-Neumann über Zeitungen mit lokaler Monopolstellung stellt ausdrücklich fest[3]:

»Anhaltspunkte eines Mißbrauchs der Monopolstellung – soweit ein solcher Mißbrauch statistisch und mit den Methoden der Inhaltsanalyse faßbar wäre – haben sich bei dieser Untersuchung nicht ergeben.«

Eine weitere Übereinstimmung zu der Ideologie, die unsere Universitäten so schwer schädigte, ist die weltfremde Perfektion, mit der Organisationen entworfen werden. Probleme, die von sachlich zusammenarbeitenden Menschen uncodifiziert und routinemäßig gelöst werden, sollen durch ein perfektes Organisationsschema angeblich geregelt, tatsächlich aber erschwert werden. Wohin das führt, ist von den Universitäten her bekannt: Leerlauf in immer mehr und längeren Sitzungen; Kettenreaktion immer perfekterer Organisationsanweisungen; Unsicherheit, wer wann für was zuständig ist; Machtübernahme durch Organisationsprofis; kurzum: Abbau der menschlichen Autonomie, der Wirksamkeit der Organisationen und Machtübernahme durch Funktionäre.

Wie oberflächlich diese organisatorische Perfektion tatsächlich aber ist, zeigen beispielsweise die »Leitlinien liberaler Medienpolitik[4]«, die einerseits die Zusammenfassung von Eigentum und publizistischen Befugnissen bekämpfen, diese aber anstreben, wenn ein Verlag verkauft wird.

Außer klassenkämpferischen Tendenzen findet sich in den ersten Medienpapieren – ausgesprochen oder nicht ausgesprochen –

die Vorstellung, wenn erst einmal die wirtschaftliche Abhängigkeit überwunden sei, dann könnten die Kommunikatoren endlich mit der Zuteilung der absoluten Wahrheit beginnen. So findet sich beispielsweise in der »Medienkonzeption der Jungdemokraten[5]«:

»Eine demokratische Umgestaltung der Medien in der BRD muß an den objektiven Bedürfnissen der Leser, Hörer und Zuschauer ansetzen.«

Offensichtlich sind alle Einsichten der Erkenntnistheorie an den Erzeugern dieser »Medienkonzeption« spurlos vorbeigegangen, sie haben wohl nur Herbert Marcuse gelesen, der behauptete, er könne *»wahre und falsche Bedürfnisse unterscheiden«*.

Was würden diese Leute verwirrt durch die Einsicht, daß auch Funktionäre keine objektiven, sondern Gruppeninteressen vertreten!

Die Illusion von der »objektiven« Wahrheit übersieht eine Gesetzlichkeit, die alles kommunikative Geschehen beherrscht, nämlich das Mißverhältnis zwischen der Komplexität unserer Welt und der Beschränktheit unseres Bewußtseins. Extrem einfache Aussagen können ohne Simplifikation abgebildet werden, in jeder Ideologie ist zwei mal zwei vier. Aber alle Nachrichten, welche diese niedere Komplexität überschreiten, müssen nach subjektiven Bewertungen ausgewählt und vereinfacht werden und sind deshalb nicht mehr »objektiv richtig«, sondern ideologische Konstruktionen.

Bereits der Sprachgebrauch bringt Wertungen ein. Zum Beispiel ist der politische Standort eines Autors, der Wörter wie »Profit« und »Kapitalismus« bevorzugt, leicht zu orten. Aber viele andere Begriffe sind ähnlich ideologisch belastet, sie wurden nur noch nicht ausreichend aufgedeckt.

Wir sollten davon ausgehen, daß alle nichttrivialen Nachrichten in einem Vorrat nichtobjektiver Begriffe, Denkmodelle und Vorurteile codiert sind. Diese machen unser »Bewußtsein« aus, ohne sie wären wir nicht wir.

Die Forderung nach Unabhängigkeit und Objektivität kann deshalb keine nichttriviale Nachricht im strengen Sinne erfüllen.

Die Gefahren der bewußten Verteidigung unserer Denkmodelle liegen in der Erstarrung des Weltbildes. Ihr kann nur durch die ständige Konfrontation unterschiedlicher Weltbilder vorgebeugt werden: Dies ist die einzigartige Leistung der liberalen Lebensform.

Ihre Überlegenheit beruht auf der liberalen Kommunikation, bei der

– mehr Menschen ohne Bevormundung mehr Informationen bekommen und
– mehr Menschen ihre Erfahrungen in die Entscheidungsprozesse einbringen können.

Veränderungen der Kommunikationstechniken wirken auf die Gesellschaft zurück. Was eine Gesellschaft von einer Menge Menschen unterscheidet, ist vor allem die Kommunikation: Eine andere Kommunikation ist eine andere Gesellschaft.

Der gegenwärtige Stand der Kommunikationstechnik ist uns durch täglichen Umgang wohl vertraut. Wir benutzen

einerseits exklusive Verbindungen wie Telefon, Telegrafie, Datenübertragung und

andererseits öffentliche Medien wie Fernsehen, Hörrundfunk, Schallplatten, Zeitungen, Zeitschriften und Bücher.

Zweifellos wird der Umfang der Kommunikation und die Vielfalt der Techniken in Zukunft noch zunehmen. Der Trend weg von materiellen Medien wie z. B. Brief, Zeitung, Zeitschrift und Buch hin zu den immateriellen wie z. B. Telefon, Hörrundfunk und Fernsehen ist unverkennbar. Die materiellen Medien zeigen meist relative Abnahme bei gleichzeitiger absoluter Zunahme.

Die meisten technischen Verbindungen zwischen Menschen werden auch in Zukunft durch die Fernsprechtechnik hergestellt werden, sie wird sich in den kommenden Jahrzehnten noch beträchtlich ausweiten (sofern dies nicht durch eine ungeschickte Politik verhindert wird). Dagegen dürfte das Fernsehtelefon auch in Zukunft keine große Rolle spielen, der technische Aufwand hierfür steht in einem schlechten Verhältnis zur geringen erzielbaren Wirkung. Besser sind die Chancen für die Übertragung stehender Bilder über normale Fernsprechleitungen, wodurch z. B. Briefe und Zeichnungen rasch zugestellt werden können. Auch die Datenübertragung, also die Übertragung digitaler Informationen von Computer zu Computer dürfte rasch zunehmen.

Die Versorgung der Haushalte mit Hörrundfunk- und Fernsehgeräten scheint zunächst gesättigt, nunmehr lebt der Markt vor allem von Zweit- und Drittgeräten, von tragbaren und Farbfernsehgeräten.

Die Zahl der drahtlos anlieferbaren Fernsehprogramme ist beschränkt durch die Enge des verfügbaren Frequenzbereichs. Mehr als drei bis etwa fünf Programme können mit drahtloser Übertragung den Empfängern in der Bundesrepublik Deutschland nicht angeliefert werden. Die Ausbreitungseigenschaften des Gigahertz-Bereichs schränken dessen Verwendung für spezielle Aufgaben ein, beispielsweise für den engeren Regionalbereich oder als Zubringerstrecken für Kabelverteilzentren usw.

Die einstigen Auseinandersetzungen um die verschiedenen Farbfernsehnormen (also NTSC, PAL und SECAM) verloren ihre Bedeutung, nachdem es gelang, durch Transcodiergeräte die Normen ineinander umzuwandeln.

Zu den bereits bekannten Medien werden in übersehbarer Zeit noch weitere treten, vor allem

die »Bildkassette«,
das Kabelfernsehen,
das direkte Satellitenfernsehen und
die immateriell zugestellte Faksimile-Zeitung.

In der »Bildkassette« (die nicht immer eine Kassette ist, sondern gelegentlich auch eine Platte sein mag) werden Fernsehsignale auf materiellen Trägern zum späteren Gebrauch gespeichert. Vorläufig besteht hier noch eine Konkurrenz zwischen mehreren verschiedenen Techniken.

Der einstige Optimismus zugunsten der »Bildkassette« ist allerdings ziemlich geschwunden.

Der Begriff »Kabelfernsehen« ist vieldeutig. Seine wichtigsten Erscheinungsformen seien kurz erwähnt:

Erstens gibt es seit langem die Übertragung von Fernsehsignalen für industrielle Zwecke: Man spricht hier von »Industriefernsehen« oder »Closed-Circuit-Television«.

Zweitens gibt es die exklusive Übertragung von Fernsehsignalen über Koaxialkabel durch die Deutsche Bundespost, meist im Auftrage der Rundfunkanstalten.

Drittens gibt es die Verteilung von Fernsehsignalen von einer Gemeinschaftsantennenanlage über Koaxialkabel zu einer

Vielzahl von Empfängern, meist innerhalb eines Wohnblocks. Diese Verteilanlagen sollen die Empfangsqualität verbessern und die unschönen Antennenwälder auf den Dächern beseitigen. Ältere Anlagen können häufig nur wenige Programme verteilen, moderne deren mehr.

Viertens gibt es Großgemeinschaftsanlagen, die eine größere Anzahl (12 bis 60) Fernsehprogramme zu größeren Wohneinheiten, Siedlungen oder Stadtteilen transportieren. Solche Großgemeinschaftsanlagen sind die Keimzellen lokaler Fernsehsysteme. Beispielsweise können sie Programme verbreiten, die örtlich normalerweise gar nicht empfangen werden können und auf spezielle Weise angeliefert werden (z. B. durch Zubringerstrecken, Satelliten usw.). Es kann ihnen auch ein örtliches Fernsehstudio angegliedert werden, das lokale Sendungen erzeugt oder nach lokalen Bedürfnissen Fernseh-Konserven verbreitet.

Zwar sind die meisten bisher benutzten Techniken der Fernsehübertragung einseitig gerichtet, aber für die Zukunft werden auch Systeme mit zweiseitiger Übertragung oder wechselseitiger Übertragung Bedeutung erlangen; schließlich sind auch Übertragungssysteme zu erwarten, die in der einen Richtung eine hochwertige Fernsehübertragung gestatten, in der Gegenrichtung aber nur relativ einfache Signale zulassen. Solche gemischten Systeme dürften vor allem für lokale Fernsehsysteme nützlich sein, weil bei den hier zu erwartenden kleinen Empfängerzahlen individuelle Rückäußerungen eher berücksichtigt werden können als bei den großen Systemen, bei denen die Reaktionen der Millionen von Zuschauern nicht sinnvoll verarbeitet werden können.

Die Kosten zum Aufbau von Kabelfernsehsystemen sind aber gigantisch: Um beispielsweise ein bundesweites Kabelfernsehsystem für zwölf Kanäle einzurichten, wurden Kosten in Höhe von etwa 40 Milliarden DM abgeschätzt.

Vielleicht kommt auch einmal das direkte Satelliten-Fernsehen, bei dem Synchron-Satelliten als Sender und heimische Fernsehgeräte als Empfänger benutzt werden. So könnte dann ein Gebiet von mehreren Millionen Quadratkilometern, z.B. Europa, von einem einzigen Satelliten versorgt werden. Damit würde das Fernsehen von einem vorwiegend nationalen zu einem auch internationalen Medium.

Welche delikaten politischen Probleme für nichtliberale Länder hierdurch entstehen können, zeigt der vom sowjetischen Außenminister übermittelte Entwurf einer Konvention über die Nutzung künstlicher Erdsatelliten für Fernseh-Direktübertragung, durch welche die Informationsverbreitung über Staatsgrenzen hinweg eingeschränkt werden soll [6].

Ein anderes, technisch schon heute realisierbares Medium ist die Faksimilezeitung, welche durch Fernsehtechnik ins Haus gebracht und dort auf fotoempfindlichem Papier fixiert wird.

Hierfür ist die normale Fernsehtechnik eigentlich nicht recht ausgenutzt, man erprobte deshalb schon vereinfachte Übertragungstechniken. Aber die notwendigen Endapparate sind auf jeden Fall ziemlich kompliziert. Die einmaligen und die laufenden Kosten bei den Empfängern sind so hoch, daß eine schnelle Einführung der Faksimilezeitung unwahrscheinlich ist.

Mit dem Aufbau des Kabelfernsehens und der Faksimilezeitung entsteht das politische Problem: Sollen diese neuen Medien nach Art des Rundfunks öffentlich-rechtlich oder nach Art der Zeitung privatwirtschaftlich organisiert werden?

Technisch stehen diese Medien dem Rundfunk näher als der Zeitung. Aber es wäre ein technokratischer Kurzschluß, hieraus zu schließen, diese Medien müßten auch wie der Rundfunk öffentlich-rechtlich organisiert werden. Diese Organisation hat m. E. nur dort ihre Berechtigung, wo ein unüberwindbarer Mangel gemeinnützig verwaltet werden muß, beispielsweise der Mangel an Sendefrequenzen.

Die öffentlich-rechtliche Organisation ist aber nicht notwendig, wo kein unüberwindbarer Mangel besteht und die Öffentlichkeit ein vielfältiges Angebot erwartet. Genau dies trifft für Faksimilezeitung und Kabelfernsehen zu: Ihr Aufbau sollte deshalb so organisiert werden, daß sich liberale Initiativen durchsetzen können.

Vor der Einführung des Kabelfernsehens steht eine rechtlich-definitorische Schwierigkeit. Gemäß »Staatsvertrag über die Regelung des Rundfunkgebührenwesens« vom 31. Oktober 1968 ist »Rundfunk«:

». . . die für die Allgemeinheit bestimmte Veranstaltung und Verbreitung von Darbietungen aller Art in Wort, in Ton und in Bild unter Benutzung elektrischer Schwingungen ohne Ver-

bindungsleitung oder längs oder mittels eines Leiters.«

Diese Definition mag für die Gebührenregelung brauchbar sein, für die Entwicklung des Kabelfernsehens wirkt sie aber verheerend, weil über sie das Kabelfernsehen als Rundfunk verstanden und auf das Prokrustesbett der Rundfunk-Gesetzgebung gespannt wird.

Deshalb sollte immer wieder deutlich auf den wesentlichen Unterschied zwischen Rundfunk und Kabelfernsehen hingewiesen werden: Der Rundfunk benutzt den freien Raum, ein Übertragungsmedium begrenzter Übertragungskapazität, das gemeinnützig genutzt werden muß, das Kabelfernsehen kann aber im Prinzip beliebig große Übertragungskapazitäten schaffen und benutzen. Hier sind grundsätzlich andere gesetzliche Regelungen angebracht.

Für die zukünftige Organisation des Kabelfernsehens scheint ratsam: Die Dualität der bisher existierenden Kontrollsysteme, nämlich öffentlich-rechtlich für den Rundfunk und privatwirtschaftlich für die Papiermedien hat sich bewährt und sollte verteidigt werden. Für das Kabelfernsehen sollte eine Mischform organisiert werden, welche die technische Kompetenz der Deutschen Bundespost mit der Beweglichkeit und Kreativität der elektronischen Industrie und von Verlagen verbindet. Hierbei muß sichergestellt werden, daß die technische Abhängigkeit nicht zu einer inhaltlichen Abhängigkeit wird.

Das Kabelfernsehen mit Rückmeldung bietet eine sozial interessante Möglichkeit: Die Gebühren brauchen nicht mehr pauschal – unabhängig vom Konsum – erhoben werden, sondern könnten unmittelbar mit dem Konsum bestimmter Sendungen verrechnet werden.

Hierdurch könnten auch die Bezüge der Fernsehschaffenden an die öffentliche Zustimmung zu ihren Produkten gebunden werden. Eine solche Organisationsform hat zugegebenermaßen viele Vor- und Nachteile, aber die unerträgliche Distanz zwischen der öffentlichen und der veröffentlichten Meinung könnte so verringert werden.

Um eine Vorstellung zu vermitteln, in welchem Verhältnis die Menge der weltweit in schriftlicher Form vorrätige Information zu dem steht, was der Rundfunk in sinnvoller Zeit übertragen kann, sei folgende Überlegung angestellt:

Würde ein Rundfunksprecher täglich acht Stunden sprechen, dann könnte er in einem Jahr etwa ein zehntel Gigabit (ein Gigabit = eine Milliarde Bit) übertragen. (Hierbei wird eine Sprechgeschwindigkeit von zehn Buchstaben je Sekunde und ein Informationsgehalt von einem Bit je Buchstabe angenommen, wie er für sinnvolle Texte deutscher Sprache ermittelt wurde.) Dieses zehntel Gigabit entspricht etwa dem Informationsgehalt des »Großen Brockhaus« mit 13 Bänden.

Der gesamte, weltweit gegenwärtig schriftlich fixierte Informationsbesitz der Menschheit wurde auf die Größenordnung von Million Gigabit geschätzt. Diese Größenordnung mag um ein oder auch zwei Zehnerpotenzen unsicher sein, aber sie läßt auf jeden Fall erkennen, daß zur Übertragung dieser Informationsmenge Millionen Rundfunksprecher jahrelang sprechen müßten. Zur verständigen Aufnahme brauchte ein menschlicher Empfänger Millionen Jahre.

Bildinformation braucht zwar zur Übertragung eine hohe Kanalkapazität, aber sie trägt zur bewußt verarbeitbaren Information wenig bei. Auf keinen Fall kann sie das genannte Verhältnis von etwa sieben Zehnerpotenzen überbrücken.

Somit bleibt festzuhalten: Die schriftlich fixierte Informationsmenge ist sehr viel größer als diejenige, die von den üblichen elektronischen Medien in sinnvoller Zeit dem Menschen zur Verfügung gestellt werden können.

Um Mißverständnissen vorzubeugen: Dieses Verhältnis betrachtet die Papiermedien in ihrer Gesamtheit, vor allem Bücher und Zeitschriften. Hieraus kann nicht geschlossen werden, jede einzelne Zeitung vermittelte einen entsprechenden Reichtum.

Was mit diesem Vergleich gezeigt werden sollte, ist dies: Wer ein sehr großes Informationsvolumen braucht oder ausgefallene Details sucht, der wird durch Papiermedien eher befriedigt werden können, als durch die gegenwärtig typischen elektronischen Medien.

Etwas überspitzt könnte man unsere gegenwärtige kommunikative Situation so kennzeichnen: War der Mensch bisher auf der Suche nach immer besseren Unterscheidungen, so wird er neuerdings das Opfer einer gigantischen Simplifikationsmaschine.

Im Zusammenhang mit Informationssystemen entstehen

neue Gefahren. Hierbei ist nicht nur zu denken an die Abhängigkeit von einem empfindlichen Apparat, an Störungen durch Sabotage oder Streik und an das Eindringen in die Privatsphäre, sondern auch an die gesteigerte Möglichkeit der Meinungsmanipulation. Vorgänge, die eine gewisse Komplexität überschreiten, sind ja schon durch die Darstellungsform bewertet. Wenn die Informationen in einem einheitlichen Sprach- und Ordnungssystem angeboten werden, dann wird sich dieses Sprach- und Ordnungssystem stetig und unaufhaltsam ausbreiten. Wo bleibt dann die Antithese, wo der kulturelle Fortschritt, wo die geistige Freiheit? Hier liegen m. E. die Gefahren der totalen Kommunikation und ihrer jetzigen Vorstufen.

Wenn technische Systeme eine gewisse Komplexität überschreiten, dann können auch ihre Planer die Leistungen und Fehlleistungen nicht mehr zuverlässig voraussagen: Es entstehen »nicht verantwortbare Systeme«.

Kurt Biedenkopf warnte davor, daß besonders bei den elektronischen Medien die Grenzen ihrer Integrationskraft überschritten seien [7].

Ebenso wie die Medien der Massenkommunikation bevorzugen auch Computer und Informationssysteme große organisatorische Einheiten: die Machtdistanz zwischen den Informationsreichen und Informationsarmen wird sich durch diese Techniken vergrößern.

Vermutlich sind viele dieser Gefahren nur zu überwinden, wenn man beim Aufbau von Informationssystemen auf Einheitlichkeit verzichtet und Teilsysteme unterschiedlicher Sprache und Ordnung vorsieht. Die Liberalität muß bereits im technischen Aufbau angelegt sein.

Aber man sollte nicht nur die negativen Aspekte dieser Entwicklung sehen, sondern auch ihre positiven. Es ist vor allem zu erwarten, daß die bisherige Schwerfälligkeit und manchmal auch Unmenschlichkeit der Verwaltung durch ihre Unfähigkeit begründet ist, Einzelfälle individuell zu erledigen, und die Informationssysteme mit ihrer größeren Potenz ein Faktor der Humanisierung sein können.

Marshall MacLuhan erregte die Öffentlichkeit mit seiner Vision, die menschliche Entwicklung könne in drei Abschnitte eingeteilt werden [8]:

1. Das »voralphabetische« Zeitalter, das vor allem durch Gutenberg beendet wurde,
2. das »alphabetische« Zeitalter, in dem wir gegenwärtig noch leben, das aber mit dem Aufkommen der elektronischen Medien angeblich zu Ende geht und schließlich
3. das »nachalphabetische« Zeitalter (»Marconi-Zeitalter«), dessen Informationstechnik sich weitgehend auf die bildliche Übertragung beschränken werde und in dem Druckerzeugnisse, besonders Bücher zurückgehen, wenn nicht gar verschwinden werden.

Ich kann dieser Prognose nicht zustimmen. Unbestreitbar ist zwar, daß sich vor allem im internationalen Verkehr, z. B. auf Flughäfen »optische Kürzel« durchsetzen, welche unabhängig von der benutzten Sprache verständliche Hinweise geben. Unbestreitbar ist auch, daß sich eine »Literatur für Analphabeten« im Stile der Comic Strips entwickelt.

Aber unbestreitbar ist auch, daß ohne sprachliche Codierung nur Sachverhalte geringen Abstraktionsgrades mitgeteilt werden können. Beispielsweise kann man in Hochsprachen darüber diskutieren, wie sich die Sprache in Zukunft weiterentwickeln wird, aber man kann diese Diskussion nicht in Bildersprache führen. Sprachlich codierte schriftliche Information ist – wenn Informationen hoher Abstraktion vorliegen – die optimale Darbietungsform für das menschliche Wahrnehmungssystem.

Die zukünftige Entwicklung der Informationstechnik wird Rückwirkungen auf das Zeitungswesen haben: Verlage und Redaktionen werden durch technische Veränderungen vor neue Aufgaben gestellt. Hier gilt es, Gefahren zu umgehen und Chancen zu nutzen. Dazu ist es ratsam, sich klar zu werden, was man besser als andere leisten kann und was nicht.

Es wäre beispielsweise ein hoffnungsloses Unterfangen, mit den Papiermedien einen Wettlauf um die höchste Aktualität gegen die elektronischen Medien austragen zu wollen. Die Zeit für die Herstellung und den Transport materieller Produkte ist zwangsläufig viel länger als die für elektrische Aufnahme und Übertragung. Hieraus resultiert aber indirekt ein Vorzug der materiellen Medien: Wenn die elektronischen Medien ihre Übertragungsgeschwindigkeit nutzen wollen, dann müssen sie vielfach auf gründliche Recherchen oder vollständige Darstellung verzichten. Hohe Aktualität erzwingt Vordergründigkeit.

Günstiger sind die Chancen der Papiermedien im Hinblick auf die inhaltliche Differenzierung. Auch wenn man die Entwicklung z. B. des Kabelfernsehens und der Informationsbanken optimistisch beurteilt, ist nicht zu erwarten, daß sie in den nächsten zwei Jahrzehnten die sachliche Differenzierung der Zeitungen und Zeitschriften, insbesondere der Fachzeitschriften, erreichen und sie deshalb vom Markt verdrängen werden.

Noch besser sind die Zukunftschancen der Papiermedien dort, wo Informationen hohen wissenschaftlichen oder ästhetischen Niveaus verbreitet werden. Hierfür sind m. E. Zeitungen, Zeitschriften und Bücher unersetzbar, sie sind dem menschlichen Wahrnehmungssystem optimal angepaßt und eignen sich nicht nur zur flüchtigen Kenntnisnahme, sondern auch zum wiederholten Überdenken oder besinnlichen Genuß.

Wenn es zwar alle diese elektronischen Medien schon gäbe, nicht aber Zeitungen, Zeitschriften und Bücher, dann müßte man sie schleunigst erfinden. Ich halte es deshalb für einen futurologischen Unsinn, vom Ende des Gutenbergzeitalters zu reden.

Die wirklichen Gefahren für Zeitungen, Zeitschriften und Bücher kommen nicht aus der Technik, sondern aus wirtschaftlichen Entwicklungen, besonders der Kostenexplosion bei Personal, Postgebühren und Papier bei gleichzeitigem Rückgang der Anzeigenerlöse. Hierdurch geraten die Papiermedien immer mehr in Bedrängnis.

Die Folgen dieser Bedrängnis sind vor allem die Abnahme der selbständigen publizistischen Einheiten (von 225 im Jahre 1954 auf 125 im Jahre 1974) und die Zunahme der »Einzeitungs-Kreise« (wo nur eine einzige örtliche Tageszeitung angeboten wird) (von 15,2 Prozent im Jahre 1954 auf 38,3 Prozent im Jahre 1973) [9].

In hohem Maße bedenklich ist auch, daß die Zahl der gekauften Bücher ebenso wie die zum Lesen benutzte Zeit stagniert oder gar abnimmt.

Die zentrale Frage der Medienwirkungsforschung ist: Wer erzielt bei wem mit welchem Medium welche Wirkung? Daß die Antwort auf diese Frage sehr schwer zu finden ist, zeigen die theoretischen und empirischen Forschungen der letzten

Jahre. Die ursprünglichen Vorstellungen von einfachen Reiz-Reaktionszusammenhängen sind längst überwunden. An ihre Stelle traten vage hypothetische Modellvorstellungen über Lernprozesse, bei denen Meinungen und Einstellungen eine wesentliche Rolle spielen.

Unser gegenwärtiges unvollkommenes und umstrittenes Wissen über die Wirkung der Massenmedien ist vor allem durch die drei Begriffe Kumulation, Konsonanz und Öffentlichkeit bestimmt[10]:

Kumulation: Die Wirkung auf den einzelnen wird verstärkt durch mehrere aufeinanderfolgende (ganz oder teilweise) übereinstimmende Informationen.

Konsonanz: Der einzelne wählt sich aus dem großen Angebot diejenigen Informationen aus, die zu seinen bestehenden Einstellungen passen. Hierdurch vermeidet er innere Konflikte und Unsicherheiten.

Öffentlichkeit (im Sinne von Allgegenwärtigkeit): Der einzelne beobachtet, welche Meinungen vorherrschen, welche zunehmen und welche man gefahrlos äußern kann und bevorzugt meist diese.

Durch dieses übliche Verhalten entsteht dann die von E. Noelle-Neumann als »Schweigespirale« bezeichnete Sozialstruktur, durch die sich eine vorherrschende Meinung immer stärker durchsetzt und andere, hiervon abweichende Meinungen verdrängt (siehe 1. Kapitel).

Kaum mehr vertreten wird die »Meinungsbildner-Hypothese« vom »two-step flow of information«, nach der die Wirkung der Massenmedien vor allem durch Vermittlung besonders überzeugender und einflußreicher Personen vermittelt wird. Man sieht heute eher eine Aufteilung in kommunikativ Aktive und kommunikativ Isolierte.

Trotz vieler Untersuchungen und Diskussionen ist weiterhin die Frage umstritten, ob und wie stark Gewaltdarstellung in den Massenmedien Wirkungen auf das Publikum, besonders das jugendliche Publikum hat. Ich vermute, daß die Kurzatmigkeit aller bisherigen Untersuchungen die verheerenden Wirkungen gewalttätiger Darstellungen verdeckte.

Durch die obigen Begriffe Kumulation, Konsonanz und Öffentlichkeit wird aber nicht erklärt, wie Meinungen überhaupt erstmals entstehen. Der neuerdings hierfür von N. Luhmann benutzte Begriff »Thematisierung« nähert sich der biblischen Vorstellung vom Samen, der in den Ackerboden fällt und dort möglicherweise aufgeht: Dies ist die kreative Formulierung, welche die Gefährdung anerkannter Werte, die Erklärung bestimmter Ziele usw. in die öffentliche Diskussion einbringt, und sich möglicherweise durchsetzt.

Über Kommunikation und ihre soziologischen Aspekte entstehen neuerdings viele Publikationen. Sie zeigen aber einen wenig ausgewogenen Zustand dieser Wissenschaft – die Aufdekkung von Herrschaftsverhältnissen scheint häufig das zentrale Problem zu sein. Dagegen findet man selten etwas darüber, daß durch Kommunikation Erfahrung, auch tradierte Erfahrung, übertragen wird und daß Kommunikation Brücken zwischen Menschen schlägt und sie damit sozial verbindet.

Bezeichnend ist auch, daß die Erfahrungswissenschaften, vor allem Verhaltensforschung und Anthropologie meist vernachlässigt werden. Man sollte diese ideologische Einseitigkeit einer jungen Disziplin nicht leicht nehmen – hier werden Vorurteile zementiert, über die wir einmal stolpern werden. Ein Beispiel hierfür ist die Denunziation unserer Hochsprache als Sprache der »Herrschenden«, die man überwinden oder abschaffen müßte.

Es ist bemerkenswert, daß die Medien – jenseits inhaltlicher Tendenzen – bereits politische Wirkungen entwickeln. Dies möchte ich an einigen Beispielen zeigen:

Da ist zunächst die ständige Präsentation der Lebensumstände anderer Menschen, die reicher, mutiger, intelligenter oder eigenwilliger sind als der Konsument. Er reagiert hierauf oft mit dem Versuch, eine ähnlich wohlhabende, mutige, intelligente Rolle zu spielen und entwickelt so Verhaltensformen, die weder seinen individuellen Möglichkeiten entsprechen, noch sozial annehmbar sind. Das ungelöste Problem ist es, im Zeitalter der Massenkommunikation mit der Ungleichheit zu leben.

Ähnlich stellt sich das Problem international: Durch Film, Rundfunk, Fernsehen, Zeitungen usw. hören und sehen die Menschen in den armen Ländern den Wohlstand der Industrieländer und wollen ihn auch haben, ohne aber dessen Voraussetzungen erbringen zu können. Auch hier ist es wieder das ungelöste Problem, im Zeitalter der Massenkommunikation mit der Ungleichheit zu leben.

Ein weiteres Problem: Die Medien zeigen in liberalen Ländern die unvorstellbaren Greuel moderner Kriege. Hierauf reagiert der normal Empfindende mit Entsetzen: Diese Greuel zu verhindern ist doch wichtiger als alles andere, sogar wichtiger als die Erhaltung der Freiheit. Die »sozialistischen« Länder mit ihrem ausgewählten Informationsangebot haben dieses Problem kaum: Sie zeigen ihrer Bevölkerung die Tapferkeit der eigenen Truppen und die Grausamkeit ihrer Feinde. Hier erhebt sich die Frage, ob ein liberales System überhaupt noch verteidigt werden kann.

Ein anderes mit der Massenkommunikation zusammenhängendes Problem ist die praktisch erwiesene Unmöglichkeit, in liberalen Staaten über wichtige politische oder militärische Fragen vertraulich zu beraten.

Typisch hierfür sind die »PENTAGON-Papers«, durch welche geheime militärische Planungen der USA profitbringend verbreitet wurden. Zweifellos werden vom Militärapparat »sozialistischer« Länder nicht weniger solcher Pläne produziert, aber dort werden sie geheimgehalten.

In letzter Zeit wurde Publizisten der Vorwurf gemacht, sie seien »Schreibtischtäter«. Hinter dieser Kritik stecken aber weniger unlautere Absichten und mehr Sachzwänge:

So vor allem eine Gesetzlichkeit, die informationstheoretisch leicht verständlich ist, deren Konsequenzen aber schwer zu tragen sind: Ungewöhnliche Ereignisse haben einen hohen Informationsgehalt, gewöhnliche haben aber einen kleinen Informationsgehalt.

Die Realität lebt vom Banalen, die Kommunikation vom Außergewöhnlichen. Der Kommunikator kann sich alles leisten, nur nicht den Mut zur Banalität.

Aus diesem theoretisch wie praktisch verständlichen Sachverhalt erwachsen unerfreuliche Folgen:

Das Brutale ist kommunikativ ergiebiger als das Humane,
der Skandal ergiebiger als die Ordnung,
das Illegale ergiebiger als das Legale usw.

Sozial angepaßtes Verhalten ist normalerweise nicht berichtenswert – nur bei außergewöhnlich hochwertiger Darstellung.

Erprobte Grundsätze publizistisch darzustellen, braucht mehr Geschick und Kunst als die Darstellung unerfüllbarer Verheißungen. Mit Klassenkampf macht man leichter einen Bestseller als mit Kooperation. Politische Kabaretts leben meist von der »Progressivität« und können nicht mehr leben, wenn sich deren Folgen einstellen.

Aus der erwähnten informationstheoretischen Gesetzlichkeit erwächst die Versuchung, Sachverhalte aufzubauschen, unverstandenes Normalverhalten zum Skandal umzustilisieren und dem gutgläubigen Konsumenten unser Zusammenleben als eine Schreckenskammer skandalösen Verhaltens vorzustellen. Nach dieser Vorbereitung glaubt der Konsument dann leicht, daß dieses skandalöse politische System nun endlich beseitigt und durch ein System ersetzt werden müßte, in dem keine Skandale gemeldet werden.

Hier ist auch die Tendenz zu erwähnen, nicht über Fakten zu berichten, die auch ohne Kommunikation sind, vielmehr Fakten herzustellen, um Informationen verbreiten zu können. So ist beispielsweise für viele politisch motivierte Gewaltverbrechen bestimmend, »Propaganda durch die Tat« zu betreiben und »ein Fanal zu setzen«, kurzum, die Kommunikation für politische Absichten zu mißbrauchen. Dies zeigte sich z. B. bei dem Anschlag der Terroristen anläßlich der Olympiade in München 1972.

Hinzu tritt ein weiterer Sachverhalt: Das menschliche Bewußtsein bleibt immer weiter hinter der rasch wachsenden Komplexität unserer Welt zurück. Für das einzelne Gehirn sind nur noch winzige Ausschnitte des heutigen Wissens verstehbar. Deshalb ersetzen zunehmend simple Denkmodelle gute Denkmodelle, also solche, die zur Lösung unserer Probleme geeignet sind. Wem beispielsweise in früher Jugend eingetrichtert wurde, unser Zusammenleben sei durch Klassenkampf bestimmt, den wird man später nur schwer dazu bringen, die komplexe Realität unserer Zusammenarbeit zu verstehen, der wird sich wahrscheinlich ein Leben lang verhalten, als ob er ständig im Kampfe einer feindlichen Welt von Ausbeutern gegenüberstünde.

Was über den Sender sichtbar oder hörbar ausgestrahlt wird, müssen viele Konsumenten ohne Rückfrage verstehen. Deshalb richtet sich besonders in liberalen Staaten das Verhalten der Politiker weitgehend danach, leicht verständlich zu sein: Sie suchen publikumswirksames, nicht unbedingt bestes Verhalten.

Faßt man diese Wirkungen der Kommunikation zusammen, so ergibt sich eine deutliche Benachteiligung liberaler Politik.

Es gibt allerdings auch einige entgegengesetzte Wirkungen: So die Überwindung des »Eisernen Vorhangs« durch Rundfunk- und Fernsehsendungen und die Möglichkeit, unmenschliches Verhalten rasch bekanntzumachen. Aber die Gesamtwirkung ist doch mehr gegen den Liberalismus.

Technischer Fortschritt ist nicht immer menschlicher Fortschritt: Die vollkommenere Technik gibt stärkere Wirkungen zum Guten wie zum Bösen: Wichtiger als die technische Entwicklung ist der Geist, dem sie dient.

Es ist nicht nur legitim, sondern auch notwendig zu fragen: Will man die erwähnten neuen Techniken der Kommunikation? Jede Antwort auf diese Frage ist zwangsläufig subjektiv. Meine skeptische Antwort ist: Ich fürchte, daß die zukünftige Entwicklung der Kommunikationstechnik die Liberalität abbauen und uns in die Nähe von Orwells »Großem Bruder« führen wird.

Um vordergründigen Widersprüchen vorzubeugen: Es gibt Bereiche, in denen Fortschritte der Kommunikationstechnik wünschenswert sind, beispielsweise beim Umweltschutz oder zur Herstellung von Kontakten zu Alten und Kranken. Aber in typischen Bereichen der Kommunikationstechnik, besonders dem Fernsehen und Hörrundfunk, wurde man schon bisher mit ihren psychischen und sozialen Folgen nicht recht fertig.

Die Kommunikationstechnik unterscheidet sich ja von den meisten anderen Techniken dadurch, daß sie nicht an der Physis, sondern an der Psyche angreift.

Aus der Sicht eines Liberalen in relativ friedlicher Umgebung spricht *für* mehr Kommunikation die Tatsache, daß sie mehr Entscheidungsgrundlagen liefert und den Erlebnishorizont erweitert.

Aus dieser Sicht spricht *gegen* mehr Kommunikation, daß sie noch stärker informationell übersättigt und die notwendige Verarbeitung der Information einschränkt. Schließlich ist zu fürchten, daß mehr Kommunikation zu weniger menschlicher Autonomie führt.

Aber diese Beurteilung ist etwas pauschal. Man muß nicht zwangsläufig davon ausgehen, daß man bei fortschreitender Kommunikation mit noch mehr Information überfüttert wird. Es ist möglich und wünschenswert, daß die Kommunikation zu qualitativen Verbesserungen fortschreitet, daß weniger uniforme Informationen geringen Niveaus angeliefert werden, sondern stärker differenzierte und hochwertigere, daß nicht nur zugeteilt, sondern auch ausgetauscht wird und die »richtige« Information zum »richtigen« Empfänger kommt.

Aber mit solchen Forderungen ist längst der Bereich technischer Fragen verlassen und man steht vor der ethischen Frage: Welche Wirkung bei wem zu erzeugen ist gut?

Tatsache ist, daß gegenwärtig Sehbeteiligung und Absatz ethische Orientierungen vielfach ersetzen; zu Sex und Crime treten Neid und Klassenkampf und so kommt schließlich zur materiellen Umweltzerstörung die psychosoziale Vergiftung unseres Zusammenlebens. Wir haben eine notwendige Dimension menschlichen Zusammenlebens verloren: Die ethische Dimension.

Man hält es heute für »progressiv«, den Alleinbesitz einer akzeptablen Ethik für sich zu beanspruchen und die tradierte Ethik als überholte Forderung altmodischer Leute abzuwerten. So beklagt man auch, daß ». . . Kommunikation mit den Interessen der gegebenen Machtstrukturen verknüpft« ist.

Ich halte diesen Vorwurf für das Ergebnis eines überheblichen Weltverständnisses: Die existierenden Macht- und Kommunikationsstrukturen entstanden ja nicht durch die Einwirkung böser Mächte, die nun endlich durch die höhere Einsicht der angeblich »Progressiven« und deren Macht ersetzt werden müßte, sie entstanden vielmehr durch menschliches Zusammenleben und Zusammenarbeiten in einem langen historischen Prozeß, sie sind auch nicht starr, sondern werden nach demokratischen Regeln verändert. Dies begründet einen höheren Rang als die elitären Utopien der angeblich »Progressiven«.

Ein Rechtsstaat kann nicht jede Information zur öffentlichen Verbreitung zulassen: Für Rechtsbruch darf nicht geworben werden, gegen die Agitation zur Zerstörung seiner Ordnung muß der Rechtsstaat einschreiten.

Darüber hinaus lehrt die Entwicklung des letzten Jahrzehnts, daß sich der Staat nicht negativ darauf beschränken kann, rechtswidrige Informationen zu verhindern, sondern auch positiv begründen sollte, weshalb er sich so und nicht anders verhält. Besonders Jugendlichen fehlt meist die Erfahrung, warum rechtsstaatliche Ordnung notwendig und wünschenswert ist. Daß sich Werbung für Rechtsstaatlichkeit in liberalen Staaten vom Meinungsterror linker oder rechter Diktaturen unterscheiden muß, sei angesichts voraussehbarer Mißdeutungen klar gesagt.

Aber man kann sich nicht auf das rechtlich Notwendige beschränken: Man darf auch nicht alles verbreiten, was keinem Gesetz widerspricht. Es gibt auch moralische Grenzen, an die das Grundgesetz erinnert, wenn es auf das »Sittengesetz« verweist und die »Würde des Menschen« garantiert.

Aber wer sagt uns denn, was dieses »Sittengesetz« setzt und was »Würde des Menschen« ist? Juristen sind hier kaum zuständig, und in den Medien findet man leichter negative als positive Beispiele. Die Öffentlichkeit erregte sich über die geplante Darstellung einer rechtswidrigen Abtreibung in dem Fernseh-Magazin »PANORAMA«. Neben solchen auffallenden Beispielen publizistischer Fehlleistungen ereignen sich Myriaden kleiner, die längst zur täglichen Gewohnheit wurden.

Vermutlich gibt es keinen anderen Weg, diese Myriaden zu reduzieren, als immer wieder an auffälligen Beispielen das rechtlich und moralisch Unerträgliche deutlich zu machen.

Manche meinen, moralische Gleichgültigkeit sei das Wesen des Liberalismus: Ich meine aber, es gibt eine Grenze zwischen Liberalismus und Immoralität. Die moralische Demontage der Kommunikation führt nicht in eine menschliche Zukunft.

Wenn jeder Mensch an jedem Ort und zu jeder Zeit in Bild und Ton mit jedem anderen Menschen kommunizieren kann, dann ist der (nach B. Brecht) unbefriedigende Zustand überwunden, daß die Medien Informationen nur zuteilen, aber den Empfänger nicht in Beziehung setzen.

Dieser Zustand der ständigen allseitigen Erreichbarkeit ist für die meisten Menschen nicht nur erfreulich. Sie sind an anderen Problemen wie z. B. Beruf, Gesundheit, Sport, Glaube, Liebe, Hoffnung usw. mindestens zeitenweise mehr interessiert als an technischer Kommunikation. Das Individuum möchte sich oft und ausgiebig aus dem Geflecht sozialer Beziehungen herauslösen und einfach »Ich selbst« sein.

Oft möchte man Kommunikation als Dienstleistung, als Unterhaltung oder Ablenkung. Man sollte dies nicht gering schätzen: Menschen, die andernorts Leistungen erbrachten, sollte passive Illusion zugestanden werden. Unmenschlich und weltfremd ist die Vorstellung, Menschen müßten fortgesetzt in politische Konflikte eingespannt werden. Diese totale Politisierung erzeugt weder glückliche Menschen noch gute Entscheidungen.

Einen Eindruck dessen, was bei einer Kommunikation aller mit allen entstehen kann, lieferte das Fernseh-Magazin »DIREKT«, in dem Jugendliche einem Millionenpublikum ihre Entrüstung über die angeblichen Torturen der Lehrlingsexistenz in unserem verfluchten »kapitalistischen« System weitgehend ungeprüft ins Gesicht schrien. Von diesen Millionen Konsumenten haben die meisten Aversionsreste gegen Lehrer und Meister und werden damit gegen das angeblich unmenschliche »kapitalistische« System manipuliert.

Die Verantwortlichen für diese Sendereihe haben offensichtlich keinen Zweifel daran, daß Eltern, Lehrer und Meister in anderen politischen Systemen nie überarbeitet, müde oder irrend sind und dort auch unbegrenzte Mittel für Komfort zur Verfügung stehen. Sie denken wohl auch nicht daran, daß Voraussetzung der Zusammenarbeit erbrachte Leistungen sind, nicht aber Forderungen an eine »Gesellschaft«, in die man noch nicht viel eingebracht hat. Daß nach solchen Anklagen die Bereitschaft vieler Betriebe zur Ausbildung von Lehrlingen abnimmt, ist offensichtlich. (Damit soll nicht ausgeschlossen werden, daß die Lehrlingsausbildung manchenorts kritikwürdig ist.)

Erfreulich ist die zunehmende Tendenz, allgemein interessierende Probleme öffentlich, vor allem im Fernsehen, zu diskutieren. Dies führt zweifellos zu einer verstärkten Teilnahme der Bürger am politischen Leben.

Wenn aber vorgeschlagen wird, durch eine sogenannte »Computer-Demokratie« die »öffentliche Meinung« momentan zu ermitteln und danach Entscheidungen zu treffen, dann müssen stärkste Bedenken angemeldet werden:

1. Diese »Computer-Demokratie« wird eine Pseudo-Demokra-

tie von Minoritäten sein, die Zeit und Lust haben, dieses Spiel mitzumachen. Überspielt werden die Belange derjenigen, die durch ihren Fleiß unseren Wohlstand begründen. Glaubt jemand im Ernst, bei diesem pseudodemokratischen Spiel könnten Überbeschäftigte, Introvertierte, Kranke und Alte repräsentativ beteiligt werden? Man weiß ja: Eine winzige Minderheit schreibt die meisten Leserbriefe. Ähnlich wird es bei der »Computer-Demokratie« sein: Eine winzige Minderheit wird durch hektische Geschäftigkeit eine »öffentliche Meinung« vortäuschen, die keine demokratische Legitimation hat.

2. Bereits Geschäftsordnung, Fragenformulierung und Sprachgebrauch eröffnen enorme Möglichkeiten der Manipulation. Mit dem Computer kann wirkungsvoller gemauschelt werden als ohne ihn. Aber nur wenige sind imstande, die Mauscheleien der »Computer-Demokratie« zu durchschauen.
3. Durch die Anonymität geht eine wesentliche Komponente des Entscheidens verloren: die Verantwortung. Wer sein Verhalten im Zusammenhang verantworten muß, entscheidet anders als die anonyme Testperson, deren Meinung neben vielen anderen in das Ergebnis eingeflossen ist.

Eine solche »Computer-Demokratie« geht in eine ähnliche Richtung wie das grundgesetzwidrige »imperative Mandat«, durch das gewählte Parlamentarier unter den Druck einer momentan provozierten »öffentlichen Meinung« gesetzt werden.

Die Mängel der repräsentativen Demokratie wurden durch einige Skandale deutlich. Die Mängel der »Computer-Demokratie« sind aber noch viel größer: Hier werden Demagogen prämiiert.

Deshalb plädiere ich trotz aller unbestreitbaren Mängel für die gegenwärtig praktizierte repräsentative Demokratie mit Abgeordneten, von denen erwartet wird, daß sie ihrem Gewissen verpflichtet sind.

In den Massenmedien können Politiker vor der Öffentlichkeit streiten, um – ähnlich wie antike Helden – Überlegenheit zu beweisen.

So forderte beispielsweise Erhard Eppler den Ministerpräsidenten Filbinger auf, ihm öffentlich »Rede und Antwort« zu stehen[11]. Aber ein solcher öffentlicher Kampf ist sinnlos: Er zeigt zwar, wer vordergründig eloquenter und telegener ist, aber er zeigt keine politischen Qualitäten.

Hätte beispielsweise Dieter Hildebrand einen solchen Fernsehkampf gegen Theodor Heuss veranstaltet, dann wäre vermutlich Theodor Heuss zweiter Sieger geblieben: Aber als Bundespräsident war er mir lieber.

Deshalb sind solche Kämpfe nicht nur wegen des Verschleißes respektabler Politiker abzulehnen, sondern auch wegen der öffentlichen Irreführung.

Da es der Beruf der Kommunikatoren ist, Aspekte unserer Welt für viele Konsumenten in Wort und Bild darzustellen, sind ihre Bewertungen interessant: Was wird ausgewählt, wie wird es dargestellt, welche Assoziationen werden erzeugt und welche ausgeschlossen? Die Antworten auf diese Fragen sind zwangsläufig ideologisch (in dem unpolemischen Sinne, wie ihn vor allem E. Lemberg benutzt [12]).

Viele Kommunikatoren gehen von ähnlichen Werten, Zielen und Denkmodellen aus wie die meisten anderen Menschen unseres Volkes und manche kämpfen vorbildlich gegen deren Verfälschung. Aber es ist auch nicht zu übersehen, daß manche Kommunikatoren einseitigen Bekenntnisjournalismus betreiben.

Diese ideologische Distanz hat wohl mehrere miteinander zusammenhängende Ursachen:

- Erstens die Herkunft mancher Kommunikatoren: Sie wurden vielfach beim Studium akademischer Modefächer frustriert und müssen ihre Frustration loswerden.
- Zweitens der große Abstand von der Wirklichkeit und der Verantwortung für ihre Gestaltung.
- Drittens die informationstheoretischen Gesetzlichkeiten, nach denen sozial angepaßtes Verhalten kommunikativ unergiebig ist.
- Viertens das kommunikativ so simple Werkzeug marxistischen Weltverständnisses.
- Fünftens die gegenseitige Selbstbestätigung. Diese wird sich durch die »Demokratisierung« der Redaktionen weiter verstärken.
- Sechstens das Fehlen angemessener kritischer Instanzen gegenüber den Institutionen der Massenkommunikation.

Schockierend ist der in den Medien vielfach bestehende Mangel an Sachkenntnis. Da fielen beispielsweise mehrere respektable Zeitungen und Fernsehanstalten auf die »Entdeckung« eines Herrn Peters herein, der bemerkte, daß die kartografischen Abbildungen der Erdoberfläche verzerrt sind und damit wohl Manipulationen beabsichtigt seien. Was Peters vorbrachte, lernen aber Studenten im ersten Semester, nämlich daß man die Oberfläche einer Kugel nicht verzerrungsfrei auf eine Ebene abbilden kann und deshalb jede Erdkarte Verzerrungen enthält.

Ähnlich ignorant ist H. M. Enzensbergers Vorwurf [13], der Grundwiderspruch zwischen herrschender und beherrschter Klasse verhindere in unserem angeblich »kapitalistischen« System, daß jeder Besitzer eines Transistor-Radios mit diesem auch senden dürfe. Studenten im ersten Semester wissen, daß die Sendefrequenzen beschränkt sind und sich sogar Sendeanstalten einschränken müssen. Politisch weniger Beschränkte wissen, daß auch in »sozialistischen« Ländern nicht jeder Besitzer eines Transistor-Radios senden darf.

Sofort widerlegbarer Unsinn ist relativ ungefährlich. Gefährlicher ist der Unsinn, der im Namen der Futurologie über die Zukunft behauptet wird. So wenig diese tatsächlich zur Früherkennung oder Lösung unserer Probleme beigetragen hat, so anspruchsvoll tritt sie publizistisch auf. Futurologie wurde bei uns zum Trick, auch Unseriöses profitabel zu verbreiten.

Über den Umweltschutz wurde lange vor ihrer oberflächlichen Ausbeutung durch Futurologen von Sachverständigen Richtiges und Wichtiges gesagt, bei der Energieversorgung war es nicht anders und in der Bildungspolitik wurde durch Futurologen mehr Unheil angerichtet als abgewandt. Fragt man nach den Gründen für den Niedergang unseres einst hochwertigen und international anerkannten Bildungswesens, so stößt man vor allem auf die futurologische Mißdeutung einiger aktueller Begriffe wie Demokratisierung, Bürgerrecht auf Bildung, Chancengleichheit usw.

Gefährlich sind vor allem Zukunftsentwürfe, die das Ende des liberalen Zusammenlebens voraussagen und die zentralgesteuerte Staats- und Gesellschaftsform als die einzig denkbare für die Zukunft vorstellen. Wie kann man Menschen noch dazu bringen, sich für liberales Zusammenleben zu engagieren, wenn dies doch eine absterbende Kulturform ist?

Man sollte umgekehrt zeigen, daß dies die einzige Kulturform ist, für die sich der Einsatz denkender Menschen überhaupt lohnt.

Eine interessante Erfahrung der Systemforschung ist, daß komplexe Systeme sich oft »gegenintuitiv« verhalten. Beispielsweise zeigte sich bei komplexen sozialen oder wirtschaftlichen Problemen, wie z. B. Bevölkerungswachstum, Stadtsanierung usw., daß Maßnahmen, mit denen man bestimmte Mängel zu beseitigen hoffte, die Mängel tatsächlich verstärkten. Ein typisches Beispiel hierfür ist die Slum-Sanierung, von der man heutzutage weiß, daß sie zum weiteren sozialen Abstieg der Slums führt.

In unseren Massenmedien wirkt ein verhängnisvoller Steuerungseffekt: Von den Konsumenten bevorzugt werden Produktionen, welche intuitive Meinungen bestätigen, deshalb werden solche auch bevorzugt produziert. Gegenintuitive – möglicherweise bessere – Informationen werden aber ständig benachteiligt. Wohl das verhängnisvollste Beispiel hierfür ist das sozialistische Vorurteil:

NACH ENTEIGNUNG DER WIRTSCHAFTLICH ERFOLGREICHEN GEHT ES ALLEN BESSER.

Gegen dieses intuitive Vorurteil ist in hoffnungslosem Nachteil die vielfach belegbare gegenintuitive Einsicht:

NACH ENTEIGNUNG DER WIRTSCHAFTLICH ERFOLGREICHEN GEHT ES ALLEN SCHLECHTER.

In den Medien gibt es möglicherweise weniger unabhängige Meinungen, als vielfach angenommen wird. Hier bilden sich Geflechte gegenseitiger Bestätigung, in denen die Wahrheitssuche durch gegenseitige Handwaschung ersetzt wird. Helmut Schoeck spricht[14] von einem »linken Medienverbund« und seinem Marsch auf die »realdemokratische Gesellschaft«. Hier besteht ein riesiges Netz ideologischer Meinungsmache, in das unser Volk verfangen ist. Dieses ideologische Netz erscheint mir gefährlicher als die vieldiskutierte wirtschaftliche Verflechtung des Pressewesens.

Hier gibt es auch die groteske Erscheinung, die man als »Progressive Starrheit« bezeichnen könnte: Nachdem die orientierungslose »Progressivität« in unseren Medien jahrelang vorherrschte, trocknet sie nun auf ein beschränktes Repertoire gleichbleibender Vokabeln und Verheißungen ein. So unglaubwürdig diese auch wurden, so stur beherrschen sie immer noch manche Redaktionen. Hier wird ein Denkstil konserviert, der von dem Anspruch lebt, fortschrittlich zu sein, tatsächlich aber nur noch ein starrer Ritus ist.

Daß Technik kein Selbstzweck ist, sondern der menschlichen Existenz dienen muß, hat die Technokratie-Diskussion der letzten Jahre bewußt gemacht. Daß die Kommunikation eine ähnliche Verantwortung trägt, wurde aber bisher noch nicht bewußt, hier fehlt die unabhängige und öffentlich wirksame kritische Instanz.

Für Zeitungen fällt täglich am Kiosk die demokratische Entscheidung: Wollen Menschen für diese Informationen Geld ausgeben? Wenn es einer Ideologie nicht gelingt, ihre Zeitungen am Leben zu erhalten, dann ist damit auch fehlende Zustimmung konstatiert. Es wäre unerträglich, wenn die von der Öffentlichkeit nicht angenommene Ideologie staatlich subventioniert würde.

Kommunikatoren sollten für die Auswahl und Darstellung ihrer Themen möglichst viel Freiheit haben. Aber die Forderung nach totaler Freiheit ist unerfüllbar, sie kann nach Ansicht kompetenter Juristen auch aus dem Grundgesetz nicht abgeleitet werden und ist in keinem vorstellbaren politischen System zu verwirklichen.

Unter der Devise »Meinungsfreiheit« oder »Innere Pressefreiheit« wird mindestens teilweise eine solche Forderung erhoben – was keinem anderen zusteht, beanspruchen manche Kommunikatoren: Soziale Wirkung ohne Rücksicht auf soziale Bedingungen. Aber Kommunikation kann so wenig wie ein Schiff nach einer Orientierungsmarke segeln, die an den eigenen Mast genagelt ist.

Kurt Biedenkopf sagte [15]:

»Im Ergebnis führt die Demokratisierung der Binnenstruktur mächtiger Einheiten zu ihrer Unkontrollierbarkeit mit externen Mitteln.«

Er stellte auch die Frage, ob wir von der Demokratisierung der Binnenstruktur erwarten dürfen, daß jetzt gewissermaßen in sich das Allgemeinwohl reproduziert wird?

Trotz mancher bekannter Einwände ist der Einfluß durch die tägliche Entscheidung vieler Konsumenten – besonders bei den Papiermedien – besser und demokratischer als die Steuerung durch die behauptete höhere Einsicht von Minderheiten: Die Unabhängigkeit der Presse ist garantiert durch die Zustimmung der Leserschaft und den darauf beruhenden wirtschaftlichen Erfolg und durch die Konkurrenz vielfältigen Angebots. Diese Vielfalt gegen die Bedrohungen vor allem aus dem wirtschaftlichen Bereich zu verteidigen, ist der wichtigste Beitrag zur Erhaltung der Pressefreiheit.

Hiermit werden aber Regelungen der inneren Pressefreiheit nicht überflüssig: Hier braucht es mehr als moralische Appelle – aber weniger als totale Reglementierung.

Dies sei ganz deutlich gesagt: Kommunikation ist nicht Selbstzweck, vielmehr ein Mittel zum Zweck der menschlichen Existenz. Wo dieser Zweck verfehlt wird, beispielsweise zur offenen oder verhüllten Machtausübung, da muß das Mittel kontrolliert werden.

Die politischen Veränderungen des letzten Jahrzehnts wurden großenteils dadurch bewirkt, daß bestimmte Probleme in der Öffentlichkeit immer wieder hochgespielt und einseitig behandelt wurden.

Hier ereignete sich auch der »semantische Betrug«: Sprachliche Codes werden ihrer vereinbarten Bedeutung entkleidet und irreführend anders verwendet.

Orwell nennt dies »Neusprech« in seinem Roman »1984«[16]. So wird bei Orwell beispielsweise das Wort »Freiheit« durch das Wahrheitsministerium mit den Merkmalen des Wortes »Sklaverei« gefüllt und alle jubeln dann der Sklaverei zu, weil sie »Freiheit« genannt wird. Ähnlich werden bei uns gegenwärtig viele Wörter – vorläufig noch ohne Wahrheitsministerium – in »Neusprech« transferiert.

Auf die »Neusprech«-Bedeutung des Wortes »kritisch« habe ich in dem Buche »Kurskorrektur«[17] hingewiesen, es hat neuerdings mit rationaler Auseinandersetzung nicht mehr viel zu tun, es bedeutet neuerdings etwa »systemüberwindend«.

Einen ähnlichen Bedeutungswandel macht gegenwärtig das Wort »Demokratisierung« durch. Seine neuerliche Bedeutung ist: Jeder redet jedem drein, die menschliche Autonomie und die Wirksamkeit der Organisation sinkt, aber die Macht der Funktionäre steigt.

Dieser semantische Betrug ist gefährlich, weil er ohne gewaltsame Revolution das Denken und Verhalten so verändert, wie die Betrüger planen. Vor allem wird jeder denunziert, der nicht in das Klischee der Betrüger paßt.

Die öffentliche Auseinandersetzung leidet darunter, daß vermeintlich »progressive« Vokabeln und Verheißungen vorherrschen, diese aber nur selten oder nie auf ihren Gehalt abgeklopft werden. Man sollte mit diesen trojanischen Pferden weniger zimperlich umgehen und immer wieder solche Fragen stellen:

- Wie sozial ist eigentlich der »Sozialismus«?
- Sind Funktionäre gemeinnütziger als Unternehmer?
- Wo gibt es denn eine »herrschaftsfreie Gesellschaft«?
- Kann ein Staat auf »Recht und Ordnung« verzichten?
- Wodurch unterscheidet sich Liberalität und Immoralität?

Ich erhielt auch noch keine Antworten auf meine vielfach öffentlich gestellten Fragen:

- Wodurch unterscheidet sich konkret die von den »Systemüberwindern« angestrebte Gesellschafts- und Wirtschaftsform von derjenigen, die im anderen Teil unseres Landes herrscht und vor der Tausende unserer Landsleute unter Lebensgefahr fliehen?
- Welche Beweise haben sie dafür, daß Funktionäre in unserem Lande (in dem Auschwitz möglich war) liberaler und humaner sein werden als Funktionäre in »sozialistischen« Ländern und bei uns nicht auch andersdenkende Minderheiten im Gefängnis, Irrenhaus oder Konzentrationslager enden?
- Welche Sicherheit haben wir dafür, daß sie (entgegen allen bisherigen Erfahrungen) keine Erziehungsdiktatur errichten werden und das Bildungswesen und die Massenkommunikation zur unkontrollierten Manipulation mißbrauchen?
- Wird es – wenn man dieser Systemveränderung gefolgt ist – noch irgendeinen Weg zurück in ein nicht sozialistisches System geben oder sind wir dann – ähnlich der Tschechoslowakei – in eine Falle geraten, aus der es kein Entrinnen mehr gibt?

Diese Beispiele zeigen, daß es allgemein interessierende politische Fragen gibt, die in den Medien kaum untersucht werden, obwohl sie auf das stärkste Interesse der Öffentlichkeit stoßen würden.

6. Technischer und menschlicher Fortschritt

Der bei uns jetzt übliche Wohlstand läßt vergessen, in welch armseligen Verhältnissen Menschen die längste Zeit ihrer Geschichte gelebt haben: Mangel an Nahrung, Kleidung und Schutz vor Naturgewalten war normal und wurde erst im letzten Jahrhundert und nur in wenigen Ländern dieser Erde überwunden.

In den Industriegesellschaften kennen jetzt die meisten überhaupt nicht mehr den Mangel und die Schutzlosigkeit, die noch vor kurzem die tägliche Erfahrung der meisten war.

Durch gesteigerte landwirtschaftliche Erträge, verbesserte Transport- und Konservierungsmethoden können jetzt viel mehr Menschen als einst auf unserer Erde ernährt werden; durch Heizungs-, Kühlungs- und Lichttechnik wurde der bewohnbare Bereich unserer Erde beträchtlich erweitert.

Darüber hinaus stehen den Menschen neuerdings beinahe unbegrenzte Energien zur Verfügung: Mußten sie einst schwere körperliche Arbeit leisten, um im Schweiße ihres Angesichts ihr Brot zu essen, so stehen ihnen neuerdings beinahe unbegrenzte Energien auf Knopfdruck zur Verfügung.

Durch Fortschritte der medizinischen Wissenschaft und Technik wuchs die Lebenserwartung. Erinnert sei hier vor allem an die moderne Hygiene, Antibiotika, Röntgenstrahlen und Prothesen aller Art.

Der Erlebnishorizont des Menschen erweiterte sich durch die Bequemlichkeit des Reisens mit Eisenbahn, Auto, Schiff und Flugzeug, ferner durch elektronisch in Bild und Ton präsentierte Informationen.

Durch Computer und Datenbanken werden erheblich gesteigert die Möglichkeiten, Erfahrungen zu verknüpfen und Entwürfe zu simulieren.

Dieser vielfältige technische Fortschritt entstand dort, wo die Erfinderkraft einzelner mit dem Fleiß vieler und einem liberalen Wirtschaftssystem zusammentrafen.

Beim technischen Fortschritt denkt man weniger an die quantitative Vervielfachung existierender oder bekannter Produkte und Leistungen, mehr an die Neuschöpfung bisher unbekannter Produkte und Leistungen. Der qualitative Fortschritt beruht auf der Entdeckung neuer Zusammenhänge, Erfindung neuer Anordnungen und Verfahren, Organisation neuer Produktions- und Betriebsformen usw. Sein eigentliches Wesen ist der Aufbau neuer Strukturen, also letztendlich Information, Wissen, Know-how.

Deshalb ist Voraussetzung des technischen Fortschritts die Kreativität, die Erzeugung und Auswahl neuer, wertvoller Information [1]. Hierbei wird gelegentlich unterschieden zwischen der »Invention«, die sich noch nicht durchgesetzt hat und der »Innovation«, die sich durchgesetzt hat.

Man darf dies nicht übersehen: entscheidende Leistung der Kreativität ist nicht die Erzeugung von Information, vielmehr deren Auswahl. Aber die Auswahl ist zwangsläufig abhängig von subjektiven, wertenden Maßstäben.

Die Ziele der technischen Entwicklung erwachsen bei uns aus einem komplexen Zusammenspiel von politischen Entscheidungen, sozialen Bedürfnissen und spontaner technischer Kreativität.

Die sozialen Bedürfnisse zeigen sich in unserem liberalen System vor allem an den Bedingungen des Marktes.

Als Ziele der Innovationen vom Standpunkt der Betriebswirtschaft nannte H. Blohm [2]:

Sicherung der wirtschaftlichen Ergebnisse, der Arbeitsplätze und der Marktposition, Verzinsung des Eigenkapitals, Kreditwürdigkeit, Maximierung des Gewinns, Pflege des öffentlichen Ansehens, des fortschreitenden Wissens und Könnens, Einführung von Neuerungen und Minimierung der Überraschungsmöglichkeiten.

Unter diesen Zielen findet sich die Umwelterhaltung nicht: Für sie müssen äußere Bedingungen geschaffen werden. Hierzu gibt es im Rahmen der Sozialen Marktwirtschaft und ihrer Weiterentwicklung viele Möglichkeiten, so vor allem das »Verursacherprinzip« (Siehe hierzu Kapitel 7).

Der technische Fortschritt und die technische Produktion hängen von sozialen und wirtschaftlichen Voraussetzungen ab. In der »Technostruktur« werden so unterschiedliche Funktionen wie Grundlagenforschung, Zweckforschung, Entwicklung, Konstruktion, Produktion, Vertrieb und übergeordnetes Management zusammengefaßt, durch diese Struktur wird aus vielen Organen ein Organismus.

Der technische Fortschritt und die technische Produktion setzen menschliche Leistungen voraus: von der theoretischen, kreativen Leistung über die praktische, körperliche Arbeit bis hin zur organisatorischen Leistung der Verantwortlichen.

Die Beurteilung der verschiedenen Leistungen – vor allem im Hinblick auf die Entlohnung – ist höchst problematisch[3].

Von Gewerkschaftsseite wird darauf hingewiesen, daß das Leistungsprinzip unvollkommen, manchmal auch ungerecht sei – die Voraussetzungen des Berufsaufstiegs und der Möglichkeiten kreativen Handelns, die Abhängigkeiten von Vorgesetzten und Sachzwängen verfälschen die persönlichen Chancen. Ferner sind verschiedene Leistungen bei der arbeitsteiligen Produktion schwer vergleichbar.

Andererseits ist aber sicher, daß es keine annehmbare Alternative zum Leistungsprinzip gibt, daß dieses mehr Chancengleichheit und mehr Wohlstand als alle anderen Maßstäbe schafft. Das Leistungsprinzip ist das angemessene Prinzip der Entlohnung und des Aufstiegs in einer demokratischen Gesellschaft.

Voraussetzung des technischen Fortschritts sind vor allem Motivation, Sachkenntnis, Phantasie und konstruktives Denken, kurzum: Kreativität. Die Vorstellung, aus Kapital und Arbeit entstünden technischer Fortschritt, Produktivität und Wohlstand, verwirrt zwar seit K. Marx die politische Auseinandersetzung, sie hat aber mit der Realität wenig zu tun. Im Zweifelsfalle bringe man einige tausend Arbeiter und entsprechendes Kapital zusammen: hieraus entsteht weder technischer Fortschritt, noch Produktion, noch Wohlstand.

Man nehme dagegen eine Gruppe kreativer Ingenieure und Manager – sie werden Kapital und Arbeit besorgen und technischen Fortschritt, Produktion und Wohlstand erzeugen.

Die oberflächliche Polarisierung von Kapital und Arbeit ist eine ideologische Irreführung, sie übersieht den grundlegenden Beitrag des »Geistkapitals[4]« als zielsetzendes, systembildendes und unternehmerisches Element, das intellektuelle Kräfte aktiviert und das Wollen durch das Können realisiert.

Diese Sicht wird bestätigt durch die zunehmende Zahl von »Geistfirmen«, z. B. auf dem Gebiet der Beratung, der Unternehmensführung, der Projektierung, der elektronischen Datenverarbeitung, all der Dienstleistungen, die Mitwissen, Mitdenken, Mitwirken, Mitverdienen und Mitbesitzen zwangsläufig auslösen.

Aus dieser Sicht ist es auch selbstverständlich, daß ein Gesamtsystem dann nicht gut funktionieren kann, wenn das eine Element, z. B. Kapital oder Arbeit stranguliert wird: Alle Organe müssen funktionsfähig sein, wenn der Organismus seine Aufgabe erfüllen soll, nämlich Fortschritt, Produktion und Wohlstand zu erzeugen.

Marxistischem Denken mißlingt hier wie anderswo das Verständnis komplexer Sachverhalte, es ist eine Verführung zur Simplifikation, die Kreativität erstickt.

Der technische Fortschritt besteht darin, daß im fortgeschritteneren Zustand nicht nur die früheren Leistungen erbracht werden können, sondern darüber hinaus auch noch zusätzliche Leistungen. Er ist also keine bestreitbare Fiktion, sondern die Vermehrung registrierbarer Vermögen.

Er kann deshalb auch klar bestimmt werden: Wer z. B. Satelliten in eine Umlaufbahn schießen kann, ist nach technischen Maßstäben weiter fortgeschritten, als wer dies nicht kann; ebenso, wer z. B. einen Computer bauen kann.

Die Bewertung dieses technischen Fortschritts hat sich in den letzten Jahrzehnten radikal verändert. Er erschien einst uneingeschränkt als wünschenswert, konnte man doch mit weniger Anstrengung mehr und besser produzieren und brauchte z. B. keine Tretmühlen und keine Kinderarbeit mehr.

Neuerdings hat sich aber die uneingeschränkt positive Beurteilung des technischen Fortschritts drastisch verändert: Stieß man doch auf schwer lösbare Probleme als Folge des technischen Fortschritts, von denen einige im folgenden kurz diskutiert werden sollen.

Die Umweltzerstörung ist gegenwärtig besonders aktuell: Unsere Atemluft wird immer stärker verschmutzt, vor allem durch die Abgase des Hausbrands, des Verkehrs, der Industrie, der Kraftwerke usw., Ruß, Flugasche und den hierdurch möglicherweise entstehenden Smog.

Der Wasserbedarf dichtbesiedelter Ballungsräume kann nicht mehr aus dem Grundwasser gedeckt werden, man geht vielfach auf minderwertiges Oberflächenwasser über. Dieses ist oft durch Haushaltabwässer, Industrieabwässer und Öl verschmutzt. Flüsse und Seen geraten aus dem biologischen Gleichgewicht und verwandeln sich in eine sauerstoffarme Algenbrühe.

Die Beseitigung der zunehmenden Mengen von Müll wird immer schwieriger. Soll man den Müll irgendwo deponieren, verbrennen (wobei schädliche Abgase entstehen) oder im Meer versenken (wodurch Meerestiere und -pflanzen geschädigt werden)?

Unter den vielen Verunreinigungen unserer Umwelt müssen die »Pestizide« ausdrücklich erwähnt werden, die zur Bekämpfung tierischer und pflanzlicher Schädlinge benutzt werden.

Weiter ist zu erinnern an die radioaktive Verseuchung unserer Umwelt, die Erbschäden bei Mensch und Tier erzeugen kann; ferner die Belästigung durch Industrie- und Verkehrslärm usw.

Der Umweltschutz wurde in den letzten Jahren durch die Bemühungen von Staat, Wirtschaft und Wissenschaft beträchtlich verbessert, aber er ist sicher nie endgültig »gelöst« – der Umweltschutz ist eine bleibende Aufgabe, die große Teile unseres Sozialprodukts verschlingen wird und eine leistungsfähige Wirtschaft und Wissenschaft voraussetzt.

Er bedarf auch der ständigen Mitarbeit der Bevölkerung, er kann nicht allein »zuständigen Instanzen« überlassen sein, die Vielzahl der wechselnden Probleme und Orte überschreitet alle Kompetenzgrenzen.

Diese gemeinsamen Anstrengungen dürfen nicht durch Sensationsmache und verkappte politische Absichten in Mißkredit gebracht werden: Der Umweltschutz darf nicht zur Systemveränderung umfunktioniert werden.

Viele Schäden durch die Technik werden besonders deutlich an unseren Städten und ihrem Verkehr. Allein in der Bundesrepublik Deutschland gibt es jährlich annähernd zwanzigtausend Tote und etwa eine halbe Million Verletzte, dazu Sachschäden in Milliardenhöhe. Es ist eine Illusion zu glauben, man könnte das Straßenwesen bauen, das bei ungehemmter Zunahme der Kraftfahrzeuge in zehn oder zwanzig Jahren gebraucht wird. Dies überfordert nicht nur die Finanzkraft unseres Landes, sondern auch seine räumlichen Möglichkeiten, besonders die der Städte.

Man sagt, unsere Städte sterben durch das Auto: durch unmittelbare Gefahren des Verkehrs, Verzerrung des Wohngefüges, Abgase, Lärm und Autowracks.

Die Frage ist: Wie können Städte gebaut werden, so daß die in ihnen lebenden Menschen nicht nur Schutz vor Naturgewalten finden, sondern auch frische Luft, Licht und Sonne haben, sich bewegen können, ernährt werden, nicht im Unrat verkommen, an menschlichen Kontakten und am kulturellen Leben teilhaben?

Vorläufig gibt es zwar viele phantastische Entwürfe für die Städte der Zukunft, es gibt aber bisher wenig realisierbare und befriedigende Konzepte. Was in den letzten Jahren an neuen Städten (hier und anderswo) entstand, illustriert vorwiegend, wie man es in Zukunft nicht machen darf.

Ein spezieller Gesichtspunkt wird bei vielen Planungen übersehen: Sie unterstellen die ungefährdete Versorgung, z. B. mit Elektrizität usw. und entwickeln deshalb komplexe und störanfällige Wohnstrukturen. Aber möglicherweise wird das Leben in der Zukunft viele Störungen – von Naturkatastrophen bis zur Sabotage – in Kauf nehmen müssen.

Diese Kritik soll nicht als ein Vorwurf gegen die Stadtplaner verstanden werden, vielmehr als Feststellung unseres gemeinsamen Versagens vor einem außerordentlich komplizierten Problem, dessen Lösung die Wohlfahrt unserer Kinder und Enkel bestimmt.

Die Organisation zukünftiger Städte zeigt ganz deutlich, daß die Fehlentwicklung nicht auf den bösen Willen irgendwelcher Menschen oder Gruppen zurückgeführt werden kann, daß vielmehr die Lösung dieser Probleme mit den bisher praktizierten Methoden nicht möglich ist. Deshalb ist Anstiftung zum Unfrieden kein Weg zur Lösung dieser Probleme.

Ein wichtiger Teilaspekt der technischen Entwicklung ist die Energieversorgung: Wie kann man die wachsenden Anforderungen an Energie (Steigerungsrate einst vier Prozent pro Jahr, neuerdings weniger), z. B. in Form von Elektrizität, Kohle, Benzin, Öl, Gas usw. befriedigen?

Vermutlich wird infolge der stark gestiegenen Preise der Verbrauch an Öl bis zum Jahre 2000 kaum mehr zunehmen, dagegen dürfte der Kohleverbrauch bei uns beträchtlich steigen. Die Energieversorgung durch Gas könnte neuen Auftrieb erhalten.

Neue Energiequellen werden (auch bei bescheidenen Erfolgschancen) untersucht, wie z. B. Sonnenenergie, Erdwärme, Gezeitenkraft usw. Ebenso untersucht man neue Formen des internationalen Energieaustauschs zwischen Ländern verschiedener Ressourcen.

Nicht ganz klar ist, in welchem Umfang die Kernenergie in den kommenden Jahrzehnten andere Formen der Primärenergie ersetzen wird. Schätzungen liegen bei etwa 15–20 Prozent des gesamten Energiebedarfs des Jahres 1985. Einerseits ermöglicht Kernenergie eine relativ saubere Versorgung, andererseits entstehen aber hohe Investitionskosten und Schwierigkeiten bei der Wärmeabfuhr.

Die Öffentlichkeit reagiert hier widersprüchlich: Einerseits erwartet sie, daß jederzeit beliebige Mengen Energie zur Verfügung stehen, andererseits opponiert man vielfach gegen die Schaffung der technischen Voraussetzungen der Energieversorgung, z. B. gegen den Bau von Atomkraftwerken.

Man bemüht sich, die Energieverluste bei der Verteilung und beim Verbraucher zu verringern, beispielsweise durch bessere Wärmeisolation im Hausbau oder durch Rückgewinnung der Abwasserwärme. Schließlich muß auch hier für sparsamen Verbrauch und bewußten Verzicht geworben werden.

Eine von der »Zeit« 1974 veranstaltete Diskussion zeigte die weitgreifenden sozialen, wirtschaftlichen und politischen Folgen der Energiekrise[5]. Einige wichtige Gedanken hieraus sind:

- Einige arabische Staaten, die bisher in der Weltpolitik so gut wie keine Rolle spielten, haben praktisch über Nacht Schlüsselstellungen eingenommen.
- Alle Experten stellen heute die Frage, was die Araber mit den Dollarmilliarden anfangen werden, die ihnen jetzt zufließen.
- In Amerika haben wir ein Gesellschafts- und Wirtschaftssystem, das auf billige, bisher stets im Überfluß vorhandene

Energie gegründet ist. Plötzlich sind wir an eine Grenze gestoßen.

- Hier sehe ich die Gefahr voraus, daß sich eine immer größere Kluft auftut, weil Energie in Europa und Japan doppelt so teuer sein wird wie in den USA.
- Im übrigen wird Europa in Zukunft stärker als die USA auf Kernenergie angewiesen sein, so wie es heute aufs (importierte) Öl angewiesen ist.
- Kernenergie . . . wird auf lange Sicht ein Monopol der beiden Supermächte bleiben.
- Bisher galt als Faustregel, daß ein Wachstum des Sozialprodukts um ein Prozent mit einem um zwei Prozent höheren Energieeinsatz erkauft werden muß.
- (R. Dahrendorf): Als wir neue Verträge über die Uran-Anreicherung abschließen wollten, haben sich die Vereinigten Staaten uns gegenüber benommen wie die arabischen Länder beim Öl.
- Wir müssen unsere Wirtschaft angesichts der höheren Energiepreise umstrukturieren.
- (H. Schmidt): Das eigentliche Problem liegt darin, die Investitionsquote zu erhöhen und gleichzeitig die Erwartungen der Verbraucher zurückzuschrauben. Wie bekehren wir die Verbraucher zu der Einsicht, daß ihr Anteil am Kuchen einstweilen nicht größer, sondern kleiner wird?
- (H. Schmidt): Aber ich bezweifle, daß wir mit den Schwierigkeiten fertig werden, ohne daß wir dem Verhältnis der Menschen wie der Nationen zueinander ein neues Muster aufprägen. . .

  Die Preissteigerung für das importierte Öl wird die Entwicklungsländer zu Mehrausgaben zwingen, die der Gesamtsumme der Entwicklungshilfezahlungen aller Geberländer zusammen entsprechen. Es ist daher ganz klar, daß die Entwicklungsländer sehr viel mehr leiden werden als wir. Ihnen droht die größte Katastrophe . . . Außerdem wächst die Gefahr, daß die Regierungen immer stärker in den freien Waren- und Kapitalverkehr eingreifen werden. . . Es ist ganz klar, daß es in der jetzt abzusehenden Lage unmöglich sein wird, ein neues Weltwährungssystem zu schaffen, das auf festen Wechselkursen aufgebaut ist.

– (R. Dahrendorf): Ich bin vielmehr der Ansicht, daß wir jetzt an eine Schwelle kommen, an der wir unsere ganze Vernunft aufbieten müssen – nicht um das Automobil abzuschaffen und zum Fahrrad zurückzukehren, sondern um die vorhersehbaren Katastrophen mit aller Macht zu verhindern. . .
Und ich warne noch einmal davor: Lassen Sie uns nicht zur Mentalität des Rembrandt-Deutschen zurückkehren.

Unter den Schäden der Technik wird häufig die allgemeine Mobilität übersehen: Menschen müssen oft ihren Arbeitsplatz und ihren Wohnsitz wechseln und erleiden hierdurch psychische und soziale Schäden.

Vance Packard untersuchte »Die ruhelose Gesellschaft«[6] und fand: Viele Menschen leiden unter dem Gefühl, entwurzelt zu sein, in ständiger Anonymität zu leben und keine echte Heimat zu haben. Die Mobilität zerstört feste Bindungen zu Menschen, die unsere Sorgen teilen, auf die in der Not Verlaß ist, die wirkliche Freunde sind und die uns respektieren. Aber der einzelne braucht zu seinem Wohlbefinden Zugehörigkeitsgefühl.

Durch die gesteigerte Mobilität werden wir gewissermaßen ein Volk von Fremdlingen; man tut Dinge, die man normalerweise zuhause nicht tut, moralische Hemmungen lösen sich auf, der Egoismus setzt sich durch, man sucht den Nervenkitzel, wird nomadisch, anonym und »progressiv«. Zusammengehörigkeitsgefühl entwickelt sich nur noch selten und kurzfristig, beispielsweise bei Unfällen, Streitereien, Naturkatastrophen usw. Man scheut sich immer mehr, einander menschlich nahe zu kommen.

Unter den psychischen Schäden durch die Technik ist besonders bedenklich das, was Karl Marx als »Entfremdung« bezeichnete – die innere Distanz des arbeitenden Menschen von seinem Produkt. Die Rationalisierung zwang zur Zerlegung der Produktion in viele Arbeitsgänge. Dies setzt die Einhaltung von Normen und Einschränkungen des Verhaltens voraus; der Arbeiter weiß schließlich gar nicht mehr, wofür er diesen seinen Handgriff leistet, er kann sich mit dem Produkt nicht mehr identifizieren und hat schließlich auch kein Erfolgserlebnis mehr.

Versuche, diese Atomisierung der Produktion zu verringern, stecken noch in allerersten Anfängen, sie spielen vorläufig in der Publizistik eine größere Rolle als in der Arbeitswelt.

So schrieb beispielsweise das »HANDELSBLATT« am 28. August 1973:

»Das Zeitalter des Fließbands geht zu Ende. In der Autoindustrie sind VOLVO und FIAT bereits gezwungen, dem Mißmut der Fließbandarbeiter Rechnung zu tragen. Sie führen teilweise Gruppenarbeit ein und überwinden die Arbeitsmonotonie durch J. E. (Job Enrichment oder Arbeitsbereicherung).«

In den Niederungen der politischen Agitation wird dann apodiktisch behauptet »Profitstreben der Bosse verhindert noch immer humane Arbeitsplätze«. Diese Agitation lebt davon, daß bisher kein ernsthafter Versuch unternommen wurde, die Arbeitsbedingungen in den »sozialistischen« Ländern mit denen in den »kapitalistischen« Ländern zu vergleichen. Es spricht aber nichts dafür, daß die Arbeit am Fließband im »sozialistischen« Betrieb humaner wäre als im angeblich »kapitalistischen« Betrieb.

Wie weit die politische Agitation vielfach von der Wirklichkeit entfernt ist, zeigt eine neue Untersuchung eines Fachmanns für Betriebswirtschaftslehre.

G. Rühl analysierte die Stichhaltigkeit einiger häufig benutzter Behauptungen und sagte ausdrücklich[7]:

Falsch ist die Behauptung, die »Entfremdung« des Menschen müsse dadurch beseitigt werden, daß er ein volles Produkt herstellt.

Falsch ist die Behauptung, der arbeitende Mensch müsse selbst die Planung der von ihm auszuführenden Arbeit übernehmen.

Falsch ist die Behauptung, durch autonome Gruppen werden die Führungskräfte und schließlich die gesamte Hierarchie überflüssig.

Richtig ist aber, daß durch bewußte Anwendung der Arbeitsphysiologie, Arbeitspsychologie, Sicherheitstechnik und Organisationstheorie die Arbeitsplätze humanisiert werden können.

Die Lebensformen in den Industriegesellschaften engen den Bereich privater Intimität immer weiter ein durch Fragebogen, Überwachung, Karteien usw. Dieser unerfreuliche Trend wird durch die technische Entwicklung verstärkt, beispielsweise durch Abhörgeräte, Datenbanken, Massenkommunikation usw. Bewirkte einst die Langsamkeit und Schwierigkeit der Informationssammlung noch einen gewissen Schutz der Privatsphäre, so schwindet dieser mit den superschnellen elektronischen Methoden der Beobachtung und Informationsverarbeitung. Dazu kommen die häufig hemmungslosen Methoden der Massenkommunikation.

Konnte man einst hoffen, wie in einer Burg nach eigenem Geschmack leben zu können, so lebt man neuerdings eher wie in einem Aquarium, das leicht zu besichtigen ist.

Dieses Eindringen in den Privatbereich wird in Zukunft – wenn wir nicht sehr aufmerksam sind – nicht kleiner, sondern größer, und nur eine äußerst sorgfältige und verantwortungsbewußte Kontrolle kann sie in erträglichen Grenzen halten. Erste Anfänge dieses notwendigen Schutzes sind die gegenwärtig entstehenden Datenschutzgesetze.

Andere Kollisionen der Technik mit ihrem Zweck, nämlich der menschlichen Existenz, erwachsen aus den Eigengesetzlichkeiten der Massenmedien. (Hierzu 5. Kapitel.)

Die Kriegstechnik birgt die furchtbarsten Gefahren – die in der Gegenwart existierenden atomaren, biologischen und chemischen Waffen reichen aus, mehr Menschen zu töten als es überhaupt gibt: »Overkill.«

Es ist unwahrscheinlich, daß nicht irgendwann einmal ein gehöriges Quantum dieser Massenvernichtungsmittel – sei es nun durch Fahrlässigkeit oder durch böse Absicht – sein »eigentliches« Ziel erreicht.

Wie man solche Waffen herstellt, ist meist kein Geheimnis. Die erforderlichen Hilfsmittel sind häufig beschaffbar. Deshalb reichen staatliche Verträge immer weniger aus, um Terroristen an der Herstellung von Superwaffen zu hindern.

Aber auch die primitive Art, mit der Mitgliedstaaten der Vereinten Nationen ihre politischen Konflikte austragen, erzeugt kein Vertrauen, daß nicht irgendwann einmal ein Verrückter »reinen Tisch« machen wird. Geriete bei begrenzten Konflikten eine der kriegführenden Parteien in eine existenzbedrohende Notlage, dann wäre der Einsatz von Atomwaffen vermutlich die »letzte Rettung« und möglicherweise der Anfang des dritten Weltkriegs.

Dieses Mißverhältnis zwischen der ungeheuren Zerstörungsgewalt der Kriegstechnik und dem vielfach unkontrollierten politischen Verhalten ist wohl die stärkste Bedrohung der menschlichen Kultur. Das Problem ist: Wie können politische Konflikte gewaltfrei gelöst werden?

Hierbei sollten wir nicht nur an die bisher üblichen Konfliktursachen denken, sondern auch an die viel elementareren, die in den nächsten Jahrzehnten aus den weltweiten Kämpfen um die versiegenden Rohstoffe und Energiequellen entstehen und möglicherweise zu einer Re-Barbarisierung des internationalen Zusammenlebens führen werden.

Der technische Fortschritt ist relativ eindeutig zu erklären, manchmal sogar zu quantifizieren.

Viel problematischer ist die Erklärung dessen, was man in diesem Zusammenhang als »menschlichen Fortschritt« bezeichnen kann. Er hängt letztlich von Wertungen ab, die in verschiedenen Kulturen und Gesellschaftssystemen unterschiedlich sind und über die nicht wertfrei argumentiert werden kann.

Manche stellen z. B. die Freiheit über die Gleichheit, andere die Gleichheit über die Freiheit. Wie schwer, ja geradezu unmöglich es aber ist, für die zukünftige Entwicklung der menschlichen Art aus der aktuellen Situation heraus Orientierungen zu setzen, gewissermaßen eine neue Ethik zu konstruieren, zeigt nicht nur die Vielzahl widersprüchlicher politischer Programme, sondern das (auch jetzt noch aktuelle) »CIBA-Symposium« London 1962[8], in dem 27 der prominentesten Biologen, Psychologen und Soziologen, darunter sechs Nobelpreisträger, über die Zukunft der menschlichen Art diskutierten und hierbei fast nur Widersprüche, aber kaum Übereinstimmung fanden.

Während der technische Fortschritt unterschiedlicher Gesellschaftsordnungen konvergiert (die Sachzwänge der modernen Technostruktur führen in allen Gesellschaftsordnungen zu ähnlichen Erscheinungsformen), zeigt sich bei den Maßstäben des menschlichen Fortschritts keine vergleichbare Konvergenz.

Jenseits dieser bisher unüberwindbaren ideologischen Gegensätze bleibt als übergreifendes Prinzip menschlichen Zusammenlebens nur etwa das, was man umgangssprachlich als Gerechtigkeit, Friedfertigkeit und Toleranz bezeichnet und was Kant mit seinem kategorischen Imperativ forderte: Daß jeder nur nach Grundsätzen handle, die er auch anderen zubilligt.

Dachte man hierbei einst vorwiegend an die Beziehungen zwischen Individuen, so muß man in unserer Zeit, in der Außenpolitik zur Welt-Innenpolitik wurde, auch an die Beziehungen zwischen Völkern denken.

»Fortschritt« gibt es vor allem als »technischen Fortschritt«: Hier wurde Wissen und Können im Laufe der Zeit angesammelt, jede Generation fügte ihre Erfahrungen hinzu und verloren ging nur wenig.

Diese Ansammelbarkeit naturwissenschaftlich-technischer Erfahrung beruht auf ihren einfachen Strukturen, welche eindeutigen Definitionen und Wiederholung erfolgreicher Verknüpfungen ermöglichen. So entstand ein geistiges Fundament, das immer höhere Konstruktionen trug.

Beim »menschlichen Fortschritt« ist es anders: Die einstige Hoffnung trog, der Mensch sei auf dem Weg zur Vollkommenheit des Zusammenlebens, Verstand und Vernunft mehrten sich wie ein kulturelles Erbe, zu dem jede Generation etwas beiträgt und keine etwas wegnimmt.

Tatsächlich wurden in unserer Zeit innere und äußere Konflikte in brutalster Form ausgetragen und alte Kulturvölker verfielen in finsterste Barbarei: Die Erben waren ärmer als ihre Väter. So zweifelt man jetzt, ob es überhaupt einen Fortschritt dieser Art gibt und vermutet, daß wir hier auf der Stelle treten.

Vor den »letzten Fragen« bleibt der Mensch immer derselbe, in jeder Generation werden dieselben Fragen gestellt und mit unseren heutigen Sinn-Problemen haben sich schon die Vorsokratiker herumgeschlagen.

Dieses Mißverhältnis zwischen dem immer schnelleren technischen Fortschritt und unserem Unvermögen seiner Bewältigung führt in eine beklemmende Situation: Dort gewissermaßen ein allmächtiger technischer Riese, hier ein hilfloses Kind, das diesen Riesen kontrollieren sollte, ihn aber weder versteht, noch ihm gewachsen ist. H. Thielicke sagte hierzu[9]:

»Der Mensch selbst ist sich ... unheimlich. Darum wächst auch die Angst vor sich selbst in dem Maße, wie die Technik es ihm ermöglicht, alle in ihm schlummernden heimlichen und unheimlichen Möglichkeiten zu entfalten. . .«

Die Unterscheidung zwischen menschlichem und technischem Fortschritt ist – genau betrachtet – viel schwieriger als zunächst angenommen werden könnte. Sie ist aber geeignet, zwei verbreitete Fehlhaltungen zu erkennen und zu überwinden:

Einerseits die technokratische Beschränktheit, die den technischen Fortschritt für einen Selbstzweck hält und seine menschlichen Folgen nicht beachtet. Je wirksamer die Technik aber wird, desto gefährlicher werden ihre Folgen und desto wichtiger ist ihre Kontrolle.

Andererseits die antitechnische Beschränktheit, die meint, unsere lebenswichtigen Probleme, z. B. Ernährung der hungernden Milliarden Menschen, Umweltschutz, Erhaltung des Friedens usw. könnten ohne Technik und gegen den technischen Fortschritt gelöst werden.

Die technokratische Beschränktheit ist teilweise ein Popanz der Gesellschaftskritik. Die frühesten Warnungen vor dem Mißbrauch der Technik stammen vielfach von Naturwissenschaftlern, Medizinern und Technikern, bei ihnen hat sich längst die Einsicht durchgesetzt, daß es Experimente und Konstruktionen gibt, die man nicht machen darf. Sie haben auch auf die Zerstörung der menschlichen Umwelt schon hingewiesen, als die Öffentlichkeit noch gar nicht ansprechbar war. Das, was manche Gesellschaftskritiker als »Technokrat« falsch diagnostizieren, ist tatsächlich eine Folge der Komplexität unserer Technostruktur bei der häufig – auch ohne moralische Gleichgültigkeit – kein menschliches Bewußtsein die Zusammenhänge zwischen technischem Handeln und menschlicher Wirkung erkennen kann.

Die antitechnische Beschränktheit vieler zeitgenössischer Gesellschaftskritiker ist gefährlicher. Diese setzen die Kulturhöhe des Menschen ein gegen die Vermutung, ohne Technik lebte der Mensch auch ohne Zwänge und Gefahren, sie träumen von der Rückkehr in ein Paradies, das es nie gab.

Eine sinnvolle Therapie der Schäden durch die Technik kann aber nicht in der Anklage der Technik bestehen, sondern nur in einer sachkundigen Analyse der technischen Entwicklung und ihrer Unterwerfung unter die Bedingungen der menschlichen Existenz. Die Kontrolle der Technik braucht nicht weniger, sondern mehr technischen Sachverstand.

Diese antitechnische Beschränktheit ignoriert vielfach auch die Endgültigkeit der Naturgesetze: Sie meint, man könnte diese

»transzendieren«, sie kennt nicht den Unterschied zwischen realisierbaren und nicht realisierbaren Entwürfen. Unverantwortlich ist vor allem, wenn sie das Mißtrauen der gutgläubigen Öffentlichkeit zur Maschinenstürmer-Gesinnung aufstachelt.

Diese antitechnischen Kritiker möchte ich fragen:

1. Wie wollen sie die sieben Milliarden Menschen des Jahres 2000 ohne technischen Fortschritt ernähren, ohne verbesserte Methoden des Ackerbaues, des Transports, der Konservierung usw.?
2. Wie wollen sie diese Milliarden ohne weltweite Kommunikation – einschließlich »heißem Draht« – zum friedlichen Zusammenleben bringen?
3. Glauben sie eigentlich, die Probleme des Umweltschutzes, besonders der Wiederverwendung, des »Recycling«, ohne weitere technische Fortschritte lösen zu können, wollen sie z. B. das Gebirge von Müll mit Beschwörungen beseitigen?
4. Wie wollen sie ohne Fortschritte bei der Geburtenbeschränkung – also technische Fortschritte – eine weitere Bevölkerungsexplosion mit ihren katastrophalen Folgen verhindern?
5. Wie wollen sie die Milliarden zu bedarfsdeckender Zusammenarbeit bringen ohne wirksame Entscheidungsstrukturen, die sie als »Herrschaftsstrukturen« denunzieren?
6. Glauben sie wirklich, daß ohne Technik Menschen »herrschaftsfrei« zusammenlebten?

Diese antitechnischen Kritiker machen glauben, der technische Fortschritt ginge auf Kosten der Menschlichkeit. Dies wird aber durch keine Erfahrung gestützt: Es gibt auch unter technisch Unterentwickelten Barbaren und es gibt Menschlichkeit zusammen mit technischen Höchstleistungen. Der technische Fortschritt hat noch keinen daran gehindert, ein Albert Schweitzer oder ein Martin Luther King zu werden. Die Verleihung des Friedensnobelpreises für die Züchtung ertragreicher Getreidesorten möge hier exemplarisch stehen für die Vielzahl technischer Leistungen, die menschliches Zusammenleben verbesserten.

Grotesk sind aber die hauptberuflichen Technikkritiker, die im Düsenflugzeug und City-Train von Tagung zu Tagung reisen und Rundfunk- und Fernsehprogramme mit ihren Anklagen gegen die verfluchte Technik füllen, die sie daran hindert, als Eremit in einer Höhle von Beeren und Wurzeln zu leben.

Einige bedenkenswerte kritische Bemerkungen zur technischen Entwicklung machte E. F. Schumacher[10].

Er wirft dem gegenwärtig üblichen Wirtschaftsdenken vor, bereits im Ansatz von Güterproduktion und Profitstreben auszugehen und deshalb den Weg zum Menschen nicht zu finden.

Er will die Technostruktur vom bedürftigen Menschen her, nicht aber vom Mangel an Gütern her strukturieren. Besonders im Hinblick auf die Entwicklungsländer geht er von der Frage aus: Wie kann ich diesen vielen armen Menschen zu einer besseren Verwendung ihrer Arbeitskraft verhelfen? Und kommt deshalb nicht zur Massenproduktion, sondern zur Produktion durch die Massen. Hierzu braucht man aber eine ganz andere Technik als diejenige, die zur Massenproduktion höchster Effizienz gebraucht wird. So begründet er die Notwendigkeit »mittlerer Technik« (»Intermediate Technology«) und fordert:

1. eine Wiederherstellung echt schöpferischer Arbeit durch Entwicklung einer vereinfachten, vermenschlichten Technik;
2. eine radikal vereinfachte Lebensweise;
3. die Anerkennung des Vorrangs des Biologischen;
4. die Entwicklung einer dezentralisierten Wirtschaftsstruktur mit vorwiegend kleinen Betrieben;
5. die weitgehende Selbstversorgung kleiner, kohärenter Gruppen.

Schumachers Überlegungen weisen in eine bedenkenswerte Richtung. Meine Kritik jedoch ist:

1. Man muß zwischen den Problemen der Entwicklungsländer und denen der Industrieländer unterscheiden. Ein und dieselbe Technostruktur ist nicht für alle zweckmäßig.
   Die Industrieländer haben eine technische Führungsfunktion, ohne welche die Entwicklungsländer nicht erhalten und entwickelt werden können. Die Industrieländer haben den Entwicklungsländern durch ihre Technik und besonders durch die populationsvermehrende Hygiene schwere Probleme gebracht und können sich nun vor deren Lösung nicht hinwegstehlen.
2. Es ist zweifelhaft, ob die Menschen der Industrieländer überhaupt bereit sind, die vorgeschlagene »radikal verein-

fachte Lebensweise« zu übernehmen. Diese kann wohl nur über eine Erziehungsdiktatur (die ich ablehne) erzwungen werden. (Damit sei aber Werbung für bewußten Konsumverzicht nicht ausgeschlossen.)

3. Kann durch »das Biologische« allein – also ohne Kunstdünger, rationalisierte Landwirtschaft und Konservierung – die Ernährung der gegenwärtig vier und im Jahre 2000 sieben Milliarden Menschen gesichert werden? Ist die absolute Forderung »Vorrang des Biologischen« nicht das Todesurteil für viele Millionen Menschen?
4. Wie können die dezentralisierten Wirtschaftskörper daran gehindert werden, Initiativen zu ergreifen, welche diesen Absichten widersprechen, beispielsweise durch rationelle Methoden mit weniger Arbeit mehr Güter zu produzieren?
5. Wie können Menschen in klimatisch ungünstigen Gebieten sich selbst versorgen, sollen beispielsweise die Menschen in den Hungergebieten Afrikas ohne Hilfe bleiben?

So diskutabel Schumachers Vorschläge trotz dieser Einwände sind, so unzulänglich ist doch seine theoretische Basis. Er schreibt:

»Um sich Gedanken über die Zukunft zu machen, braucht man keine gewaltigen Büros und keine Großrechenanlagen mit übermenschlichen Datenbanken, denn es handelt sich nicht darum, die Zukunft aus den sogenannten Trends oder Entwicklungstendenzen der Vergangenheit zu errechnen. Die Lebensgefahr ist ja gerade aus diesen Entwicklungen entstanden und wird durch sie immer näher gerückt. Es gilt vielmehr, die Tendenzen in ihrem Wesen tiefer zu verstehen und die Möglichkeiten einer gewissen Umkehr ausfindig zu machen. Das heißt: da der moderne Mensch ja nicht durch seine Fehlleistungen, sondern durch seine ungeheuren Erfolge sich selbst zu vernichten droht, ist es notwendig, den nach-modernen Menschen zu erfinden, – besser noch: in sich selbst eine nach-moderne Denk- und Handlungsweise zu entwickeln.«

Im Gegensatz dazu meine ich, daß die Erkennung zukünftiger Gefahren sich der modernsten technischen Methoden bedienen muß. Der kritische Überschuß muß auf der Höhe unserer Zeit aufbauen und darf nicht hinter ihr zurückbleiben. Dies heißt konkret: Man muß über den Computer hinaus denken, aber ihn benützen; etwa so, wie es der »Club of Rome« begonnen hat.

Die Forderung, technische Entwicklungen zu kontrollieren, ist ein wichtiges Thema der gegenwärtigen Gesellschaftskritik. Wie schwierig deren Erfüllung tatsächlich aber ist, zeigte eine Diskussion in der Parlamentarischen Gesellschaft in Bonn über »Technology Assessment« (etwa »Technikfolgenbewertung«). Aus deren Protokoll seien einige Thesen zitiert[11]:

Staatssekretär V. Hauff: *Wo der Sachverstand vorhanden ist, ist in der Regel bei Großobjekten auch das Interesse versammelt... Was uns wirklich fehlt, ist die Möglichkeit, zwischen technologischen Großprojekten, die in Beziehung zueinander stehen, Folgeabschätzungen zu machen. Ein Beispiel hierzu: Der Bund fördert die Arbeiten auf dem Gebiet der Hochleistungsschnellbahn. Dazu gibt es Verkehrsschätzungen und Kosten-Nutzen-Analysen. Wir fördern aber auch den Bau von Kurzstart-Flugzeugen. Schließlich unterstützen wir ein neues nachrichtentechnologisches System: die Breitbandtechnik. Der Investitionsbereich geht in die Größenordnungen von Milliarden. Niemand vermag heute zu beantworten, ob wir in Zukunft, wenn wir Hochleistungsschnellbahnen bauen, noch Flugzeuge mit kurzen Start- und Landebahnen brauchen. Wir wissen nicht, inwieweit das neue Nachrichtensystem die gesamten Verkehrsgewohnheiten verändern wird und der Informationstransport den physischen Transport von Menschen ersetzen kann.*

Journalist Claus Grossner: *Hier muß doch einmal gesagt werden: In der Bundesrepublik wurde durch eine Reihe von Großprojekten die Gesellschaft in einer Weise verplant, von der wir uns heute überhaupt noch keine Vorstellungen machen...*
... daß die Entscheidungen etwa für die technologischen Großprojekte wie Schneller Brüter, Plasmaphysik, Hochleistungsschnellbahn von winzigen Zirkeln von Politikern, Cheflobbyisten, Chefwissenschaftlern ... gefällt worden sind...

Auf der anderen Seite stehen die kleinen Beratungs- und Lobbyistencliquen in den Ministerien und Parlamentsausschüssen, die keine Verbindungen zu den eigentlichen Interessen der Bevölkerung haben... Warum sind bisher in die Fachauschüsse nicht unabhängige Vertreter von Privatinteressen mit hineingenommen worden?

Staatssekretär Volker Hauff: *Das hat man probiert, und es*

hat zu folgendem geführt: In der ersten Sitzung machten diese mit und haben irgendwann ihre philosophischen oder ideologischen Bemerkungen gemacht . . . dann nichts mehr.

Menschen wie Claus Grossner gehen von stereotypen Irrtümern aus:

– Die »eigentlichen Interessen der Bevölkerung« seien etwas Bestimmtes, das durch üble Machenschaften unterdrückt wird.

+ Tatsächlich kennt aber niemand diese »eigentlichen Interessen«. Wer hätte beispielsweise vor dreißig Jahren das gegenwärtige Interesse der Bevölkerung am Fernsehen richtig beurteilen können?

– Grossner behauptet, die »eigentlichen Bedürfnisse« zu kennen und deshalb andere anklagen zu dürfen.

+ Tatsächlich ist dieser Anspruch nur ein Ausfluß seines überheblichen Weltverständnisses, das eng mit H. Marcuses Anspruch verwandt ist, »wahre und falsche Bedürfnisse« unterscheiden zu können.

– Grossner benutzt diese Gelegenheit, die Bundesrepublik Deutschland zu denunzieren, wenn er sagt, »in der Bundesrepublik Deutschland . . . wurde verplant«.

+ Wo in einem liberalen Lande wird über technische Innovationen aber anders entschieden als durch Auseinandersetzungen zwischen den technisch Interessierten mit der Öffentlichkeit, wobei die Öffentlichkeit naturgemäß später Kenntnis von den Innovationen erhält als die Erfinder? Hält Grossner etwa die Kontrolle der Technik in den sozialistischen Ländern für besser?

Ich wünschte, man könnte Menschen dieser Denkart gefahrlos für eine Versuchszeit die Verantwortung für die technische Entwicklung übertragen – das Ergebnis wäre niederschmetternd, solche Leute leben von ihrer Verantwortungslosigkeit.

Diese Denkweise verkennt auch die enorme Komplexität der modernen Technik, in der man meist Interessen und Mittel nicht unterscheiden kann.

Dies illustriert das bekannte Scherzlied von Karl-Otto, in dessen Eimer ein Loch ist. Um es zu stopfen, braucht man Stroh; um dieses zu schneiden, ein Messer; um dieses zu schärfen, einen Wetzstein; um diesen zu benutzen, Wasser; um dieses holen zu können, braucht man den Eimer. Am Ende dieses Zyklus fragt man hilflos: Ist der Eimer nun das »eigentliche Interesse« oder ist er nur das Mittel zu seiner eigenen Reparatur?

Ein angemessenes Verständnis der modernen Technik kann nicht von der schlichten Unterscheidung zwischen Interessen und Mitteln ausgehen, es muß die technische Realität als Geflecht gegenseitiger Abhängigkeiten sehen, bei der es nur in einfachen Fällen und bei spezieller Interessenlage möglich ist, zwischen Mitteln und Zwecken zu unterscheiden.

Das kulturkritische Nachdenken über die Technik entwickelte sich recht eigenartig: Einst war es Sache politisch rechts stehender Kreise, die Technik aus einem Gefühl verlorener geschichtlicher Dimensionen und verlorener Innerlichkeit heraus zu kritisieren. Hier ist auch an Goethes Warnungen vor dem überhandnehmenden Maschinenwesen und an Oswald Spenglers technikfeindlichen Kulturpessimismus zu erinnern.

Die bei uns zeitenweise übliche Unterscheidung zwischen »Kultur« (ohne Technik) und »Zivilisation« (mit Technik) ist ein geziertes Ergebnis dieser Vorwurfsattitüde, das C. P. Snows Unterscheidung der »zwei Kulturen« (einerseits literarischer und andererseits technischer Kultur) lange voranging[12].

Es ist kulturgeschichtlich interessant, daß die Technikkritik neuerdings von der politischen Rechten auf die politische Linke überging.

Hierzu bemerkte H. Lübbe[13]: Die Kritik an der technischen Intelligenz ist ein zentrales Moment in der Ideologie der Neuen Linken in liberalen, nichtkommunistischen, hochentwickelten Industriegesellschaften. In kommunistischen Ländern gibt es keine entsprechende Kritik an der technischen Intelligenz, im Gegenteil: Die Hochachtung des technisch-industriellen Fortschritts hält dort an, über unsere Technikkritik spottet man: »Eure Probleme möchten wir haben.«

Diese linke Technikkritik geht vor allem auf Max Horkheimer zurück, der die als »instrumentelle Vernunft« abklassifizierte technische Intelligenz beschuldigte, sich zwar mit der Angemessenheit der Verfahrensweisen an Ziele zu beschäftigen, aber nicht über die Vernunft der Ziele nachzudenken. Diese Anklage widerspricht überprüfbaren Tatsachen: So ist es beispielsweise eine Leistung der technischen Intelligenz, die »Grenzen des Wachstums« aus dem vielfach irrationalen Gewirr der Polemiken herausgehoben und überzeugend festgestellt zu haben. Ebenso ist nachweisbar, daß Naturwissenschaftler, Mediziner und Ingenieure vor der Umweltzerstörung gewarnt hatten, bevor Futurologen dieses Thema ausbeuteten.

Lübbe bezeichnet es deshalb mit Recht als ein denunziatorisches Märchen, wenn behauptet wird, die technische Intelligenz messe in der Beschränktheit ihrer instrumentellen Vernunft der Frage nach den Zielen wenig Bedeutung bei.

Er wendet sich auch gegen den Vorwurf, die technische Intelligenz sei eine Elite ohne politische Urteilskraft. Mit diesem Vorwurf ernennt sich ein Teil unserer räsonierenden Intelligenz selbst zur politischen Elite.

Damit geschieht aber etwas Einzigartiges: Aus Ignoranz wird der Anspruch auf Richterfunktion abgeleitet.

Schließlich entwickelt sich hier eine abscheuliche Arbeitsteilung, bei der die schweigende Mehrheit den Wohlstand und eine lautstarke Minderheit den Mißmut produziert.

Hinter dieser irrationalen Technikkritik steckt der unbewußte Versuch, aus der gemeinsamen Verantwortung in ein imaginäres Paradies zu fliehen, das Rousseau, Marx, Marcuse und Garaudy entdeckt haben wollen.

Wer nicht aus dieser Verantwortung fliehen will, muß wohl mit einer anderen Gesinnung wirken: Wir alle, ob Nichttechniker oder Techniker, stehen vor schweren Problemen der Gegenwart und der Zukunft. Keiner von uns kennt die Lösung dieser Probleme, wir müssen sie suchen

– in Versuch und Irrtum,
– redlich und mit Sachverstand,
– gemeinsam und in menschlicher Solidarität.

Der Versuch, sich aus dieser gemeinsamen Verantwortung hinwegzustehlen, ist unanständig und wer hier Unfrieden stiftet, ohne Alternativen zu nennen, der schadet nur.

Das Thema »Verantwortung für die Technik« ist ebenso alt wie unerledigt. Man empfindet allerseits, daß etwas nicht im gewünschten Sinne läuft und schiebt nun irgend jemand die Verantwortung zu, vor allem Ingenieuren, oder – in der Sprache gesellschaftskritischer Polemik – den »Technokraten«.

Was man hier sinnvollerweise tun kann, ist

– die Öffentlichkeit über technische Probleme aufklären,
– die Diskussion zwischen Technikern und Nichttechnikern verbessern und
– beim Ingenieur-Studium mehr Verständnis für außertechnische Zusammenhänge zu wecken.

Hierbei darf aber nicht der Eindruck entstehen, wir könnten auf Spezialisten (sogenannte »Fachidioten«) verzichten. Aber wir brauchen eben *nicht nur* enge Experten, wir brauchen auch viele Fachleute, die einen verständigen Blick über die Grenzen ihres Fachgebietes hinaus getan haben. Hierzu darf man keinen Allerweltsingenieur ausbilden wollen, der überall nur mitreden kann, aber nirgendwo ausreichenden Sachverstand hat und nirgendwo Verantwortung tragen kann. Dieses Problem kann nur durch Kompromisse gelöst werden. Das Studium muß zwar auf fachliche Gründlichkeit angelegt sein, sollte aber auch zu gewissen Abschweifungen auf außerfachliche Probleme anregen, beispielsweise durch Projektstudien oder fakultätsübergreifende Seminare. Wo Qualifikation und Zeit vorhanden, ist ein Zweitstudium besonders wertvoll.

Kontrolle der Technik ist keine Frage des akademischen Elfenbeinturms. Die Probleme müssen von der Praxis her beurteilt werden. Verhängnisvoll ist die verkürzte praktische Arbeit der Ingenieurstudenten, das lange und frustrierende Studium und die zunehmende Anzahl von Lehrern ohne praktische Erfahrung auch in technischen Fächern.

Alle Versuche, Ingenieur-Studenten Verständnis für außertechnische Fragen beizubringen, sind zum Scheitern verurteilt, solange sie ideologisch blockiert sind und als einzigen Zweck überfachlicher Gespräche die Bestätigung marxistischer Vorurteile sehen.

Gerade dieser letzte Punkt ist viel wichtiger, als er Außenstehenden erscheinen könnte: Solange jede Diskussion schwieriger Probleme mit der Allerwelts-Zauberformel abgetan wird, in »diesem System« sei es eben so und jede Lösung dieser Fragen setze eben die Überwindung »dieses Systems« voraus, kommt man nicht zur sachlichen Diskussion möglicher Problemlösungen.

Es ist deprimierend zu erleben, in welche ideologischen Hinterwelten sich Ingenieurstudenten in unserem Lande flüchten, um sich nur nicht in sachlicher Auseinandersetzung bemühen zu müssen. Vielen ist nichts verhaßter als die Einsicht: Durch die Zerstörung »dieses Systems« wäre kein einziges der Probleme zwischen Mensch und Technik gelöst, wären unsere Luft und unsere Gewässer nicht sauber, unsere Städte nicht wirtlicher, die Fließbänder nicht humaner und die Entwicklung der Technik den Interessen der Bevölkerung nicht näher.

Jede liberale Lösung des Problems »Mensch und Technik« scheitert, wenn die jungen Menschen, welche Verantwortung für die technische Entwicklung tragen sollen, in Schulen und Hochschulen zur ideologischen Beschränktheit erzogen werden.

Hier zeigt sich auch ein spezieller Aspekt des allgemeinen Paradoxons linksradikaler Gesellschaftskritik: Man möchte »dieses System« möglichst schnell überwinden, um dann in einem System zu leben, in dem an die Stelle der »eigentlichen Interessen der Bevölkerung« die Anweisungen des Zentralkomitees und des Generalstabs treten und keiner mehr wagt, über diese zu räsonieren.

Wer Arbeitsteilung als Notwendigkeit hochentwickelter Gesellschaften versteht und bejaht, muß auch Funktionen anderer akzeptieren, die er möglicherweise nicht versteht. Arbeitsteilige Kooperation, liberale Verfassung und permanenter Konfliktverdacht sind miteinander unvereinbar. Somit erweist sich gegenseitiges – wohlüberlegtes – Vertrauen als eine notwendige Voraussetzung des Zusammenarbeitens in hochentwickelten liberalen Gesellschaften, die Zerstörung gegenseitigen Vertrauens aber als Mittel zum Abbau eines solchen Zusammenarbeitens.

Die Probleme des technischen und menschlichen Fortschritts verschränken sich in der Diskussion um das Leistungsprinzip. Hierbei versteht man unter »Leistung« nicht – wie in der Physik – die in der Zeiteinheit geleistete Arbeit, auch nicht – wie im Rechtswesen – den Gegenstand einer Schuldverpflichtung, auch nicht – wie in der Ökonomie – die Erzeugung von Gütern oder Dienstleistungen, sondern den viel allgemeineren Tatbestand, daß durch bewußte persönliche Handlungen die Welt verbessert wird. Wie entscheidend demnach die Bewertung der Leistung ist, möge folgendes Beispiel zeigen: Wer bäuerliche Leistungen ausschließlich danach beurteilt, zu welchen Kosten Nahrungsmittel produziert werden, der wird manche bäuerliche

Leistung anders beurteilen als einer, dem die krisensichere Nahrungsversorgung wichtig ist.

In »sozialistischen« Systemen herrscht das Leistungsprinzip unangefochten. An Schulen und Universitäten besteht dort ständige Leistungskontrolle mit rücksichtsloser Auslese, und in der Produktion wird um jede Arbeitsminute und um höchste Effizienz gekämpft. Daß trotzdem das Ergebnis so dürftig ist, liegt an der geringeren Wirksamkeit des politisch-ökonomischen Systems.

Bei uns wird das Leistungsprinzip vielfach denunziert. Vor allem wird im Bildungssystem den Kindern die Erfahrung vorenthalten, daß auch unangenehme Aufgaben erledigt werden müssen. Die Einsicht, Pflichten übernehmen und erfüllen zu müssen, schwindet.

Die Leistungsfähigkeit mancher Universitäten leidet auch darunter, daß die Anforderungen reduziert werden, Prüfungen kollektiviert werden und die wissenschaftliche Leistung durch politische Gesinnung ersetzt werden kann.

Die ungenügenden Leistungen unseres Bildungssystems sind deshalb so gefährlich, weil ihre Folgen kurzfristig öffentlich kaum bemerkt werden. Diese Folgen stellen sich erst in zehn, zwanzig oder dreißig Jahren ein, sind dann aber irreparabel.

Wir leben noch von den Früchten eines einst vorzüglichen Bildungssystems, hinterlassen aber unseren Kindern ein schreckliches Erbe. Der Kampf gegen das Leistungsprinzip ist bei uns meist ein Kampf gegen unser politisches System. Vor allem die Tendenz, das Eigentum zu denunzieren, schwächt das Leistungsstreben. Der Sinn des Eigentumsschutzes liegt ja darin, die Leistung des einzelnen anzuspornen. Der Kampf gegen das Leistungsprinzip ist vielfach der Kampf gegen Menschen, die hervorragendes geleistet haben und gegen ein politisches System, dessen Wohlfahrt auf diesen hervorragenden Leistungen aufgebaut ist. Man erträgt den stummen Vorwurf dieser Leistungen nicht und sublimiert seinen Neid zum Glaubenskampf gegen die Ungerechtigkeit dieser Welt.

Hinter diesem Kampf gegen das Leistungsprinzip steckt auch das falsche Menschenbild, das vorgaukelt, nach Abstreifen aller Pflichten sei der Mensch frei und glücklich und das verkennt, daß der Mensch Belastung braucht.

Aber von diesem falschen Menschenbild profitieren unzählige Rattenfänger: Sie versprechen den Kindern das Paradies auf Erden und die Kinder glauben es und folgen ihnen.

Zwischen Leistungsmotivation und Aufstieg oder Niedergang besteht ein deutlicher Zusammenhang: Sowohl bei einzelnen Menschen als auch bei Völkern spornen große Ziele zu großen Leistungen an.

Dennis Gabor verglich die Motivation der Raumfahrt mit der mittelalterlichen Motivation zum Kathedralenbau [14]. Damit wird Gabor der Raumfahrt besser gerecht als Max Born, der sie als Triumph des Verstandes, aber als ein tragisches Versagen der Vernunft bezeichnete [15]. Im Gegensatz zu Born bin ich der Überzeugung, daß die Raumfahrt mittelbar zum menschlichen Fortschritt beigetragen hat.

Um dies zu begründen, muß ich mich von einigen Illusionen der Anfangszeit der Raumfahrt distanzieren, beispielsweise der, man könnte den menschlichen Lebensraum ausweiten oder die Zivilisation retten, wenn die Erde unbewohnbar wird [16]. Vermutlich hätte man auch die abfallenden technischen Entdeckungen und Erfindungen ohne den Umweg über die Raumfahrt billiger haben können.

Der entscheidende Beitrag der Raumfahrt zum menschlichen Fortschritt ist ganz anderer Art: Die Raumfahrt hat das Denken und Verhalten von Milliarden Menschen stärker verändert als irgend ein anderer Vorgang der letzten Jahrzehnte. Die vielzitierte Revolution des Denkens durch die moderne Physik beschränkte sich auf einen kleinen Kreis von Theoretikern, die Öffentlichkeit verstand sie nicht. Ähnliches gilt für die Computer: Die Öffentlichkeit lebt mit ihnen, ohne sie zu verstehen.

Die kopernikanische Wende für Milliarden Menschen brachte erst die Raumfahrt: das Bild unserer Erde von außen, die Heimat des Menschen nicht als Subjekt, sondern als Objekt des Geschehens.

Die Folgen dieser veränderten Weltanschauung sind vielfältig, besonders aber schuf sie die Voraussetzung, viele Menschen »umweltbewußt« zu machen. Das Wort von unserer »guten Erde« stammt aus der Raumfahrt, ebenso die Vorstellung der Erde als Raumschiff, das mit begrenzten Ressourcen durch das Universum fliegt. Typisch sind Buchtitel wie »Ein Planet wird unbewohnbar« und »Müllplanet Erde«. Die Raumfahrt hat die Menschen gelehrt, daß sie »Kinder des Weltalls« sind und daß unsere Biosphäre ein empfindliches Gebilde ist.

In der Raumfahrtmedizin verwischen sich die Grenzen des Expertendenkens, hier stellen sich die Probleme als Mittel zur Erhaltung des menschlichen Lebens und hier entstand das, was im amerikanischen Sprachgebrauch als »life-science« bezeichnet wird.

Die Raumfahrt hat auch viel zur weltweiten Solidarisierung der Menschen über die Grenzen der Staaten und Gesellschaftssysteme hinaus getan: Nicht nur kann mit Hilfe von Nachrichtensatelliten jeder Punkt der Erde mit jedem anderen Punkte in Bild und Ton verbunden werden, es gibt auch menschliche Abenteuer, die weltweite Anteilnahme erregen.

Als Columbus Amerika entdeckte, dauerte es Monate oder Jahre, bis »die Welt« hiervon erfuhr und nur wenige hatten eine Vorstellung dessen, was geschehen war und welche Folgen sich hieraus entwickeln könnten.

Ganz anders war es, als Neil Armstrong und Edwin Aldrin am 20. Juli 1969 auf dem Mond landeten. Hier nahm eine halbe Milliarde Menschen in neunundvierzig Ländern unmittelbar Anteil. Hier herrschte weltweit das solidarische Mitgefühl: Werden sie zurückkehren?

Man kann aus diesem ungeheuren Abenteuer des Menschen noch mehr lernen: Wie man große Aufgaben durch koordinierte Anstrengungen vieler Menschen lösen kann, wie weitsichtige Zielvorstellungen entwickelt, wirksame Organisationen aufgebaut und rationale Entscheidungen gefällt werden.

Die schwierigste Aufgabe der menschlichen Art ist es zweifellos, ihr eigenes Überleben langfristig zu sichern. Die unbedachte und planlose Weiterführung bisheriger Methoden wird wahrscheinlich in den nächsten Jahrhunderten zum Ende des menschlichen Lebens auf dieser Erde führen – sei es durch einen großen Krieg mit Superwaffen oder sei es »friedlich« durch die Erschöpfung der Rohstoffe und Verschmutzung des Lebensraums.

Die Kunst zu überleben, müssen wir noch lernen: Die Arbeiten des »Club of Rome« mit ihren Warnungen vor den Grenzen des Wachstums sind allererste Schritte dieses notwendigen weltweiten Lernprozesses zum Überleben. Aber dies sind wirklich nur allererste Anfänge, die notwendigen Anstrengungen sind gigantisch:

- Erstens müssen die Analysen noch wesentlich verbessert werden,
- zweitens muß weltweit die Einsicht in die totale Bedrohung der menschlichen Art deutlich gemacht werden und
- drittens muß eine weltweite Organisation geschaffen werden, welche die Macht hat, Überlebensnotwendiges gegen lokale Egoismen durchzusetzen.

Man kann weder die Kriegsverhütung, noch die Geburtenbeschränkung, noch die Rohstoffversorgung, noch die Umweltverschmutzung im ständigen Widerstreit lokaler Egoismen regeln: Voraussetzung des menschlichen Überlebens ist die Schaffung einer mächtigen politischen Organisation, welche dieses Überleben als oberstes Ziel verfolgt.

Aber dieses oberste Ziel muß mit einem zweiten Ziel zur Harmonie gebracht werden: Wir wollen nicht nur überleben, sondern wir wollen als Menschen überleben und nicht nur als »blaue Ameisen«. Die noch schwierigere Aufgabe ist es deshalb, die menschliche Kultur auch in den kommenden Orwellschen Jahrhunderten zu erhalten.

Die unvorstellbaren Schwierigkeiten auf dem Weg zur Lösung dieser Aufgaben zeigen die bisher meist erfolglosen Versuche, auch nur ein Dutzend europäischer Staaten ähnlicher Wirtschaftsform und ähnlicher Kultur zur gemeinsamen Lösung ihrer Probleme zu vereinigen. Noch deutlicher wurden diese Schwierigkeiten auf dem Weltkongreß über Bevölkerungsfragen 1974 in Bukarest, bei dem das Problem der Überbevölkerung vielfach durch politisch höchst eigennützige Agitationen überspielt wurde.

7. Grenzen des Wachstums – Ende der Liberalität?

Vor hundert Jahren befand sich Deutschland in der Epoche, die man als »Gründerzeit« bezeichnet: Der Gründung des Deutschen Reiches folgten zahlreiche andere Gründungen, vor allem industrieller Unternehmen.

In dieser Gründerzeit war das industrielle Wachstum unumstritten. Wer vor ihm gewarnt hätte, wäre als absonderlich erschienen.

So unumstritten damals das industrielle Wachstum war, so umstritten war der Liberalismus: Die Autorität von Thron und Altar dominierte; der Liberalismus wurde aber verstanden als widerliche Ausgeburt der französischen Revolution, die das Reich von innen her bedrohte. Nur in der Wirtschaft gestand man dem Liberalismus eine gewisse Berechtigung zu: Man glaubte an die segensreiche Wirkung des Eigennutzes als Motiv wirtschaftlichen Handelns und meinte, wenn alle nach Wohlstand strebten, dann müsse sich doch zwangsläufig auch der allgemeine Wohlstand einstellen.

Jetzt – hundert Jahre später – hat sich die Einstellung umgekehrt: Wir machen uns heute Sorgen über die Grenzen des Wachstums und glauben nicht mehr, daß sich der allgemeine Wohlstand dann einstellt, wenn nur alle nach Wohlstand streben.

Heute bekämpft niemand mehr offen den Liberalismus, die Freiheit des Individuums scheint ungefährdet und ist sogar grundgesetzlich garantiert. Tatsächlich zeigen sich aber starke kollektivistische, also antiliberale Tendenzen sogar bei Gruppen, die sich als »liberal« bezeichnen.

Diese veränderten Beurteilungen (des industriellen Wachstums und der Liberalität) hängen eng miteinander zusammen:

– Einerseits ist Liberalität erfahrungsgemäß Voraussetzung erfolgreichen Wirtschaftens und
– andererseits besteht der Verdacht, die Liberalität sei an manchen Fehlentwicklungen schuldig, sie begründe vor allem die

Hemmungslosigkeit des Wachstums.
Das Verhältnis von Wirtschaft und Gesellschaft wird sich zweifellos in Zukunft verändern. So wird wahrscheinlich der Anteil der im Industriesektor Tätigen zugunsten der im Dienstleistungssektor Tätigen abnehmen. Man wird auch die wirtschaftliche und industrielle Entwicklung in Zukunft bewußter als Mittel zum Zweck und weniger als Selbstzweck verstehen und schließlich wird man die zukünftige technische Entwicklung stärker menschlichen Eigenarten anpassen: Die Technik wird menschlicher werden.

Dies ist der glaubwürdige Kern dessen, was als Entwicklung zur »nachindustriellen« Epoche bezeichnet werden kann.

Tatsächlich wurde aber dieser Begriff mit ideologisch bestimmten Perspektiven belastet, die weit über diesen glaubwürdigen Kern hinausgehen.

Der Begriff »Nachindustrielle Gesellschaft« geht ursprünglich auf Daniel Bell zurück[1]. Als deren Merkmale werden u. a. folgende genannt[2]:

- Wesentlich höheres Pro-Kopf-Einkommen als in der vorindustriellen Periode
- Mehr dienstleistungsorientierte als produktionsorientierte Berufe
- Neuerungen gehen weniger von der Privatwirtschaft aus
- Mehr Aktivitäten aus innerer Zustimmung als aus äußerem Gewinnstreben
- Garantierte Mindesteinkommen und angemessene Wohlfahrtseinrichtungen
- Zurücktreten des Leistungsprinzips
- Kybernetische Steuerung der Gesellschaft wirkt mehr als freie Marktwirtschaft
- Rasche Verbesserung des Bildungssystems, Lerngesellschaft
- Abbau der arbeits-, leistungs- und aufstiegsorientierten Motivation
- Abbau der »nationalen« Interessen
- Sensualistische, weltliche, humanistische Grundsätze erlangen zentrale Bedeutung.

Dies ist im Sinne von H. Kahn und A. J. Wiener eine »überraschungsfreie« Prognose. Diese Autoren nennen zugleich aber auch mögliche Überraschungen, welche die Entwicklung zur

»Nachindustriellen Gesellschaft« stören könnten, so vor allem äußere und innere Kriege, Revolutionen, Hungersnöte, Gewaltherrschaft, Naturkatastrophen, Wirtschaftskrisen usw.

Nach den Erfahrungen der letzten Jahre erscheint die Vision der »Nachindustriellen Gesellschaft« wenig überzeugend. Wahrscheinlich sind die »Überraschungen« gar nicht die Störungen eines grundsätzlich doch bestehenden Trends, vielmehr der Trend selbst: Die nächsten Jahrzehnte werden vermutlich bestimmt sein durch nationale und internationale Verteilungskämpfe und durch Glaubenskriege (vor allem um den Marxismus und seine verfeindeten Kultformen).

Für diese Kämpfe und Kriege kann niemand voraussagen, welches Ausmaß militärischer Eskalation sie annehmen werden.

Deshalb ist es leichtfertig, sich auf eine weiche nachindustrielle Epoche einzustellen, die Tatsachen weisen eher auf eine harte Zukunft hin, in der es Mut und Kraft braucht, als freier Bürger in einem liberalen Staat zu leben.

In liberalen Ländern kann man derartige irreführende Prognosen (wie »nachindustrielle Epoche«) verbreiten und mit ihnen Geld verdienen, sie werden vielfach sogar geglaubt und zur Grundlage von Planungen gemacht. In »sozialistischen« Ländern werden derartige Prognosen als Verirrungen bürgerlicher Futurologen ironisiert und nicht ernst genommen, die Zukunftsplanungen zielen dort auf die Mobilisierung aller Kräfte für die voraussehbar harten Verteilungskämpfe hin.

Mit der Vorstellung der »nachindustriellen« Epoche werden viele recht dubiose Prognosen und Absichten aufgewertet, so z. B. die Behauptung: »Die Autonomie der Wirtschaft und die Macht derer, die sie betreiben, finden ein Ende.«

Damit wird letztendlich eine Entwicklung propagiert, bei welcher die Vielzahl unterschiedlich denkender und meist toleranter Unternehmer durch eine ideologisch gleichgeschaltete Funktionärsbürokratie ersetzt wird. Dies führt aber nicht in die »nachindustrielle« Epoche, wohl aber in die nachliberale Epoche – wenn erst einmal eine politisch gleichgeschaltete Funktionärsbürokratie die wirtschaftlichen Interessen bestimmt, dann wird sie rasch auch die politischen Meinungen bestimmen.

Die Grenzen des Wachstums wurden vor allem bewußt durch einige Bücher:

D. Meadows, »Die Grenzen des Wachstums«[3],
J. W. Forrester, »Der teuflische Regelkreis«[4],
D. L. und D. H. Meadows, »Das globale Gleichgewicht«[5].

Sie behandeln das Forschungsvorhaben des »Club of Rome«, ein Weltmodell, das unsere Einsichten in die langfristige globale Entwicklung durch Verknüpfung großer Informationsmengen auf dem Computer verbessern soll. Es bildet (in seiner ersten Variante) vor allem folgende fünf Merkmale ab:

Die zunehmende Industrialisierung,
das Bevölkerungswachstum,
die Welternährung,
den Abbau der Rohstoffreserven und
die Verschmutzung unserer Erde.

Zwischen diesen Merkmalen bestehen zahlreiche Wechselwirkungen.

Mit Hilfe des Weltmodells wird versucht, mögliche Trends und die sich einstellenden Zustände für den Zeitraum eines Jahrhunderts abzuschätzen.

Es ist hier nicht der Ort, um über Details dieser Publikationen zu berichten, es sei lediglich D. Meadows Schlußfolgerung zitiert:

»1. *Wenn die gegenwärtige Zunahme der Weltbevölkerung, der Industrialisierung, der Umweltverschmutzung, der Nahrungsmittelproduktion und der Ausbeutung von natürlichen Rohstoffen unverändert anhält, werden die absoluten Wachstumsgrenzen auf der Erde im Laufe der nächsten hundert Jahre erreicht. Mit großer Wahrscheinlichkeit führt dies zu einem ziemlich raschen und nicht aufhaltbaren Absinken der Bevölkerungszahl und der industriellen Kapazität.*

2. *Es erscheint möglich, die Wachstumstendenzen zu ändern und einen ökologischen und wirtschaftlichen Gleichgewichtszustand herbeizuführen, der auch in weiterer Zukunft aufrechterhalten werden kann. Er könnte so erreicht werden, daß die materiellen Lebensgrundlagen für jeden Menschen auf der Erde sichergestellt sind und noch immer Spielraum bleibt, individuelle menschliche Fähigkeiten zu nutzen und persönliche Ziele zu erreichen.*

3. *Je eher die Menschheit sich entschließt, diesen Gleichge-*

wichtszustand herzustellen und je rascher sie damit beginnt, um so größer sind die Chancen, daß sie ihn auch erreicht.«

Diesen Ansichten wurde z. T. heftig widersprochen. Einige naheliegende Gegenargumente sind:

1. Die Strukturen, Gesetzlichkeiten und Randbedingungen des benutzten »Weltmodells« sind zu grob, um sinnvolle Aussagen machen zu können. Die Probleme der Entwicklungsländer sind andere als die der Industrieländer, die der »sozialistischen« andere als die der »kapitalistischen« usw.
2. Schon oft wurden »Grenzen des Wachstums« vermutet, so z. B. im Altertum durch den Verbrauch alles verfügbaren Holzes, in der klassischen Nationalökonomie durch die Erschöpfung des Bodens (sei es nun durch Landwirtschaft oder durch Bergbau) usw. Aber alle diese Grenzen erwiesen sich schließlich als überschreitbar. Ihre Voraussage führte auf Wege zu ihrer Umgehung.
3. Die Modelle gehen von der Konstanz bestimmter Sachverhalte, so z. B. Materialverwendung aus, berücksichtigen aber zukünftige Neuerungen nicht, so z. B. Substitutionsvorgänge oder das »Recycling«, die Wiederverwendungstechnik.
4. Der gegenwärtige Abbau der Leistungsmotivation und Verkürzung der Arbeitszeit bewirken bereits eine Verlangsamung des Wachstums.
5. Durch solche Publikationen werden evtl. Katastrophen vorausgesagt, unmittelbare Gefahren aber verschleiert.

Die Kritik an den Arbeiten des »Club of Rome« wird besonders deutlich in dem Buche »Die Grenzen des Wachtums – Pro und Contra«[6], in dem 26 Wissenschaftler, Wirtschaftler, Politiker und Futurologen zu ganz widersprüchlichen Urteilen kommen: von uneingeschränker Zustimmung bis zum Vorwurf totaler Inkompetenz.

Schon die mit dem Weltmodell verbundene Absicht wurde vielfach mißverstanden; deshalb wird ausdrücklich festgestellt, daß sein Zweck nicht irgendwelche Prognosen sind, vielmehr

– macht es Formen des möglichen Zusammenbruchs deutlich, es zeigt, daß globale Katastrophen nicht unwahrscheinlich sind;
– zeigt es, daß die intuitiven Lösungen der globalen Probleme

häufig falsch sind, daß komplexe Systeme sich häufig »konterintuitiv« verhalten;
- spornt es Wissenschaftler zur Untersuchung immer besserer Weltmodelle an, also solcher, die mit der Wirklichkeit immer besser übereinstimmen.

Auch dies wurde durch die Diskussion deutlich: Es gibt keine gemeinsame und verbindliche Antwort »der Wissenschaft«, es gibt beinahe so viele unterschiedliche Meinungen, wie es Kritiker gibt und es findet sich hier auch viel menschliche Schwäche bis hin zu Robert Jungk, der J. W. Forrester als »stalinistischen Typ« diffamierte.

Erwartungsgemäß regen sich hier die schrecklichen Vereinfacher. So datiert beispielsweise Ernest Mandel die Einsicht in die Begrenzung des Wachstums auf Karl Marx zurück und behauptet wider alle Erfahrung, Wachstum sei eine zwangsläufige Folge des Kapitalismus. Offensichtlich sind die »sozialistischen Staaten«, die jahrzehntelang versuchten, die freien Staaten zu überholen, nicht vom rechten marxistischen Geiste beseelt.

In Kenntnis all dieser Kritiken an den bisherigen Arbeiten des »Club of Rome« plädiere ich für deren Fortsetzung: Es gibt meines Erachtens keine wirksamere Methode

die globalen Probleme besser zu verstehen,

die Bedrohungen unserer guten Erde früher zu erkennen, und

wirksame Abhilfen zu planen.

Die zuerst publizierten Weltmodelle waren sehr grob. Neuerdings betrachten M. Mesarovič und E. Pestel[7] unsere Welt differenzierter als ein System miteinander agierender Regionen unterschiedlicher Eigenschaften. So kommen sie auch nicht zu einem einmaligen totalen Kollaps des Weltsystems, sondern zu Schwierigkeiten und Zusammenbrüchen zu unterschiedlichen Zeiten und aus unterschiedlichen Gründen. Aber keine Region bleibt schließlich von der Kette katastrophaler Ereignisse verschont, wenn sich die Menschheit nicht zu gemeinsamem Handeln aufrafft. Nur organisches, auf den jeweiligen Wirtschafts- und Sozialzustand der einzelnen Regionen abgestimmtes Wachstum bietet die Voraussetzungen für die Bewältigung der Weltkrisen. Undifferenzierter Wildwuchs wird dagegen die Folgen regionaler Katastrophen nur beschleunigen. Verzögerungen in der Entwicklung geeigneter Strategien führen nicht nur zu einer ständigen Verringerung der Freiheitsgrade, die der Menschheit zur Lösung ihrer großen Probleme noch offenstehen, sondern werden letztlich tödliche Folgen haben.

Pessimistisch beurteilen die Verfasser die Möglichkeiten, die Unterschiede zwischen den Sozialprodukten der Industrieländer und der Entwicklungsländer zu verringern. Dies nicht nur wegen der unzumutbaren Lasten für die Industrieländer, sondern auch wegen der begrenzten Aufnahmefähigkeit der Entwicklungsländer.

Ein interessantes »gegenintuitives« Ergebnis von Mesarovič und Pestel ist die Einsicht, daß sich die Ölpreiserhöhung auch für die Verbraucherländer als vorteilhaft erweist: Werden sie doch gezwungen, Öl rechtzeitig durch weniger rare Energiequellen zu ersetzen.

Die bisherigen Erfahrungen mit internationalen Absprachen, beispielsweise Absprachen zur Kriegsverhütung oder Geburtenkontrolle, sind so schlecht, daß man kaum hoffen kann, daß das von Mesarovič und Pestel als notwendig nachgewiesene auch tatsächlich getan wird. Zu fürchten ist, daß die hier als notwendig prognostizierten globalen Maßnahmen nicht oder zu spät und unzureichend verwirklicht werden, und die zukünftige Entwicklung weniger durch die Vernunft dieses Weltmodells und mehr durch die unvernünftige Bestialität bestimmt sein wird, die Darwin beschrieben hat.

Meines Erachtens ergeben sich aus den Überlegungen des »Club of Rome« vor allem drei Konsequenzen:

1. Die wichtigste Aufgabe der Zukunft ist die Begrenzung der Zahl der auf der Erde lebenden Menschen, also praktisch die Geburtenbeschränkung.
2. Die schwierige politische Aufgabe der Zukunft ist es, mit der Ungleichheit auch im Zeitalter der Massenkommunikation zu leben: Es gibt keine Möglichkeit, den sieben Milliarden Menschen des Jahres 2000 den jetzt für Industrieländer typischen Lebensstandard zu schaffen.
3. Die pädagogische Aufgabe ist es, die Menschen der Industrieländer zum bewußten Konsumverzicht zu bringen.

Das Problem der Übervölkerung wird auf jeden Fall gelöst. Aber man kann sich zwei extrem verschiedene Arten der Lösung vorstellen:

– Einerseits die unbewußte Lösung: Wir lassen die Entwicklung weiter so treiben. Dann wird schließlich die Menschenzahl begrenzt durch Knappheit, Verschmutzung, Epidemien und Massaker. Diese unbewußte »Regelung« wird über grauenhafte Zustände gehen: Die südamerikanischen oder indischen Elendsviertel könnten einen Eindruck zukünftiger weltweiter Zustände vermitteln.
– Andererseits die bewußte Lösung: Es gelingt uns, aus der Voraussicht sinnvolle Konsequenzen zu ziehen und diese politisch durchzusetzen. Angesichts der Schwierigkeit dieser Aufgabe möchte man hiervor resignieren, angesichts dessen, was auf dem Spiele steht, darf man aber nicht resignieren.

Die zukünftige Entwicklung wird vermutlich zwischen diesen beiden Extremen hindurch verlaufen, in Teilbereichen wird man das Notwendige erkennen und tun, aber in anderen nicht erkennen oder nicht durchsetzen können. Die besondere Schwierigkeit besteht darin, daß die Notwendigkeiten in den Industrieländern vielfach eingesehen werden, aber die Konsequenzen, vor allem Geburtenbeschränkung, vorwiegend in den unterentwickelten Ländern gezogen werden müßten. In diesen fehlt aber vielfach die Einsicht in die Notwendigkeit, die Appelle werden als imperialistische Absichten mißdeutet.

Die für uns wichtige Frage ist: Können mit unserem liberalen Wirtschaftssystem, also der Sozialen Marktwirtschaft und freien Unternehmern, die Probleme gelöst werden, die sich aus dem begrenzten Wachstum und dem Umweltschutz ergeben, oder setzt die Lösung dieser lebenswichtigen Probleme eine zentral gelenkte Staatswirtschaft voraus?

Ich kann auf diese Frage keine erschöpfende und allerseits befriedigende Antwort geben, aber ich möchte doch einige Überlegungen beisteuern.

Zunächst ist festzustellen, daß die »sozialistischen« Staaten mit zentralgelenkter Wirtschaft sich bei der Lösung dieser Probleme bisher keinesfalls hervorgetan haben, im Gegenteil:
– Die Wachstumseuphorie ist dort eher größer als in den »kapitalistischen« Ländern, man wollte diese ja überholen. Wenn nun neuerdings dort das geringere Wachstum als Voraussicht der Begrenzung des Wachstums erklärt wird, so erinnert dies an den Fuchs, der sagte, die Trauben seien sauer.

– Über die Umweltverschmutzung hört man aus den »sozialistischen« Ländern ähnliches wie aus den »kapitalistischen«, obwohl doch dort Bevölkerungsdichte und Industrialisierungsgrad meist geringer sind und unerfreuliche Meldungen eher zurückgehalten werden als bei uns.
– Die grundsätzliche Liberalität unseres Systems ermöglicht frühere Erkennung heraufziehender Probleme und deren vorausschauende Lösung. Typisch hierfür ist die Entwicklung des Überschall-Verkehrsflugzeugs, die im liberalen Westen kritisiert und z. T. eingestellt wurde, während die Sowjetunion ihre TU 144 unkritisiert baut und benutzt.
– Der Verlauf der Weltbevölkerungskonferenz in Bukarest 1974 widerlegt auch die Behauptung, die »sozialistischen« Staaten seien dem globalen Gemeinwohl mehr verpflichtet als die liberalen Staaten. Auf dem Weg zur Weltrevolution läßt man sich nicht gern aufhalten.

Die Erfahrung bestätigt die Behauptung nicht, der »Sozialismus« sei besser geeignet, die Probleme des begrenzten Wachstums und der Umwelterhaltung zu lösen als die liberale Wirtschaft. Diese Behauptung ist ein Produkt weltfremder Theoretiker, die mit einer einzigen Simplifikation die Vielfalt der realen Probleme erledigen wollen.

Bei den Antrieben des Wirtschaftswachstums in unserem Lande findet man eine Dreieinigkeit von Arbeitgeber, Arbeitnehmer und Staat:

Arbeitgeber möchten einen höheren Kapitalertrag und erhalten ihn meist durch wachsende Produktionen. Rationalisierung der Produktion, Forschung und Entwicklung setzen größere Einheiten und größeren Umsatz voraus. »Wachstumsindustrien« sind auf dem Kapitalmarkt begehrt und kreditwürdig. Wachstum ermöglicht bei Geldentwertung die Substanzsicherung.

Arbeitnehmer wollen mehr Lohn. Wo Lohnerhöhungen nicht nur nominal sein sollen, da setzen sie wachsende Produktion und wachsenden Gewinn voraus. Arbeitslosigkeit ist in Wachstumsphasen unwahrscheinlicher und ungefährlicher als bei Stagnation oder gar Rezession. Der Wunsch, in der Betriebshierarchie aufzusteigen, begünstigt ebenfalls die Tendenz zu größeren Einheiten.

Der Staat fördert das Wirtschaftswachstum vielfach durch die Steuergesetzgebung, bei der sich z. B. günstige Situationen für Abschreibung, Neuinvestition und Wachstum ergeben. Es gibt in der Bundesrepublik Deutschland ein »Gesetz zur Förderung der Stabilität und des Wachstums in der Wirtschaft« aus dem Jahre 1967. Die Verteilungskämpfe sind bei wachsendem Sozialprodukt politisch weniger gefährlich als bei Stagnation oder Rezession. Die Kommunen möchten wachsende Industrien ansiedeln, um ihre Einkünfte zu vergrößern.

Widersprüchlich ist die Politik der Gewerkschaften. Das von ihnen geforderte »qualitative Wachstum« setzt eine Erhöhung der Staatsquote am Sozialprodukt voraus. Die von ihnen gleichzeitig geforderte höhere Lohnquote ist aber hiermit unvereinbar. Man kann ein bestimmtes Geld entweder für neue Straßen ausgeben oder für neue Autos, aber man kann dasselbe Geld nicht zweimal ausgeben.

Auf jeden Fall ist die pauschale Behauptung falsch, das Wachstum sei eine Folge des »Kapitalismus« oder der »Kapitalisten«: in der internationalen Szenerie gebärden sich die »sozialistischen« Staaten besonders wachstumsbesessen und im nationalen Rahmen tragen *alle* Sozialpartner Schuld oder Verdienst am Wachstum – je nach Bewertung.

Wir erlebten ein überraschendes historisches Zusammentreffen:

- Einerseits ist nach den Analysen des »Club of Rome« zu vermuten, daß das zulässige Wachstum der Produktion in übersehbarer Zeit an unüberschreitbare Grenzen stößt, und
- andererseits werden wir durch die Schwierigkeiten bei der Ölversorgung – seien es nun tatsächlich Versorgungsschwierigkeiten oder auch »nur« Preiserhöhungen – gezwungen, manche Konsequenzen zu ziehen, die nach den Analysen des »Club of Rome« naheliegend waren, wahrscheinlich aber nicht realisiert worden wären.

Die enormen Erhöhungen der Rohölpreise (allein im Jahre 1973 etwa um den Faktor 3) brachten den Welthandel aus dem Gleichgewicht: Errechneten doch die Experten für die Industriestaaten einen Jahres-Fehlbetrag von etwa 86 Milliarden DM, allein für die Bundesrepublik Deutschland 15 bis 20 Milliarden DM[8]. Als Folge dieses gestörten Gleichgewichts ist ein Handelskrieg nicht auszuschließen, der zu Arbeitslosigkeit, Zusammenbruch des Welthandels und Wohlfahrtseinbußen führt.

War bis vor kurzem z. B. das »Null-Wachstum« nur ein akademisches Sandkastenspiel, so wurde es neuerdings zur wahrscheinlichen Prognose für die nächsten Jahre.

In derartigen Situationen hilft Katastrophenstimmung wenig, hier gilt es, scharf zu beobachten, die Lage nüchtern zu überdenken und dann entschlossen zu handeln.

Zunächst: Wir sollten die Begrenzung des wirtschaftlichen Wachstums nicht als Katastrophe empfinden, denn wenn sich auf unseren Straßen noch mehr Kraftfahrzeuge gegenseitig blockieren, dann sind wir nicht glücklicher als jetzt, ebensowenig, wenn wir noch mehr kurzlebige Produkte wegwerfen. Auch wer den Vorwürfen unserer Systemveränderer nicht folgt, muß erkennen, daß bei manchen Produkten weniger besser wäre.

Eine andere, m. E. erfreuliche Konsequenz des gebremsten Wachstums ist das zu erwartende Ende des Menschenstroms in unser Land: Man kann jetzt endlich die Konsequenzen aus der Tatsache ziehen, daß unser Land schon lange übervölkert ist und durch den Zustrom von Fremdarbeitern zwar das Wirtschaftswachstum gefördert wurde, nicht aber das Wohlbefinden der Menschen in unserem Lande und in den Heimatländern der Fremdarbeiter.

Eine weitere positive Folge dieser Situation sehe ich in der Konfrontation unseres Volkes mit einer harten Gegebenheit, die nicht durch ideologische Sprüche wegdiskutiert werden kann. Die geistige Entwicklung in unserem Lande ist ja vielfach dadurch gekennzeichnet, daß sich Zielvorstellungen und Methoden von der Realität entfernen, so daß eine solche Herausforderung das Denken »auf die Erde« zurückholen könnte.

Eine weitere positive Folge der gegenwärtigen Entwicklung sehe ich in der Notwendigkeit, bewußten Verzicht als Ideal zu entwickeln. Hierbei ist auch an die Interessenkonflikte zwischen Arbeitnehmern und Arbeitgebern zu denken: »Mehr Lohn!« und »Mehr Gewinn!« heißt »Mehr Wachstum!«. Ich bin überzeugt davon, daß eine starke Regierung, die glaubwürdig zum bewußten Verzicht aufrufen würde, eine ungeheure Zustimmung erleben würde: Unser Volk hat Selbsttäuschung und Schönrederei satt.

Wir müssen m. E. beginnen, bewußt mit der Ungleichheit zu leben. Das Anheizen der Begehrlichkeit und des Neids ist in unserer gegenwärtigen Situation unverantwortlich. Dies gilt nicht nur innenpolitisch, wo wir mehr denn je auf außergewöhnliche Leistungen angewiesen sind und den Leistungsanreiz nicht beseitigen dürfen, es gilt ebenso auch außenpolitisch. Die Verteilung des Wohlstandes der Industrieländer wäre weltweit ein Tropfen auf den heißen Stein, würde aber die Voraussetzungen zerstören, die eine global langfristig wirksame Aufwärtsentwicklung ermöglicht.

Die gegenwärtige Situation zeigt die Grenzen naiven Wirtschaftens. Hier ist zuerst an die Planungsfeindlichkeit zu erinnern, die sich übel auszahlt. Vielen aktuellen Schwierigkeiten hätte durch weitsichtige Prognosen und konsequente Planung vorgebeugt werden können.

Sicher muß man bei den Erwartungen an Prognosen zurückhaltend sein, aber das Risiko unserer Ölversorgung hätte man wirksamer ins politische Kalkül einbauen können und müssen.

Es erscheint aber als ein beinahe unlösbares Problem, die Prognostik politisch wirksam zu machen. Die Verantwortlichen sind meist überfordert und möchten die anstehenden Probleme schnell und endgültig lösen, während die Prognostiker die aktuellen Probleme in einen weiten gedanklichen Rahmen einspannen wollen und häufig nicht zu eindeutigen Aussagen fähig sind.

Auch in anderer Hinsicht zeigt sich eine Schwäche unserer bisherigen Wirtschaftspolitik: Angesichts der unvermeidbaren Unsicherheiten des internationalen Warenaustausches ist Selbstversorgung kein Zeichen von Nationalismus oder gar Militarismus, sondern ein Gebot verantwortlichen Wirtschaftens. Wir müssen versuchen, unser Land mit lebenswichtigen Gütern aus Quellen zu versorgen, die nicht zu Erpressungen einladen.

Angesichts der zunehmenden Rohstoffverknappung, wachsenden Empfindlichkeit der hochindustrialisierten Länder gegenüber Rohstofflücken und zunehmendem Nationalismus in den meisten Entwicklungsländern nimmt die Wahrscheinlichkeit wirtschaftlicher Erpressungen vermutlich zu. Möglicherweise entwickeln sich hierdurch andere und unerfreulichere Formen internationaler Kooperation. Diese werden weniger

Euphorie und mehr Selbstbewußtsein voraussetzen.

Wohl die aktuellste Frage ist: Wie können wir (binnen-) wirtschaftspolitisch mit dieser Situation fertig werden?

Auf diese Frage gibt es zwei extreme Antworten, deren Unbrauchbarkeit die geschichtliche Erfahrung schon erwiesen hat:

- Einerseits die Antwort des unkontrollierten Kapitalismus und der naiven Marktwirtschaft: Verzicht auf jegliche staatliche Einflußnahme auf das Wirtschaftsgeschehen. Diese Antwort wird heutzutage nur noch selten gegeben.
- Andererseits die radikale, entgegengesetzte Antwort: Totale Verstaatlichung oder Vergesellschaftung der Produktionsmittel, um den angeblichen Grundwiderspruch unserer Wirtschaftsform zu beseitigen, der darin besteht, daß gemeinsam produziert, aber nur vereinzelt profitiert wird.

Zwischen diesen beiden extremen, aber durch die historische Erfahrung entwerteten Modellen gibt es viele Kompromißlösungen, die teils der Liberalität, teils der staatlichen Lenkung mehr Gewicht einräumen.

Unsere Soziale Marktwirtschaft steht zwischen den Extremen: Sie überläßt die meisten wirtschaftlichen Entscheidungen den Konsumenten, sie ist also eine demokratische Wirtschaftsorganisation, aber sie verzichtet nicht auf Einwirkungen des Staates zur Erfüllung gesellschaftlicher oder globaler Bedingungen. Ihr besonderer Vorzug liegt im Anreiz für den Leistungswillen und die Kreativität jedes einzelnen Bürgers.

Böswillige Kritiker werfen der Sozialen Marktwirtschaft vor, sie sei ein planloses System, in dem sich der wirtschaftlich Stärkere gegen soziale Notwendigkeiten durchsetze und in dem der theoretisch bestehende Wettbewerb praktisch durch Kartelle und dergleichen unterlaufen werde.

Mißt man die Soziale Marktwirtschaft aber nicht an Vorwürfen vom grünen Tisch, sondern an ihrer Praxis, so zeigt es sich, daß sie eine gut funktionierende Wirtschaftsform ist, bei der

weder übergeordnete Probleme unlösbar sind,
noch wirtschaftliche Gruppierungen unkontrolliert wuchern,
noch die Wünsche der Konsumenten überfahren werden.

Bei der Komplexität modernen Wirtschaftens wird der Konsument eben nur dann nicht vergewaltigt, wenn ihm selbst Spielraum für wirtschaftliche Entscheidungen eingeräumt wird.

Gerade dieser Gesichtspunkt macht die Soziale Marktwirtschaft so demokratisch: Über die Verteilung des Sozialprodukts entscheiden nicht Funktionärsgremien, sondern jeder einzelne von uns nach Maßgabe eines letztlich durch Leistungen erworbenen Anspruchs.

Das letzte Urteil über eine Wirtschaftsform kann nur die Praxis fällen. Hierfür ist der Vergleich zwischen der Bundesrepublik Deutschland und der Deutschen Demokratischen Republik besonders überzeugend: Zweifellos sind unsere Landsleute drüben nicht weniger intelligent oder weniger fleißig, aber mit dem aufgezwungenen Wirtschaftssystem gelang es ihnen nicht, einen dem unsrigen vergleichbaren Wohlstand aufzubauen. Nach beinahe dreißig Jahren ist dies nicht mehr als Folge der Demontage der Industrie durch die sowjetische Besatzungsmacht zu erklären, hier zeigt sich tatsächlich die ineffizientere Wirtschaftsform.

Kennzeichnend hierfür ist folgender Vergleich[9]:

»... wurden mit 1000 DM Investitionen des jeweiligen Vorjahres in der Bundesrepublik 282 DM Sozialprodukt neu geschaffen; die DDR erreichte aber nur 182 DM. Während der Nutzeffekt der DDR-Investitionen für den gesamten Zeitraum von 1960 bis 1970 im Durchschnitt bei 64 Prozent des Niveaus in der Bundesrepublik lag, fiel er 1968 auf 57 Prozent, 1969 auf 50 Prozent und 1970 sogar auf 37 Prozent zurück. Diese Kennziffern dürften deutlich machen, daß ohne die in einer Marktwirtschaft wirksamen Kapital- und Produktionslenkungsmechanismen Fehlinvestitionen die Folge sind.«

Die Schwächen der Sozialen Marktwirtschaft andererseits zeigen sich vor allem dort, wo keine ständige Nachfrage artikuliert wird, z. B. bei der Lösung von Gemeinschaftsaufgaben wie Bildungssystem oder Gesundheitswesen. Hier entstand ein großer Nachholbedarf.

Die Soziale Marktwirtschaft ist aber ein bewegliches Gebilde, ihre Anpassungsfähigkeit ermöglicht die Lösung neuer Aufgaben und ihre Effizienz gestattet vieles zu leisten, was andernorts zwar gefordert, aber nicht geleistet werden kann.

Es ist aber eine Verdrehung der Tatsachen, wenn der unübertrefflich demokratische Gehalt der Sozialen Marktwirtschaft geleugnet wird, beispielsweise durch die Behauptung, sie sei bestimmt durch »Konsumterror«. Wer dies behauptet, spricht dem Bürger die Mündigkeit ab, Entscheidungen frei zu treffen. Terror des Konsums herrscht dort, wo der Konsum fremdbestimmt ist und Menschen ohne Auswahl das konsumieren müssen, was ihnen vorgesetzt wird.

Aber zweifellos müssen zur Lösung neuer Aufgaben auch neue Werkzeuge geschaffen werden. Ein Werkzeug zur Lösung der Umweltschutz-Probleme ist das »Verursacherprinzip«.

Publikationen des Bundesministeriums des Inneren vom Oktober 1973 [10, 11] ist zu entnehmen:

Das Verursacherprinzip ist ein Kostenzurechnungsprinzip, das Wirtschaftssubjekte (privatwirtschaftliche und öffentlich-rechtliche) veranlaßt, Umweltbelastungen in die interne Kostenrechnung aufzunehmen. Es bedeutet den Abschied von der einstigen Auffassung, daß die Benutzung der Umweltressourcen (Luft, Wasser und Boden) nichts kostet. Das Verursacherprinzip soll nicht nur zur reinlicheren Erzeugung gleichbleibender Produkte führen, sondern auch zum Ersatz verunreinigender Produkte durch andere.

Die Schwierigkeiten der Zurechnung beginnen dort, wo Umweltbelastungen durch mehrere Verursacher oder durch mehrere hintereinander gesetzte Bedingungen entstehen (»Verursacherkette«).

Dies wird besonders deutlich am Beispiel des Kraftfahrzeugs: Wer ist hier Verursacher der Luftverunreinigung, der Hersteller des Kraftfahrzeugs, sein Benutzer oder der Lieferant des Kraftstoffes?

Nach amtlichen Überlegungen soll vor allem dort angesetzt werden, wo mit geringstem Aufwand die Umwelt am wirkungsvollsten geschützt werden kann.

Es ist schwierig zu verhindern, daß Betroffene auf Umweltbelastungen ausweichen, für die es noch keine Regelungen oder Meßmethoden gibt.

Schwierig ist auch die Bewertung mancher Umweltbelastungen wie z. B. der Korrosionsschäden an Bauten oder der Veränderungen des Kleinklimas.

Den gegenwärtigen Stand der Diskussion kennzeichnet ein Beschluß der »Umweltministerkonferenz« vom 6. April 1973:

»Nach Ansicht der für Umweltfragen zuständigen Minister

und Senatoren der Länder und des Bundes sollte die Verbreitung umweltverträglicher oder rohstoffschonender . . . Produkte und Verfahren im Rahmen der Steuergesetzgebung in der Weise gefördert werden, daß Maßstab der Besteuerung die Umweltverträglichkeit des Produktes oder des Verfahrens wird. Das gilt insbesondere für eine verstärkte steuerliche Belastung derjenigen Produkte und Verfahren, die in erheblichem Ausmaß die Umwelt beeinträchtigen.«

Es wurde auch ausdrücklich festgestellt:

»Im Gegensatz zu manchen Befürchtungen in der Wirtschaft wird die Anwendung des Verursacherprinzips nicht zu staatlichem Dirigismus und Eingriffen in den Wettbewerb führen, sondern im Gegenteil Wettbewerb und Dispositionsvermögen des Unternehmens stärken. Eine sonst leicht ausufernde staatliche Bürokratie wird durch die dem Markt gegebenen Anreize und Orientierungen vermieden. Insofern wird das System der Marktwirtschaft bestätigt.«

Wie hilflos marxistische Theoretiker der Anpassungsfähigkeit unseres liberalen Systems gegenüberstehen, zeigt Ernest Mandels »Kritik« am Verursacherprinzip [12]:

»Von Apologeten des kapitalistischen Systems ist folgender Vorschlag gemacht worden: Da viele der Fehlentscheidungen über Technologie und Investitionen, die zur Umweltkrise geführt haben, durch kostenlose Güter verursacht werden, schaffen wir doch einfach die kostenlosen Güter ab. Wenn die Luft etwas kostet, wenn das Wasser etwas kostet, dann wird die Verschwendung dieser Ressourcen aufhören. Die Folgen können Sie sich ausmalen. Wir werden zahlen müssen, um atmen zu dürfen. . .«

Nein: Nicht die Luft soll etwas kosten, sondern deren Verunreinigung; das Verursacherprinzip wurde nicht für »das Kapital« und »die Unterdrücker« geschaffen, sondern für die Bürger, denen man eine saubere Luft erhalten will.

Eine solche »Kritik« sagt gar nichts über unsere liberale Wirtschaftsform aus – aber alles über den »Kritiker«, über das Ausmaß seiner Demagogie.

Die industriell Verantwortlichen sind meist jeder staatlichen Einwirkung abgeneigt. In der gegenwärtigen Situation könnte aber eine verständige Wirtschaftspolitik viele Chancen in die

Wirtschaft hineintragen.

Durch die Verhinderung unerlaubter Deponie entstehen nicht nur »Abfallbörsen«, sondern auch ein neuer und vermutlich umfangreicher Industriezweig: die »Antiproduktion«, die unschädliche Beseitigung oder Aufbereitung verbrauchter Produkte. Er entsteht durch notwendige staatliche Eingriffe in das Wirtschaftsgeschehen.

Eine Fabrik, die umweltbewußt organisiert ist, wo beispielsweise Abwässer und Abgase sorgfältig gereinigt werden, erfordert höhere Investitionen und wirft deshalb weniger Rendite ab als eine andere Fabrik, welche nicht umweltbewußt organisiert ist. Hier bringt die Verantwortungslosigkeit Vorteile.

Der Nachteil des verantwortungsvollen Managements kann nur durch Regulationen übergeordneter Instanzen beseitigt werden. Hierbei ist nicht nur an nationale Regierungen zu denken, mehr noch an übernationale, z. B. gesamteuropäische Instanzen.

Diese Überlegungen sollen zwei Tatsachen deutlich machen: Die Einwirkung überwirtschaftlicher Instanzen muß nicht immer störend sein, sie kann einerseits ganz neue Produktionen (»Antiproduktionen«) erschließen und andererseits die Chancengleichheit der verantwortungsvoll Entscheidenden wieder herstellen. Deshalb sollte meines Erachtens das häufig bestehende (und häufig begründete) Mißtrauen der wirtschaftlich Verantwortlichen gegenüber dem Staat gemildert werden, die zukünftigen Probleme sind nur in vertrauensvoller Kooperation zu lösen.

Aber hierzu muß der Staat vieles beitragen: Er muß sich glaubwürdig von Tendenzen abgrenzen, welche die Bewegungsfreiheit der Unternehmer unnötig einschränken und in ein staatlich gelenktes Wirtschaftssystem führen. Die gegenwärtige Umbruchssituation braucht die Beweglichkeit freier Unternehmer, sie können sich schneller und wirkungsvoller neuen Gegebenheiten anpassen als Funktionäre.

Der Umweltschutz muß politisch redlich betrieben werden, wenn man ihm nicht schaden will. Aber häufig regt sich hier Agitation, die nicht die Umwelt schützen, sondern Macht erringen will.

Grotesk ist M. Kades Behauptung[13]:

»Die Umweltkatastrophe ist eine Erscheinungsform des Grundwiderspruchs der kapitalistischen Produktionsweise, des Widerspruchs zwischen dem gesellschaftlichen Charakter der Produktion und der privaten Aneignung der Produktionsergebnisse.«

Diese Behauptung ist so unsinnig wie die Behauptung, die Umweltzerstörung sei die *»gnadenlose Folge des Christentums*[14]«.

Deshalb sei klar gesagt: Der Grad der Umweltzerstörung hängt vor allem ab von der Bevölkerungsdichte und dem Industrialisierungsgrad, aber kaum vom Gesellschaftssystem oder der Konfession.

Wenn der Umweltschutz wirksam und seine Bürgerinitiativen glaubwürdig bleiben sollen, dann müssen sie sich von derartigen ideologischen Beschränktheiten deutlich abgrenzen.

Auch darüber muß man sich im klaren sein: Die Aufwendungen für den Umweltschutz sind sehr hoch, Schätzungen für die nächsten fünf Jahre liegen über hundert Milliarden DM. Diese Mittel müssen andernorts eingespart werden.

Schließlich ist zu bedenken: Der Umweltschutz ist nicht unser einziges Problem. Wir müssen auch das ganz andere Problem lösen: Wie können wir unser Land mit vielen Essern und geringen Bodenschätzen ernähren? Man kann mit überzogenen Umweltschutzforderungen durchaus die Existenzgrundlagen unseres exportabhängigen Landes zerstören. Wir müssen aber zwei Voraussetzungen unserer Existenz gleichzeitig schaffen: die menschenwürdige Umwelt und die konkurrenzfähige Industrie.

Die entscheidende Frage ist hierbei wohl: Werden die »richtigen« Produkte und Leistungen erzeugt? Wie schwierig die Antwort auf diese Frage ist, mögen folgende Überlegungen zeigen:

Es gibt scheinbar Produkte, über deren Wünschbarkeit kaum Widersprüche bestehen, sogenannte »gute« Produkte, wie z. B. unverfälschte Nahrungsmittel, praktische Bekleidung, gesunde Wohnungen, wirksame Medikamente usw. Aber bei weiterem Nachdenken stellen sich doch Zweifel ein, ob diese Kennzeichnung »guter« Produkte so einfach ist: Möchten wir tatsächlich nur unverfälschte Nahrungsmittel, oder sollten sie auch ansehnlich sein, möchten wir nicht auch modische Bekleidung, komfortable Wohnungen, können wirksame Medikamente nicht auch gefährliche Medikamente sein usw.?

Mit vorwurfsvollem Ton wird der Mensch (von W. Schmidbauer) als »Homo consumens« bezeichnet[15] und behauptet, zu den nicht lebensnotwendigen, zum großen Teil sogar gesundheitsschädlichen Konsumgütern zählten mindestens 90 Prozent der Autos (da man ja Busse, Taxis, Müllfahrzeuge und Krankenwagen nicht entbehren kann), ferner die gesamten Kosmetika, die meisten Medikamente, die meisten Kleider, viele Nippes usw. Schmidbauer rechnet auch Genußmittel dazu, vor allem Alkohol und Tabak, für die allein in Deutschland jedes Jahr über 30 Milliarden Mark ausgegeben werden und kommt schließlich zu der Behauptung, »*. . . daß das Prinzip Verschwendung etwa 80 Prozent unserer Produktion beherrscht*«.

Bei der Erwähnung der Nippes mag mancher innerlich zugestimmt haben, der bei Alkohol und Tabak widersprechen möchte. Wie steht es schließlich mit dem privaten Kraftfahrzeug, auf das fortwährend zu schimpfen und es fortwährend zu benutzen das übereinstimmende Merkmal vieler »kritischer Köpfe« ist?

Offensichtlich ist es gar nicht so leicht, »gute« und »schlechte« Produkte zu unterscheiden.

Die linke Gesellschaftskritik fordert immer wieder, daß die demokratischen Marktentscheidungen der Verbraucher durch globale Steuerungen ersetzt werden. Ich halte es aber in Übereinstimmung mit Helmut Schoeck[16] für unzumutbar, wenn »*. . . endlose Palaver von mißvergnügten Intellektuellen, die für ihre beschränkten Mitbürger entscheiden, was notwendig und was Luxus ist, . . . in Zukunft an Stelle der bisherigen Kräfte treten, denen wir die Innovationen auf den meisten Gebieten verdanken.*«

Es ist eine hochpolitische Frage, ob und wie weit man unsere bisherige liberale Wirtschaft ersetzen will durch zentrale Steuerungsmechanismen. Was wir in naheliegenden »sozialistischen« Staaten über die Leistungen zentraler Steuerungsmechanismen beobachten können, sollte uns als Warnung dienen: Das Angebot für den Konsumenten ist von öder Trostlosigkeit und die Effizienz der Gesamtwirtschaft gering.

Man sollte sich hierbei nicht durch die Agitation verwirren lassen, welche auf die gelegentliche Vernichtung von Überschüssen im liberalen Westen hinweist: Der Unterschied zwischen der liberalen Wirtschaft des Westens und der gesteuerten Wirtschaft des Ostens ist nicht, daß bei uns Güter vernichtet werden, dort aber nicht, sondern, daß hier derartige Dispositionsmängel publiziert werden, dort aber viel größere Fehldispositionen aus ideologischen Gründen verheimlicht werden.

In den teilweise absurden Vorschlägen mancher zeitgenössischer Gesellschaftskritiker steckt aber doch ein wahrer Kern: Die bisherigen Motive industrieller Entwicklung sind für die Zukunft unzureichend, zur Initiative muß die Verantwortung für das Gesamtwohl kommen, aus der naiven Marktwirtschaft muß tatsächlich eine Soziale Marktwirtschaft werden, in der auch (!) durch staatliche Einflußnahme der industriellen Entwicklung Grenzen und Prioritäten gesetzt werden. Die Zeiten der »Cowboy-Ökonomie« sind zu Ende, wir müssen darüber nachdenken, wie wir die begrenzten Ressourcen dieser Erde – vom begrenzten Kulturboden und den begrenzten Rohstoffvorräten bis hin zur endlichen Luftmenge – so nutzen, daß nicht nur wir, sondern auch unsere Kinder und Enkel noch ein Leben hoher Qualität führen können.

Durch die linke Gesellschaftskritik geistert auch ein grandioser Fehlschluß:

Die Erhaltung unserer Erde ist nicht möglich im Kampfe aller gegen alle. Dieses »imperialistische« Prinzip führt zu ihrer Zerstörung.

Also – so wird falsch geschlossen –:
Die politischen und wirtschaftlichen Entscheidungen müssen kollektiviert werden.

Hierdurch werden aber tatsächlich die globalen Probleme nicht besser gelöst.

Nehmen wir beispielsweise eine Fabrik, die vor der Entscheidung steht, Investitionen für den Umweltschutz aufzubringen: Das Kollektiv der Arbeitnehmer, denen diese Mittel vom Lohn abgehen, ist den Investitionen so abgeneigt wie der Vorstand, der sie von den Ansätzen für produktive Investitionen abziehen muß.

Ähnlich steht es im politischen Bereich: Die Bereitschaft zum

Umweltschutz oder zur Geburtenbeschränkung, ja schon zur militärischen Abrüstung, ist vom Grad der Kollektivierung der Entscheidungen ziemlich unabhängig, häufig findet man sogar den obigem Fehlschluß entgegengesetzten Zusammenhang.

Ein deprimierendes Beispiel lieferte Indien: Ein Land, das zu den ärmsten der Erde gehört und schweren sozialen Problemen bis hin zur allgemeinen Hungersnot entgegengeht, verwendet – mit stärkster kollektiver Zustimmung – seine geringen und teilweise aus der Entwicklungshilfe stammenden Mittel dazu, atomare Sprengsätze zu entwickeln und herzustellen[17]. Hätte Indien doch eine Autorität vom Range Mahatma Gandhis, welche die Entscheidungskollektive vom Wege des Imperialismus weg zur Lösung seiner globalen Probleme manipulierte: Zur wirksamen Nahrungsmittelproduktion, zu einer sozialen Wirtschaftsform und zur Gewaltlosigkeit!

Unsere eigene Geschichte zeigt deutlich, wie leicht Kollektive für die verrücktesten Ziele motiviert werden können: bis hin zur Forderung »Kanonen statt Butter!« und »Wir wollen den totalen Krieg!«. Es ist die traurige Erfahrung unserer Zeit, daß demokratische Entscheidungen manchmal sehr schlechte Entscheidungen sind. Der »gute Mensch in seinem dunklen Drange« ist sich des rechten Weges gar nicht bewußt.

Unsere neuesten Erfahrungen zerstören auch die Hoffnung, gewerkschaftliche Kollektive seien in jedem Fall dem Gemeinnutz verpflichtet, haben sie doch ihre Gruppeninteressen gegen die übereinstimmenden Warnungen aller Fachleute hemmungslos durchgesetzt.

Angesichts des gegenwärtig so wichtigen Problems, den Anteil des privaten Konsums am Sozialprodukt zu verkleinern, sind die ständig gleichbleibenden Gewerkschaftsforderungen nach Lohnerhöhungen recht dubios. Offensichtlich gelingt es den Gewerkschaften nicht, aus der erstarrten Routine ständiger Forderungen herauszutreten und sich wirksam für den Gemeinnutz zu engagieren und das zu fördern, was sie als »Lebensqualität« propagieren.

Wo sich viele Menschen zusammentun, um gemeinsame Absichten im Kollektiv zu erreichen, werden diese Absichten regelmäßig verfälscht. Die wichtigsten Gründe für diese Verfälschung sind:

1. Der Zusammenschluß setzt die Vereinheitlichung der ursprünglich unterschiedlichen Absichten voraus. Um viele Parteigänger vereinen zu können, müssen die Absichten auf den kleinsten gemeinsamen Nenner reduziert werden: Simple Denkmodelle ersetzen gute.
2. Die zur politischen Handlungsfähigkeit und Glaubwürdigkeit notwendige Konstanz der normierten Absichten zwingt zu sprachlichen Festlegungen und Programmen, die den zeitlich wechselnden Bedingungen und Erfahrungen nicht immer folgen können und deshalb leicht unzeitgemäß werden.
3. Zur Verwirklichung müssen die Absichten in einzelne Teilschritte aufgelöst werden. Aber hierbei ist nicht sicher vorauszusehen, zu welchem Ergebnis die Teilaktivitäten in der wandelnden Szenerie schließlich führen.
4. Vor neuen Problemen, zu deren Bewältigung die Organisation noch keine Übereinstimmung gefunden hat, sind heuristische Aktivitäten zu erwarten, die möglicherweise mit den ursprünglichen Absichten unvereinbar sind.
5. Die Profilierung, die Abgrenzung gegenüber Konkurrenten zwingt oft zu Abweichungen von den ursprünglichen Absichten.
6. Da es ein wesentliches Element politischen Handelns ist, Mehrheiten für seine Absichten zu gewinnen, geht die Akkumulation von Macht zwangläufig über »absichtsfremde« Bündnisse.
7. Die Träger der kollektiv verbundenen Macht, die Funktionäre, sind als Menschen weder frei von Irrtum noch von Selbstsucht und werden deshalb Vagheiten, Ermessensspielräume und Mehrdeutigkeiten nicht immer im Sinne der ursprünglichen oder der revidierten Absichten ausfüllen.

Derartige Effekte führen dazu, daß kollektive Machtanhäufungen gefährlich sind und durch Erfolge immer gefährlicher werden. Sie entfernen sich von den Absichten, aus denen sie eigentlich entstanden und werden immer mehr zur Macht an sich, für welche die ursprünglichen Absichten mehr Alibi als Motiv sind. Diese Entwicklung kann man mehr oder weniger deutlich bei allen großen Organisationen beobachten – von Gewerkschaften bis hin zu multinationalen Konzernen.

Alle erfolgreichen Organisationen nähern sich schließlich dem organisatorischen Endziel: Macht als Selbstzweck.

Unter den Autoren, die ein Bild zukünftiger Realitäten darzustellen versuchten, ist George Orwell wohl der interessanteste. In seinem utopischen Roman »1984« [18] beschreibt er die nachliberale Gesellschaft, das Leben der Menschen nach der totalen Machtübernahme durch das Kollektiv:

Dort sieht dich überall der GROSSE BRUDER an, überall lauern TELEVISOREN, die sehen, hören und Befehle geben. Die Wahlsprüche der Partei sind:

KRIEG BEDEUTET FRIEDEN
FREIHEIT IST SKLAVEREI
UNWISSENHEIT IST STÄRKE

Der Titelheld zögert, ein Tagebuch anzulegen: Das ist zwar nicht illegal (da es keine Gesetze gibt, ist gar nichts illegal), aber falls man ihn erwischen würde, müßte er mit der Todesstrafe oder fünfundzwanzig Jahren Zwangsarbeit rechnen. Er muß auch an der ZWEI-MINUTEN-HASS-Sendung teilnehmen. Hier stimmen alle Versammelten einen rhythmischen Sprechchor an:

»G–B! . . . G–B! . . . G–B! . . .«

Dies ist einerseits eine Hymne auf die Allwissenheit des GROSSEN BRUDERS und andererseits eine Selbsthypnose, ein absichtliches Übertönen des Bewußtseins durch rhythmischen Lärm.

Wer nicht mitmacht, ist ein GEDANKENVERBRECHER und wird VAPORISIERT.

Das WAHREITSMINISTERIUM macht aus der normalen Sprache eine ganz neue Sprache, das NEUSPRECH. Hier kommt beispielsweise das Wort »frei« nur noch in dem Sinne von »Dieser Hund ist frei von Flöhen« vor, nicht aber im Sinne politischer oder geistiger Freiheit. Wörter wie Ehre, Gerechtigkeit, Moral, Wissenschaft und Religion gibt es nicht mehr.

In NEUSPRECH ist nicht mehr ausdrückbar, was die amerikanische Unabhängigkeitserklärung sagte:

». . . daß der Schöpfer . . . unabänderliche Rechte verliehen hat als solche sind: Leben, Freiheit und das Streben nach Glück. Daß, um diese Rechte ihnen zu sichern, Regierungen unter den Menschen eingesetzt worden sind, deren gerechte Gewalt sich von der Zustimmung der Regierten herleitet. Daß, wenn immer

eine Form der Regierung zerstörend in diese Endzwecke eingreift, das Volk das Recht besitzt, diese zu ändern oder abzuschaffen und eine neue Regierung einzusetzen. . .«

Dieser liberale Grundsatz wird in NEUSPRECH zu einem einzigen Begriff: VERBRECHDENK; also eine Denkweise, die im nachliberalen System verbrecherisch ist und ausgerottet wird.

W. Hildebrandt[19] sieht drei soziale Tendenzen, die ins nachliberale Zeitalter führen:

1. Die ausufernde Nivellierungstendenz als Abbau gewachsener Strukturen oder der Angleichung ihrer Profile: Selbständige werden zu Lohnabhängigen (was sie entgegen marxistischen Vorurteilen leicht hinnehmen), die Rollen von Mann und Frau gleichen sich im Berufsleben und im familiären Bereich einander an usw.
2. Die immer großräumigere, intensivere und effektivere Organisiertheit erfaßt alle Lebensbereiche: Gebietsreform, Gesamtschule, Gesamthochschule, Fusionen, wuchernde Bürokratie, Verwissenschaftlichung, Professionalisierung usw.
3. Die Ideologisierung von Organisationsproblemen. Scheinbar pragmatisch zu lösende Fragen werden zu Glaubensfragen: Lehrlingsausbildung, Hochschulstruktur, Mitbestimmung, Verkehrstarife, Verlagsorganisation usw. Die einst vermutete »Entideologisierung« wird rückgängig gemacht, alles wird zum Glaubenskampf.

Diese drei sozialen Tendenzen hängen wohl mit psychischen Tatsachen zusammen:

– Mit der zunehmenden Entfremdung von der Realität: Man nimmt nicht mehr selbst wahr, sondern man läßt wahrnehmen, denken und kommentieren, man hofft und freut sich nicht mehr und betäubt den Schmerz; schließlich delegiert man seine Interessen an Interessenverbände und ihre Funktionäre.
– Der Entfremdung von der äußeren Realität folgt die innere Entfremdung: Man verliert Affekte, wird gleichgültig gegen seine eigenen Eigenarten und bemüht sich nicht um deren Kultur, man verliert an Autonomie, subjektivem Freiheitsbedürfnis und psychischem Eigentum. Übrig bleibt das Animalische, Dumpfheit, Neid und Haß.

Das Ganze erscheint als eine Kapitulation vor der Komplexität unserer Welt und der Verführung, auch ohne eigenes Engagement existieren zu können.

Nach dieser Kapitulation erscheint dann das Kollektiv als soziale Endlösung.

Aber es kann die Endlösung nur für Menschen sein, die nicht mehr ganz Mensch sind, die auf ihre Autonomie schon verzichtet haben.

Wer hierauf noch nicht verzichtet hat, der muß für diese unsere liberale Lebensform und gegen die kollektivistische Endlösung kämpfen.

8. Unternehmer oder Funktionäre?

Bevorzugte Ziele antiliberaler Angriffe sind bei uns außer den Medien

das Bildungswesen, besonders Universitäten, und
die Wirtschaft, besonders Unternehmer.

Die Angriffe gegen sie stimmen darin überein, daß sie

- von außen kommen,
- nicht aus dem Sachverstand herauswachsen und
- keine Rücksicht auf die Funktionsfähigkeit nehmen.

Die Folgen dieser Veränderungen im Bildungswesen sind deutlich: Unser einst hochwertiges Bildungssystem wurde in einen Zustand versetzt, der im internationalen Vergleich schlecht abschneidet und den Steuerzahler nutzlose Milliarden kostet.

Wir konnten uns dies leisten, weil unsere Wirtschaft noch nicht von »progressiven« Phantasten zugrunde gerichtet ist, aber wir können es uns nicht leisten, auch noch unsere Wirtschaft zugrunde richten zu lassen.

Wohlgemerkt: Es geht nicht darum, die Notwendigkeit von Reformen im Bildungswesen oder in der Wirtschaft zu bestreiten – wo alles in Bewegung ist, können sie nicht stehen bleiben.

Es geht darum, mit weniger ideologischer Beschränktheit aber mehr Sachverstand, Voraussicht und Redlichkeit zu verändern.

Die Zerstörung unserer Universitäten hielten viele Mitbürger für nebensächlich – bis sich allerorten Auswirkungen zeigten: In den Schulen, in den Medien und in der Vergiftung unserer sozialen Umwelt.

Gegenüber den Veränderungen unserer Wirtschaft sollte man weniger gleichgültig sein und rechtzeitig prüfen, wohin sie zielen und was ihre noch unbedachten Folgen sein könnten.

Vor allem sollte man die Absichten der treibenden politischen Kräfte sorgfältig beobachten – wird hier der Übergang in ein sozialistisches System vorbereitet, den noch kein Volk rückgängig machen konnte?

Der Rückblick auf die Jahre seit 1945 zeigt zwei historisch bedeutungsvolle Sachverhalte: Einerseits die erstaunliche Fähigkeit unseres Volkes, nach dem totalen Zusammenbruch in kurzer Zeit wieder einen enormen materiellen Wohlstand aufzubauen und andererseits den verhängnisvollen Pragmatismus dieses Aufbaus, seine vordergründige Geschäftigkeit, die auf Theorie verzichtete und sich an Zuwachsraten orientierte.

Ich fürchte, daß wir jetzt in eine Situation geraten, in welcher unser Wohlstand durch das Fehlen seiner theoretischen Begründung gefährdet ist oder gar schon abgebaut wird.

Bei diesem Prozeß spielen Leistungen und Fehlleistungen derer eine große Rolle, die man etwas pauschal als »Unternehmer« bezeichnet, also derjenigen, die das Funktionieren unseres technischen und wirtschaftlichen Systems durch Sachkenntnis, Fleiß, Kreativität, Risikobereitschaft und Verantwortung ermöglichen.

Hier sei davon abgesehen, ob die »Unternehmer« nun Eigentümer oder leitende Angestellte sind, diese beiden Gruppen verbindet die Verantwortung für das Unternehmen viel stärker als sie der unterschiedliche rechtliche Status trennt.

Die »progressiven« Reformer sind vor allem fixiert auf den Glauben

FUNKTIONÄRE SIND WENIGER EIGENNÜTZIG ALS UNTERNEHMER.

Es stört sie nicht, daß die Erfahrung eher das Gegenteil zeigt: Funktionäre haben sich in unserem demokratischen Lande hemmungslos gegen den Gemeinnutzen durchgesetzt und in totalitären Systemen erweisen sich Funktionäre regelmäßig als Handlanger ideologisch begründeter Machenschaften.

Typisch für die Aufstachelung des Eigennutzes durch Funktionäre ist ein Transparent, das demonstrierende Landwirte dem Bauernführer vorgehalten haben:

Heeremann bleib munter,
mach es wie der Kluncker!

Dieser Gewerkschaftsführer wurde offensichtlich zur Symbolfigur für die Durchsetzung von Eigennutz gegen Gemeinnutz. Was aber geschieht denen, die nicht demonstrieren und streiken können, z. B. den Sparern, die durch Fleiß und Konsumverzicht unseren gemeinsamen Wohlstand ermöglichten und deren Ersparnisse nun ständig entwertet werden; was geschieht mit Währung und mit Wirtschaft, wenn sich alle Gruppen so egoistisch und gewaltsam gegen Gemeinnutz durchsetzen?

(Die Geldentwertung ist zwar in unserem Lande geringer als in vielen anderen, aber dies entschuldigt nicht den Beitrag, den der Eigennutz zur Entwertung bringt.)

Der Glaube, nach Ersatz freier Unternehmer durch Funktionäre würde unsere Wirtschaft ein Paradies ohne Egoismus ist falsch. Richtig ist aber, daß nach Ersatz freier Unternehmer der allgemeine Wohlstand rasch abnehmen würde.

Der Beruf des Unternehmers ist die Lösung unnormaler Probleme: Aufbau und Stillegung, Hochkonjunktur und Rezession, Mangel und Überfluß usw., »normale« Zeiten kennen Unternehmer kaum. Aber auch wenn man die Unnormalität als das eigentliche Element unternehmerischen Handelns sieht, erscheint doch die gegenwärtige Situation in einem anderen Sinne als »unnormal«: Es geht jetzt nicht darum, daß freie Unternehmer mit allgemeiner Zustimmung oder Billigung ihre unnormalen Probleme lösen, es geht neuerdings darum, daß die Existenz des freien Unternehmers schlechthin als normwidrig bezeichnet wird.

Diese Feststellung mag dem oberflächlichen Betrachter als übertrieben erscheinen. Beispielsweise wandte sich unser Bundespräsident am 19. Oktober 1973 wohlwollend gegen Diffamierungen des Unternehmers:

»Es ist vielfach Mode geworden, den Unternehmer von heute zum Sündenbock jeder möglichen Unbill zu machen. Gelegentlich wird dem selbständigen Unternehmer sogar jegliche Existenzberechtigung abgesprochen [1]*.«*

Ähnlich freundliche Worte fanden Bundeskanzler und Minister. Brandt sagte noch wenige Tage vor seinem Sturz:

»Die Bundesrepublik Deutschland wird weder ein Gewerkschaftsstaat noch ein BDI- oder Unternehmerstaat. Sie geht weiter ihren Weg zum modernen, freiheitlichen und sozialen Bundesstaat, dessen Wirtschaft am Markt orientiert bleibt [2]*.«*

Wer sich also mit freundlichen und unverbindlichen Worten begnügt, der kann als Unternehmer frohgemut in die Zukunft sehen.

Gar nicht optimistisch kann aber sein, wer die langfristigen Veränderungen des politischen Kurses in unserem Lande beobachtet.

Zum Beispiel startete die gegenwärtige Regierungspartei die Aktion »Gelber Punkt«, bei der mit simplen Schlagworten wie »Gewinnexplosion«, »Preiswillkür« usw. dem Unternehmer die Schuld am Preisauftrieb in die Schuhe geschoben wird. Hierbei geht sie über die Preissteigerungen bei Staatsbetrieben (z. B. Bundespost) hinweg, für die keine freien Unternehmer verantwortlich sind.

Welche Ziele die in der Regierungspartei nachrückenden Strassers, Roths, Voigts usw. haben, ist bekannt: Ersatz freier Unternehmer durch Funktionäre, von denen behauptet wird, sie seien weniger eigennützig und irrend als Menschen, die durch Leistung zu Verantwortung kamen.

Da hört man dann z. B.: »*Wir wollen den Kapitalismus abschaffen, nicht aufkaufen*[3].«

Ganz deutlich wurden diese Absichten durch das Aktionsprogramm der Jungsozialisten für die Landeskonferenz Nordrhein-Westfalen am 20. April 1974[4]:

Die SPD habe »in dieser kapitalistischen Gesellschaft eine systemüberwindende Qualität«. Konkret gefordert wurde die Vergesellschaftung der Bodenschätze (Kohle, Erz, Erdöl) einschließlich der Verarbeitungsbetriebe; der eisen- und stahlerzeugenden Industrie; der chemischen Industrie; der Unternehmen der Energiewirtschaft; der Rüstungs-, Raumfahrt- und Luftfahrtindustrie; der elektronischen Industrie; der pharmazeutischen Industrie und der Gesundheitsversorgung; der Automobilindustrie; der großen Unternehmen der Investitionsgüterindustrie; der Unternehmen des Luftverkehrs und der Seeschiffahrt.

»*Vor allem muß mit der Ideologie der sogenannten ›freien Marktwirtschaft‹ aufgeräumt werden, die gegenwärtig im Kapitalismus nur noch in den Köpfen der Menschen existiert.*«

Diesen Ideen wurde von der SPD-Führung widersprochen. Aber: Wie glaubwürdig ist diese?

Bereits in Schulbüchern wird unsere Soziale Marktwirtschaft und der Unternehmer systematisch denunziert. Ein extremes Beispiel hierfür sind die »Hessischen Rahmenrichtlinien« über die eine von der »Vereinigung Hessischer Unternehmer« veranlaßte Untersuchung folgendes feststellt:

»Den Hessischen Rahmenrichtlinien liegt offenbar eine geschichtsphilosophische Betrachtungsweise zugrunde, wie sie vom historischen Materialismus entwickelt worden ist, nämlich: Die Produktionsverhältnisse beruhen auf der marktwirtschaftlichen Ausbeutung unterprivilegierter Gesellschaftsschichten bzw. Klassen, und die unterprivilegierten Klassen und Schichten werden durch die politischen Verhältnisse an der Wahrnehmung ihrer gesellschaftlichen Rechte gehindert[5].«

Unternehmer werden vor allem diffamiert durch den Verdacht, sie verdienten unvorstellbare Summen und sie seien die eigentlich Schuldigen am raschen Preisauftrieb.

Welche grotesken Vorstellungen hier bestehen, zeigte eine demoskopische Erhebung: Der Bundesbürger vermutet im Durchschnitt Unternehmergewinne in Höhe von etwa 26 Prozent des Umsatzes, während sie tatsächlich weniger als ein Zehntel dessen betragen[6].

Solche Vorurteile haben viele Ursachen, vor allem das geringe Verständnis der Öffentlichkeit für wirtschaftliche Zusammenhänge. Die »Frankfurter Allgemeine Zeitung« brachte hierzu eine bezeichnende Glosse[7]:

»Radiohändler Klein hat einen Fernsehapparat für 800 DM eingekauft. Ein Viertel dieses Einkaufspreises rechnet Herr Klein als seinen Gewinn hinzu. Wie teuer wird er das Gerät verkaufen? So lautet eine Schulaufgabe aus Westermanns »Mathematik für die Grundschule«. Damit bekommt schon der Grundschüler eingetrichtert, was später auch noch so gut gemeinte Aufklärungskampagnen nicht mehr auslöschen können: Was der Kaufmann auf den Einkaufspreis draufschlägt, ist der Gewinn, und der ist, wie man sieht, groß. Der Leser fragt sich verwundert, wissen Westermanns Mathematiker wirklich nicht, daß aus dem Kalkulationsaufschlag sämtliche Kosten, vor allem Löhne und Ladenmiete und anderes, bezahlt werden müssen, ehe ein – wesentlich kleinerer – Gewinn übrig bleibt? Oder wird hier am Ende schon ideologische Basisarbeit geleistet?«

Viele Bürger haben kein rechtes Verständnis für Investitionen; sie begreifen sie vor allem als Vermögenszuwachs der Unternehmer, kaum jedoch als notwendige Voraussetzung zukünftiger Produktionsmöglichkeit und Arbeitsplätze.

Hier ist auch ein Vergleich der Zunahmen der Einkünfte in der Zeit 1960–1972 interessant[8]:

Vermögenseinkünfte privater Haushalte	+ 383 %
Arbeitnehmereinkommen	+ 207 %
Bruttoeinkommen aus Unternehmertätigkeit und Vermögen	+ 97 %
Kapitalgesellschaften	+ 53 %

Diese Zahlen zeigen deutlich, wie wenig Sparer und Unternehmer vom Wirtschaftswachstum der letzten Jahre tatsächlich hatten.

Diese Entwicklung hat ernste Folgen: Die Menschen, die durch ihre Initiative, Sachkenntnis, Fleiß und Verantwortungsbewußtsein den Wohlstand unseres Landes begründeten, fühlen sich hier nicht mehr wohl, sie resignieren oder verlassen sogar unser Land. Zwar nahm in der Zeit von 1962 bis 1972 die Zahl freier Unternehmer in unserem Lande nur wenig ab (beim produzierenden Gewerbe etwa auf 81 Prozent), neuerdings aber verschlechtert sich rapide das Vertrauen freier Unternehmer in die politische und wirtschaftliche Entwicklung, so daß ihre Anzahl vermutlich unstetig abnimmt.

Hierüber sind vorläufig keine Erhebungen zu erwarten. Deutlich ist aber, was die »Interfinanz« in ihrem Jahresbericht 1973 über die Gründe für das Angebot an Unternehmen schreibt:

»... man hat Angst vor der Funktionärsmitbestimmung; viele mittlere Unternehmer ... verstehen die Welt nicht mehr. Ihnen fehlt auch der ehrgeizige Nachfolger; es scheint, als ob die Menschen, die sich früher in selbständige Führungspositionen in der Wirtschaft gedrängt haben, heute ihre Selbstbestätigung auf anderen Gebieten suchen. Außerdem wird die steuer- und sozialrechtliche Diskriminierung der Selbständigen gegenüber den Arbeitnehmern immer größer. Viele Unternehmer versuchen, ihre Arbeitgeber- und Kapitalgeberfunktion loszuwerden, um sich weiter als Berater, Erfinder, Konstrukteure, Vermittler oder Repräsentanten zu bestätigen, oft vom steuerbegünstigten Ausland aus[9].«

Jenseits aller psychischen Befunde, besonders der Hoffnungslosigkeit vieler Unternehmer zeigt sich, daß die Anzahl der Konkurse explosiv zunimmt. Die Zahlen signalisieren die wirtschaftliche Entwicklung zutreffender als solche dummen Propagandathesen wie »Gewinnexplosion«, »Profitgier« und »frei herumlaufende Raubtiere«.

Ich mache mich nicht deshalb zum Fürsprecher freier Unternehmer, weil ich hierdurch persönliche Vorteile hätte. Nein: Unser gemeinsamer Wohlstand beruht darauf, daß alle Organe unserer Wirtschaft ohne Vergewaltigung wirken können, die gegenwärtige Strangulierung freier Unternehmer führt zum voraussehbaren Abbau unseres gemeinsamen Wohlstandes. Die Überlegenheit der Sozialen Marktwirtschaft und des freien Unternehmertums über eine staatlich gelenkte Wirtschaft hat sich ja an zahllosen Beispielen gezeigt. Würden die Interessen der Arbeitnehmer stranguliert, dann würde ich mich ebenso entschieden für diese einsetzen (und ich habe es auch getan, als es angebracht war, z. B. in den Büchern »Falsch programmiert« und »Programm 2000«).

Ich sehe in der drohenden Ablösung freier Unternehmer durch Funktionäre den entscheidenden Schritt ins nachliberale Zeitalter: Wenn die wirtschaftlichen Abhängigkeiten nicht an eine Vielzahl verschieden denkender und toleranter Unternehmer gebunden sind, vielmehr an eine ideologisch gebündelte Bürokratie, dann werden bald auch die Meinungen durch eine ideologisch gebündelte Bürokratie gesteuert werden.

Grotesk ist, daß wir diesen entscheidenden Schritt ins nachliberale Zeitalter unter der Regierungsverantwortung einer liberalen Partei machen.

Friedrich Naumann, der Vorkämpfer des Liberalismus in unserem Lande, hatte zu Verstaatlichung und Vergesellschaftung noch die klare Meinung, die seinen Nachfolgern abgeht:

»*... daß die Leitung der großen, immer zunehmenden Produktionstätigkeit bei uns und auch sonst in der zivilisierten Menschheit in den Händen einer Unternehmerschicht liegt, deren eigenes Risiko, deren eigener Vorteil verbunden ist mit der Aufgabe der Leitung der Produktion überhaupt. Auch diejenigen, die da wünschen, es möchte das anders sein, also solche, die etwa auf dem Standpunkt dieses ... sozialdemokratischen Programms stehen, auch solche werden nicht sagen können, daß es heute Stellen gebe, die imstande wären, dem Unternehmer die*

Leitung der gewerblichen Tätigkeit aus der Hand zu nehmen[10].«

Wir haben in unserer Zeit – über Friedrich Naumann hinaus – die Erfahrung, daß staatliche Betriebe weder ertragreicher noch humaner als privatwirtschaftlich organisierte Betriebe sind. Friedrich Naumann hätte nach diesen Erfahrungen Sozialisierungstendenzen nicht leichtfertig den kleinen Finger gereicht.

Über einen zeitlich weit zurückliegenden Mitbestimmungsversuch berichtete Professor Dr. F. Baur[11]: Nachdem der Sohn von Carl Zeiss, des Begründers der Zeiss-Werke 1891 ausgeschieden war, übernahm die Werksleitung ein Kollegium, dessen erster Geschäftsführer Ernst Abbe war. Bei ihm war für Anstellung und Aufstieg ausschließlich die Leistung maßgebend. Die Löhne wurden erheblich verbessert, die Arbeitszeit schrittweise von 10 auf 9 und schließlich auf 8 Stunden im Tag herabgesetzt. Arbeitsbedingungen und Arbeitsschutz wurden laufend verbessert. Die Arbeiter wurden am Reingewinn und schließlich auch an der Werksleitung beteiligt. Da kam die Enttäuschung für Abbe: Die Arbeiter strichen die vorgesehenen Ausgaben für die Forschung und wollten alle Einnahmen für Lohnsteigerungen und soziale Verbesserungen verwenden. Sie übersahen, daß das Aufblühen des Werkes und die hohen Löhne der Arbeiter nur durch die bahnbrechenden Forschungen Ernst Abbes ermöglicht worden waren.

Die gegenwärtige Entwicklung – Abwertung des Unternehmers und der Sozialen Marktwirtschaft – kann nicht ausschließlich rational begründet werden, hierzu muß man die Motivation bedenken. Als die ehemaligen Soldaten nach dem totalen Zusammenbruch in ihre zerstörte Heimat und in die zerstörten Fabrikhallen zurückkehrten, war ihre stärkste Motivation, Wohnung, Kleidung, Essen, Arbeitsplätze zu schaffen und hierbei gab ihnen der »Arbeitgeber« tatsächlich etwas, nämlich die Gelegenheit, zu verdienen und wirkungsvoll aufzubauen. In dieser Situation entwickelte sich eine Solidarität, in der Klassenkampfdenken nicht angenommen wurde.

Seitdem sind nun beinahe dreißig Jahre vergangen, nur wenige kennen noch das Gefühl, trotz aller Schwierigkeiten aufbauen zu wollen, man hält den Wohlstand für selbstverständlich und bedenkt nicht, ein wie empfindliches Gebilde unsere

Technostruktur ist, wie leicht man sie zerstören, aber schwer man sie wieder herstellen kann. In dieser Situation entwickelt sich nicht mehr das Gefühl der Solidarität, an seine Stelle tritt der Neid auf den vordergründig besser gestellten Zeitgenossen.

Der Begriff »sozial« wird in vielen verschiedenen Bedeutungen gebraucht. Manche meinen, sozial sei eine Ordnung, in der alle gleich viel haben oder gleich viel bekommen.

Aber dieses Verständnis von »sozial« hängt mehr mit Neid zusammen als mit sozialer Gerechtigkeit.

Deshalb verstehe ich »sozial« anders – als ein ständiges Bemühen, möglichst vielen Menschen einen möglichst hohen Standard zu schaffen.

Der Unterschied zwischen diesen beiden Auffassungen von »sozial« zeigt sich bei der Wahl zwischen zwei Wirtschaftssystemen, von denen das eine allen gleichmäßig wenig, das andere allen mehr, einzelnen aber viel mehr bringt.

Wer sich für das erste entscheidet, ist nicht sozial, sondern neidisch. Wer nicht nur neidisch ist, muß sich für das andere Wirtschaftssystem entscheiden, das allen den höheren Standard bringt. Deshalb plädiere ich für die entschlossene Verteidigung unseres Wirtschaftssystems, der Sozialen Marktwirtschaft mit freien Unternehmern und deren Weiterentwicklung durch sachverständige und redliche Reformen; es bringt uns allen einen höheren Standard als »sozialistische« Systeme.

In diesem neidlosen Sinne handelt der Unternehmer sozial, der seinen Betrieb weitsichtig führt, wohlüberlegt investiert und damit Arbeitsplätze und Altersversorgung seiner Mitarbeiter sichert.

In diesem Sinne handelt unsozial, wer die unternehmerische Initiative behindert durch ein Gestrüpp von Vorschriften, bürokratische Wasserköpfe, Verhinderung von Investitionen, Erzeugung von Hoffnungslosigkeit. Unsozial handelt auch, wer den Leistungsanreiz beseitigt oder Erfolgreiche diffamiert.

Der Aufbau unseres zerstörten Landes nach 1945 beruht auf großen gemeinsamen Leistungen: von den Leistungen der Trümmerfrauen, welche die Straßen räumten und Ziegelsteine putzten, über die Leistungen vieler Arbeiter, Angestellten, Handwerker, Ingenieure usw. bis hin zu den unternehmerischen Leistungen beim Aufbau konkurrenzfähiger Produktionen und zur Organisation einer liberalen und effizienten Wirtschaft durch die politische Führung. Unser Wohlstand wuchs aus erbrachten Leistungen.

Gegenwärtig erscheint Zustimmung zur Leistung anachronistisch: »Progressive« Phantasten meinen allen Ernstes, in unserer Zeit könnte man das Leistungsprinzip durch das Lustprinzip ersetzen und passiv auf die Güter warten, welche uns vollautomatische Fabriken in den Schoß werfen.

Aber solche Vorstellungen haben weder mit der gegenwärtigen noch mit der zukünftigen Realität etwas zu tun:

– Wir müssen mit Geschick und Fleiß immer bessere Güter produzieren, um auch in Zukunft die große Zahl der Esser in unserem Ressourcen-armen Lande ernähren zu können, und
– wir müssen unseren Wohlstand in den voraussehbar harten internationalen Verteilungskämpfen der Zukunft verteidigen.

Die Leistungsbereitschaft wird in unserem Lande gegenwärtig von zwei Seiten her ausgehöhlt:

– einerseits ideologisch, vor allem durch die Wahnideen der Spätmarxisten,
– andererseits durch die Steuer- und Sozialgesetzgebung, welche den Anreiz zu hohen Leistungen verringert, aber niedrige Leistungen kaum noch straft.

Bei uns werden so viele Sicherungen gegen Notstände aufgebaut, daß es zu notabwendenden, bohrenden Denkprozessen kaum mehr kommt.

Auch wenn es höchst unzeitgemäß, ja unsozial klingt: Ich plädiere für

– gleiche Startchancen für alle,
– Schutz für Kranke und Alte und
– ein Leben lang die Chance, ungleich zu werden.

Aber ich plädiere gegen den Wohlfahrtsstaat, weil er die Wohlfahrt aller mindert. Wir sollten die Chance, ungleich zu werden, in sozialer Verantwortung gemeinsam verteidigen.

Welche unliberalen Vorstellungen auch in angeblich liberalen Köpfen bestehen, zeigte ein Gespräch mit einem Jungdemokratenfunktionär[12]. Auf die erstaunte Frage des Reporters, ob er den von Jungdemokraten vorgeschlagenen Spitzensteuersatz von 80 Prozent nicht für übertrieben hoch halte, antwortete der Jungdemokrat sinngemäß:

»Aber das betrifft doch nur ganz wenige, auf deren Stimmen kann man verzichten!«

Dies halte ich für eine erstaunlich unliberale und unsoziale Motivation: Es geht ihm offensichtlich nicht um soziale Vernunft und Gerechtigkeit, es geht ihm um Stimmen, also um Macht. Wer so denkt, der kann ohne Hemmungen erfolgreiche Unternehmer, Erfinder oder Künstler ausplündern und verjagen.

In »sozialistischen« Ländern werden hohe Leistungen individuell und kollektiv hoch bewertet. Da gibt es beispielsweise »Helden der Arbeit«, »Verdiente Erfinder« usw., denen man nicht nur Ehren, sondern auch materielle Vorteile bietet.

Der erste Sekretär der Komsomolzen (Sowjetische Jugendorganisation) forderte beim 17. Komsomolzen-Kongreß[13] die maximale Hebung der Arbeitseffektivität der Jugendlichen, Aneignung moderner Technik und berufliche Meisterschaft. Jede Stunde und jede Minute Arbeitszeit müsse gehütet, Anlagen und Maschinen maximal ausgenutzt und die Arbeitsdisziplin verschärft werden.

Er forderte, daß die Kommunisten die arbeitsfreudigste Gesellschaft in der Geschichte der Menschheit errichten, und tadelte, daß manche Komsomolzengruppen nicht gegen Bummler, Arbeitsplatzwechsler, Faulpelze und Ausschuß-Produzenten vorgehen.

Es gibt Beispiele dafür, daß Unternehmen durch ein schlechtes Management zugrunde gerichtet wurden und dann – nach Absetzung dieses schlechten Managements – vergesellschaftet erfolgreich weiter arbeiteten.

Mit solchen Beispielen wird zu beweisen versucht, daß Unternehmen ohne Unternehmer besser existieren könnten. Ich halte diesen Schluß für dubios:

- Erstens beweist ein schlechtes Management nichts für oder gegen eine unternehmerisch organisierte Wirtschaft,
- zweitens engagieren sich die Mitarbeiter nach dem Schock vor der befürchteten Arbeitslosigkeit stärker für den Betrieb, und
- drittens verzichten sie nach der Vergesellschaftung auf Ansprüche, die gegenüber dem Unternehmer nicht aufgegeben worden wären.

Die Gründe für die gegenwärtige Resignation vieler freier Unternehmer kann man so zusammenfassen:

1. Der Anreiz zur Übernahme unternehmerischer Risiken nimmt ab.
2. Die Freiheitsräume nehmen ab, die unternehmerische Initiative wird durch ein wucherndes Gestrüpp von Gesetzen und Verordnungen eingeengt.
3. Die Gegner des freien Unternehmertums haben sich organisiert und agieren erfolgreicher als die Unternehmer, die sich mehr für die Produktion des Wohlstandes als für politische Auseinandersetzungen engagieren.
4. Die Denunziation des Unternehmers wurde zur Gewohnheit und ist bereits Teil der Schulausbildung.
5. Dazu kommt der atavistische Neid, der es nicht erträgt, daß Menschen unterschiedlichen Wohlstandes zusammenleben, der zwar sieht, daß der Unternehmer mehr Geld verdient und teurere Autos fährt, der aber nicht sieht, was er meist dafür leistet.

Zweifellos tragen auch Unternehmer ein gerüttelt Maß Schuld an ihrer gegenwärtigen Abwertung: sei es nun durch einen unbescheidenen Lebensstil, durch Hemmungslosigkeit bei der Durchsetzung ihrer Interessen, durch Emigration in Steuerparadiese oder einfach dadurch, daß sie die öffentliche Auseinandersetzung kampflos feindlichen Tendenzen überlassen.

Hier sei besonders auf drei Tatsachen hingewiesen:

1. Unternehmer sind meist für politische Auseinandersetzungen schlecht qualifiziert. Vergleicht man ihre Ausbildung mit der planmäßigen und aufwendigen Ausbildung von Gewerkschaftsfunktionären, dann erkennt man die Gründe dieser Chancenungleichheit: Die eine Partei wird durch professionelle Funktionäre vertreten, die andere vielfach durch Amateure, deren guter Wille die fehlende Schulung nicht ersetzen kann.
2. Der typische Unternehmer oder Manager beteiligt sich nur unzureichend an der politischen Auseinandersetzung. Ihre Kontrahenten lesen, diskutieren und agieren; die Unternehmer haben aber hierzu meist wenig Zeit.

   So verständlich dies angesichts ihrer Überlastung auch ist, so gefährlich ist es zugleich: Ihr Überleben müssen sie durch persönliches Engagement bezahlen, hierzu reichen Wahlspenden nicht aus.

3. Viele Unternehmer sind zusätzlich verwirrt durch die gegenwärtige öffentliche Auseinandersetzung über die Grenzen des Wachstums: Sie befürchten hiervon recht mysteriöse Veränderungen in Wirtschaft und Technik. Tatsächlich sind aber die Konsequenzen viel weniger mysteriös, als viele vermuten: Man wird auch in Zeiten begrenzten Wachstums sich bemühen, mit minimalem Aufwand maximal zu produzieren. Allerdings wird die Zahl der übergeordneten Regulationen (ähnlich dem Verursacherprinzip) zunehmen.

Dies zeigt, wie paradox unsere Situation ist: Die Menschen, die durch Fleiß, Sachkenntnis, Kreativität und Verantwortung den Wohlstand unseres Volkes begründen, müssen auch noch erklären, weshalb ihre Funktion notwendig ist, und daß ihre Gegner nur Schlechteres bringen können.

Der entscheidende Vorzug freier Unternehmer über Funktionäre mit abstrakt festgelegtem Auftrag ist nicht nur ihre praktische Liberalität, sondern auch ihre Beweglichkeit, also ihr Geschick, auf wechselnde Situationen sinnvoll reagieren zu können.

Auch Planwirtschaften kommen ohne diese unkontrollierte Beweglichkeit nicht aus, sie spielt hier allerdings eine vielfach groteske Rolle. Dies zeigt beispielsweise folgende Satire[14]:

»Durch den Dschungel sowjetischer Planwirtschaft geistert eine seltsame Gestalt. Der Volksmund nennt sie ›Tolkatsch‹, grob übersetzt ›der Beschaffer‹. Aufgabe des ›Tolkatsch‹ ist es, Engpässe zu erweitern, Öl in das knirschende Räderwerk zentraler Planung zu gießen oder Sand aus dem Getriebe zu entfernen ... Nur das Heer der ›nach vielen tausenden zählenden Tolkatschi‹ macht es oft möglich, daß die gewünschte Zahl von PKWs vom Band rollt, Kaffeemühlen, Strümpfe oder Gemüsekonserven zu den Verbrauchern kommen, Eisenbleche oder Kupferdrähte im rechten Augenblick an der richtigen Stelle der Produktion eingesetzt werden können...

Die Moskauer Fabrik ›Zum Gedenken der Revolution von 1905‹ zum Beispiel braucht für die von ihr hergestellten Kaffeemühlen Kartons, sonst kann sie die Waren nicht an die Kun-

den liefern. Aber jeden Monat erklärt ihr die Kartonfabrik ›Upakowka‹, sie könne die gewünschte Verpackung nicht liefern, wäre selbst aber an einer Perforationsmaschine interessiert. Nun gehört die Produktion von Perforationsmaschinen nicht zum Programm der Moskauer Kaffeemühlenfabrik. Der Chefingenieur läßt sich trotzdem breittreten, ›Upakowka‹ erhält durch einen ›Tolkatsch‹ die gewünschte Maschine und die Moskauer Fabrik die Kartons, wobei der ›Tolkatsch‹ noch selbst an der Werkbank mithelfen mußte.«

Durch unsere progressive Literatur und soziologischen Seminare geistert die Vorstellung, in unserer Zeit sei Kreativität am besten durch Kollektive zu erzeugen. So schrieb beispielsweise Helge Pross[15]:

»Die Deutung des Unternehmers als eine Art Monopolist der Neuerung ist fragwürdig, weil Innovationen auf wirtschaftlichem Gebiet nur noch ausnahmsweise Sache identifizierbarer Einzelpersonen in Unternehmen sind.«

Im Gegensatz zu Helge Pross behaupte ich: Der eigentlich kreative Funke kommt regelmäßig aus einem einzigen Gehirn und nicht aus dem Kollektiv. Zur praktischen Durchsetzung braucht es allerdings ein aufnahmebereites Team. Zu dieser Einsicht führen allerdings keine Fragebögen, dies kann man nur in der Praxis, unmittelbar vor Ort erfahren.

Man kann dies nicht nur an historischen Beispielen zeigen (wie etwa Werner Siemens, Gottlieb Daimler, C. F. Benz, Robert Bosch oder Ernst Abbe), sondern ebenso auch an zeitgenössischen, wie Heinz Nixdorf, der in weniger als einem Jahrzehnt eine Weltfirma »aus der hohlen Hand« aufbaute, an Felix Wankel, der den Kreiskolbenmotor gegen härtesten Widerstand durchsetzte, oder an Walter Bruch, der das Farbfernsehsystem PAL erfand.

Nicht nur die wirtschaftliche oder technische Praxis, sogar Fußballkämpfe zeigen dies: Wenn Teams erfolgreich zusammenarbeiten oder erfolgreich zusammenspielen sollen, dann brauchen sie anspornende Vorbilder, seien es nun Fußballerpersönlichkeiten oder Unternehmerpersönlichkeiten.

Ich fürchte, daß unsere Fähigkeit, mit neuen Problemen fertig zu werden, beträchtlich abnimmt, wenn kreativen Menschen keine Freiheit und kein Anreiz mehr geboten wird.

Gerade in unserer jetzigen Umbruchsituation brauchen wir schnell wirksame technische und wirtschaftliche Neuerungen: Erschließung neuer Rohstoff- und Energiequellen, Substitutionen, Wiederverwendungsverfahren, Reinhaltungstechniken usw. Diese kommen nicht aus der Bürokratie und dürfen nicht durch sie behindert werden, vielmehr sollte der Staat rasch liberale Randbedingungen schaffen, unter denen kreative Menschen neuartige Problemlösungen entdecken, erfinden und organisieren können.

In der gegenwärtigen Mitbestimmungsdiskussion wird der Sachverstand vielfach durch unternehmerfeindliche Aversionen erstickt – vor allem dort, wo Entscheidungen durch die angeblich gleichberechtigten Partner – Kapital und Arbeit – getroffen werden müssen.

Aber vor kontroversen Entscheidungen ist Gleichberechtigung unmöglich, sie ist hier identisch mit Entscheidungs*un*fähigkeit.

Die Arbeitnehmervertreter, also die Gewerkschaftsfunktionäre, geraten hierbei auch in unauflösliche Interessenkonflikte: Einerseits müssen sie als Vertreter der Arbeitnehmer Forderungen stellen und andererseits müssen sie diese – wenn sie gegenüber dem Betrieb loyal sind – häufig ablehnen.

Es gibt nur zwei mögliche Auswege aus dieser Konfliktsituation:

- Entweder Rückkehr zur kompromißlosen Arbeitnehmervertretung (wie es für die meisten Gewerkschaften, vor allem der USA, selbstverständlich ist),
- oder aber vollständige Sozialisierung und vollständige Ausschaltung freier Unternehmer.

Hierzu ist von größtem Interesse, was nach einer DPA-Meldung Detlef Hensche, Leiter der Abteilung für Gesellschaftspolitik im Bundesvorstand des Deutschen Gewerkschaftsbundes, gesagt haben soll[16]:

1. *»Der DGB sieht die Mitbestimmung im Zusammenhang mit gesamtwirtschaftlicher Planung und Vergesellschaftung der Groß- und Schlüsselindustrie;*
2. *sobald eine politische Partei die Forderung nach Sozialisierung bestimmter Industriebereiche erhebt, wird der DGB aus seiner derzeitigen Reserve heraustreten;*

3. *die Mitbestimmung dient dem Eintrainieren für den Zeitpunkt der Sozialisierung, damit dann eingearbeitetes Personal das Management übernehmen könne.«*

Diese Meldung dementierend, beeilten sich die Gewerkschaften festzustellen, daß »der Deutsche Gewerkschaftsbund die Mitbestimmung niemals als Vorstufe zur Sozialisierung betrachtet habe [17]«. Ich weiß nicht, wie zutreffend die ursprüngliche DPA-Meldung und wie zutreffend die nachfolgenden Dementis sind, aber ich halte die ursprüngliche DPA-Meldung für eine überzeugende Erklärung der gegenwärtigen Gewerkschaftspolitik.

Eine klare Sprache hierzu spricht auch ein Musterreferat des Deutschen Gewerkschaftsbundes [18]:

»Wer heute von Partnerschaft redet, betreibt das Geschäft der Herrschenden ... Harmonie ist etwas für den Gesangsverein – nicht dagegen für die kapitalistische Wirtschaft...
Es geht vielmehr um Machtfragen. Wenn wir als Arbeitnehmer und Gewerkschaften die paritätische Mitbestimmung der Aufsichtsräte großer Unternehmen fordern, so wollen wir an der Macht teilhaben. Wir wollen den Fuß in der Tür haben...

Für uns ist Mitbestimmung ein Mittel zum Zweck: Wir wollen mit ihr andere Ziele erreichen...«

Man sollte hierbei vor allem bedenken: Gleichberechtigung wird dann zur Übermacht, wenn die Gewerkschaften Formen betrieblicher Vermögensbildung durchsetzen, bei denen sie auch noch als Vertreter des Kapitals auftreten.

Dann werden die tatsächlichen Kapitalgeber zu einer Minderheit, die man bei allen wesentlichen Problemen überstimmt.

Wie eine solche Entwicklung auf leitende Angestellte wirken wird, ist vorstellbar. Für sie wird das Aufstiegskriterium nicht mehr die Leistung im Betrieb, Vertrieb, Management, Forschung, Entwicklung oder Konstruktion sein, sondern das Wohlverhalten vor den alles entscheidenden Gewerkschaftsfunktionären.

Dann kann auch nicht mehr – wer sich mit der einen Firma verkracht hat – zur anderen Firma gehen, um dort mit neuem Mut nochmals anzufangen, sondern er wird – falls genehmigt – vom einen Genossen Generaldirektor zum anderen Genossen Generaldirektor wechseln und schließlich vor der Allmacht der

Funktionäre resignieren und kapitulieren.

Ich fürchte, aus diesen Mitbestimmungsdiskussionen werden wir in nicht allzu ferner Zukunft aufwachen und merken, daß Unternehmer, die man kritisieren und anklagen kann, ersetzt wurden durch Funktionäre, die zu kritisieren und anzuklagen niemand mehr wagt.

In der Schweiz scheint man diese Probleme gründlicher zu bedenken. Ein Vorschlag der Schweizer Ständeratskommission zu einem Gesetz über die Mitbestimmung sieht vor[19]:

»1. *Der Bund ist befugt, Vorschriften aufzustellen über eine angemessene, die Entscheidungsfähigkeit und die Wirtschaftlichkeit der Unternehmung wahrende Mitbestimmung der Arbeitnehmer im betrieblichen Bereich.*

2. *Die Ausübung der Mitbestimmungsrechte gemäß Absatz 1 steht ausschließlich den im Betrieb beschäftigten Arbeitnehmern zu.*«

Dieser Entwurf geht also von zwei Grundsätzen aus, die bei uns übersehen werden, aber notwendig sind:

– Mitbestimmung darf die Funktion der Wirtschaft nicht mindern;
– Mitbestimmen darf nur, wer »dazu« gehört, nicht aber Dritte.

Das Wirtschaftsministerium von Nord-Irland warb um Industrieansiedlung in Nord-Irland mit der Balkenüberschrift[20]:

Die Gewerkschaften von Nord-Irland versprechen Ihnen eine faire und vernünftige Behandlung

Dies ist für Unternehmer aus der Bundesrepublik Deutschland ein außergewöhnliches Angebot: faire und vernünftige Behandlung durch Gewerkschaften.

Am 24. Januar 1974 sagte Brandt vor dem Bundestag im Hinblick auf die Tarifauseinandersetzungen:

»*Zweistellige Ziffern bei den Tarifen beschleunigen die Gefahr einer entsprechenden Entwicklung bei den Preisen*[21].«

Die Vorsitzende der Jungsozialisten aber meinte es anders:

»*Es ist niemandem einsichtig zu machen, daß ausgerechnet derjenige sagt, neun Prozent seien genug, der von Lohnabhängigen zum Bundeskanzler gewählt wurde*[22].«

Auf das tatsächliche Geschehen scheint Brandt den geringeren Einfluß gehabt zu haben: Er scheiterte als Bundeskanzler u. a.

an der fehlenden Bereitschaft der Gewerkschaften, sich dem gesamtwirtschaftlich Notwendigen und Möglichen unterzuordnen.

Diese Kontroverse zeigt, wie dringend wir eine unabhängige Regierung brauchen, die nach allen Seiten Autorität hat, niemandes Kumpel ist und das Gemeinwohl verteidigt. Bedenklich stimmt hierbei, daß das Kabinett Schmidt ein »Gewerkschafts-Kabinett« ist.

Man muß schon sehr optimistisch sein um anzunehmen, daß damit die Gewerkschaftsinteressen den Staatsinteressen untergeordnet würden, zu fürchten ist, daß die Staatsinteressen den Gewerkschaftsinteressen untergeordnet werden.

Es spricht auch nichts dafür, daß die Gewerkschaftsfunktionäre aus Brandts Scheitern gelernt hätten. Nachdem die Regierung Schmidt versuchte, die unteren und mittleren Einkomkommensgruppen steuerlich zu entlasten, stellte Bundesbankpräsident Karl Klasen sachverständig fest:

»*Wir müssen in der nächsten Tarifrunde deutlich unter zehn Prozent bleiben. Gelingt das nicht, ist dies der Anfang vom Ende*[23].«

Hiervon unberührt antwortete der Sprecher der IG Metall:

»*Eins ist klar: Steuerreform und Tarifpolitik haben nichts miteinander zu tun.*«

Angesichts dieser Rücksichtslosigkeit der Gewerkschaft muß man wohl S. Schelling zustimmen[24]:

»*Es scheint, als gehe es den Gewerkschaftsbossen wieder nur um Macht und persönlichen Erfolg. Siegen sie auch diesmal, dann ist auch für Kanzler Schmidt, wie vorher für Brandt, der Anfang vom Ende in Sicht.*«

Wenige Tage vor seinem Rücktritt als Bundeskanzler sagte Brandt bei der Feier des Deutschen Gewerkschaftsbundes zum 1. Mai 1974:

»*... daß der Weg zur gleichgewichtigen, paritätischen Mitbestimmung abgesteckt ist. Man sollte sich konstruktiv darauf einstellen. Die sachlichen Kritiker geben übrigens zu, daß wir uns auf diesem Gebiet nicht am Ende, sondern an der Spitze der europäischen Entwicklung befinden*[25].«

Damit spricht Brandt das Glaubensbekenntnis tumber Veränderer aus: Wer am meisten verändert, ist »an der Spitze«. Wie aber, wenn wir – günstigstenfalls! – an der Spitze auf dem Weg in eine wirtschaftspolitische Sackgasse oder – schlimmstenfalls! – an der Spitze auf dem Wege in die totale Sozialisierung sind?

Ich glaube nicht, daß wir Grund zum Stolz auf diese Spitzenposition haben, ich wäre glücklicher über eine Spitzenposition auf dem Weg in eine Zukunft, die vielen Wohlstand bringt, in der keine Funktionärsdiktatur droht und keiner stranguliert wird.

Möglicherweise sieht sich Brandt hier als Vorkämpfer für eine gute Sache, während er in Wirklichkeit Agitator für Entwicklungen ist, deren Konsequenzen er weder übersieht, noch steuern kann.

Meine Sorge ist: Unser Staat funktionierte bisher deshalb so gut, weil die Machtfaktoren ausbalanciert waren: Gesetzgebung, Vollzug und Rechtsprechung wurden durch drei verschiedene Instanzen (Legislative, Exekutive, Justiz) wahrgenommen und demokratisch kontrolliert.

Dieses System der Gewaltenteilung funktioniert neuerdings nicht mehr, weil neue Formen der Machtausübung entstanden (Arbeitskampf und Meinungsmache) und sich übermächtig organisierten: Gewerkschaften einerseits und linker Medienverbund andererseits. Jede dieser beiden Gewalten ist den traditionellen Gewalten mindestens ebenbürtig, aber verbündet können sie diesen Staat leicht zugrunde richten. Wo diese Koalition von Gewerkschaften und Meinungsmache beispielsweise einen Kanzler stürzen oder unsere Wirtschaft zerstören will, kann sie dies schneller tun als die Mehrheit der Bürger, die hierauf nur alle vier Jahre Einfluß haben.

Hier entsteht eine neue Herrscherklasse, von der wir noch einiges, aber wenig Gutes erwarten können.

Über »Die neue Klasse« gibt es ein vorzügliches Buch des ehemaligen jugoslawischen Vizepräsidenten und führenden kommunistischen Staatsmannes und Theoretikers Milovan Djilas[26]. Dieses Buch ist seit Jahren in der Bundesrepublik Deutschland nicht mehr im Handel, obwohl es hochaktuell ist. Es ist wichtig, die Einsichten dieses Mannes weiterzugeben, der aktiv für den Kommunismus gekämpft hatte, aber dann diesen Kurs als unmenschlich erkannte und korrigierte.

Aus der Einleitung:

»Milovan Djilas, der vormalige stellvertretende Ministerpräsident Jugoslawiens, naher Freund und Kampfgefährte Titos, hat für das Buch »Die neue Klasse« mit vollem Bewußtsein eine langjährige Zuchthausstrafe auf sich genommen.

Diesem militärischen, politischen und geistigen Wegbereiter des Kommunismus in seinem Lande waren nach Erlangung der Macht und angesichts der mißbräuchlichen, volksbedrückenden, korrupten Anwendung der Macht durch die führenden Parteifunktionäre in allen kommunistisch beherrschten Staaten bedrängende Zweifel an der Gültigkeit der Lehre aufgestiegen, für die er seit früher Jugend seine Kraft, seinen Geist, sein Leben gläubig eingesetzt hatte. Er begann, die Ergebnisse des revolutionären Kampfes zu überprüfen, der zur klassenlosen Gesellschaft, zur Abschaffung des Staates, zur Beendigung der Ausbeutung, zu allumfassender sozialer Gerechtigkeit, zur Humanität und zu wohlverstandener größerer Freiheit des Menschen führen sollte, und erwachte zu der Erkenntnis, daß man auf diesem Wege zum Gegenteil gelangt war: zur Herrschaft einer neuen Klasse von Partei- und Staatsfunktionären, die sich allen Besitz des Volkes aneigneten, die Staatsgewalt verabsolutierten, die Ausbeutung und Bedrückung des Volkes verschärften, ihre Willkür und Lüsternheit an die Stelle der Gerechtigkeit setzten, humane Regungen gewaltsam erstickten und ein Regime der totalen Unfreiheit errichtet hatten.

... Djilas ... weist nach: auf dem Weg der Funktionärsdiktatur können die Ziele des Sozialismus nicht verwirklicht werden; auf diesem Weg haben die betroffenen Länder und Völker sich weiter als je zuvor vom Inbegriff des Sozialismus entfernt und sind in die Gewalt einer neuen Klasse gefallen.«

Djilas beendet sein erschütterndes Kapitel »Die Vergewaltigung des Geistes« so:

»Die Geschichte wird den Kommunisten vielleicht noch zubilligen, daß die Ereignisse und die Notwendigkeit, ihre Existenz zu verteidigen, sie zu vielen brutalen Handlungen gezwungen haben. Dafür aber, daß sie jeden andersartigen Gedanken unterdrückt und zum Wohl ihrer persönlichen Interessen ein ... Monopol über das Denken errichteten, wird die Geschichte die Kommunisten an ein Kreuz der Schande schlagen.«

Im Hinblick auf die wirtschaftliche Macht spricht Djilas davon, daß keine einzige westliche Regierung Eigentümer der Wirtschaft sein kann, weil sie abgelöst werden kann: Sie muß ihre Eigentümerfunktion unter der Kontrolle des Parlaments ausüben. Ganz anders ist es in kommunistischen Ländern, dort verwaltet und verteilt die Regierung das Nationaleigentum:

»Die neue Klasse oder ihr ausführendes Organ – die Parteioligarchie – benimmt sich als Eigentümer und ist auch tatsächlich der Eigentümer. Die reaktionärste und bürgerlichste Regierung kann von einem solchen Monopol in der Wirtschaft nicht einmal träumen.«

Bei uns wird die voraussehbare Zukunft vermutlich durch heftige Verteilungskämpfe um das Sozialprodukt bestimmt sein. Solange die wirtschaftliche Ergiebigkeit rasch wuchs, war die Verteilung des Sozialprodukts relativ problemlos: Was dieses Jahr nicht geschafft wurde, konnte man ja vom nächsten Jahr erhoffen. Um die Verteilung des zukünftig etwa gleichbleibenden oder gar sinkenden Sozialprodukts wird aber mit Sicherheit härter gekämpft.

In diese Kämpfe geht der Unternehmer mit der Auflage der Sozialpflichtigkeit. Der Artikel 14 des Grundgesetzes für die Bundesrepublik Deutschland stellt ausdrücklich fest:

»Eigentum verpflichtet. Sein Gebrauch soll zugleich dem Wohle der Allgemeinheit dienen.«

Nachdem die Gleichwertigkeit von Kapital und Arbeit betont wird, müßte auch die Sozialpflichtigkeit »der Arbeit« festgestellt werden, auf jeden Fall die Sozialpflichtigkeit der monopolartig organisierten Arbeit.

Wenn die Zustimmung zur Marktwirtschaft vom Bestehen einer wirksamen Konkurrenz abhängig gemacht wird, dann kann man der Tarifautonomie auch nur dort zustimmen, wo echte Konkurrenz besteht, nicht aber dort, wo ein Tarifpartner als übermächtiger Monopolist auftritt, der sogar die rechtmämäßige Regierung nötigen kann.

Würde man unsere Arbeitnehmer fragen: Wollt Ihr

- Kurs 1: Viel mehr Nominallohn, verstärkte Inflation und gefährdete Arbeitsplätze – oder
- Kurs 2: Mäßige Lohnerhöhungen, stabile Preise und Sicherung der Arbeitsplätze?

Absender

Name, Vorname

Straße

PLZ/Ort

Diese Karte entnahm ich dem Buch

Bitte als Postkarte frankieren

Seewald Verlag

Postfach 6

7000 Stuttgart 70

dann würden zweifellos die meisten für Kurs 2 stimmen. Die gegenwärtig praktizierte Tarifpolitik führt tatsächlich aber auf Kurs 1 mit viel mehr Nominallohn, verstärkter Inflation und gefährdeten Arbeitsplätzen.

Wie geraten wir auf diesen – dem demokratischen Konsens entzogenen – falschen Kurs?

1. Die Arbeitnehmer werden nicht in ihrer Gesamtheit, sondern in Teilbereichen befragt: Wollt Ihr mehr Lohn? Hierbei überspielt man die gesamtwirtschaftlichen Folgen der Lohnerhöhungen, man tut so, als ob punktuell endlich ein Unrecht ausgeglichen werden müßte. Wenn dann das angebliche Unrecht im einen Wirtschaftsbereich beseitigt ist, dann folgt die Beseitigung der angeblichen Unrechte in allen anderen Wirtschaftsbereichen.
2. Man vertauscht den Zusammenhang von Ursache und Wirkung. Die Streitgespräche beginnen regelmäßig mit der Klage, daß im vergangenen Jahr Preissteigerungen um X Prozent eingetreten seien und deshalb die Löhne um mehr als X Prozent erhöht werden müßten. Hierbei verschweigt man aber, daß damit die Preiserhöhung des nächsten Jahres vorprogrammiert wird und wir so in eine Kettenreaktion der Inflation geraten. Eine rationale Argumentation müßte sagen: Wir alle haben seit Jahren über unsere Verhältnisse gelebt und müssen den Gürtel enger schnallen – besonders seit den explosiven Steigerungen der Ölpreise.
3. Um über die Verkopplung von Lohnerhöhungen heute und Preissteigerung morgen hinwegzutäuschen wird als schuldiger Dritter der böse Unternehmer ins Spiel gebracht: Man tut so, als ob er gigantische Summen verschieben und so die Preiserhöhungen verursachen würde. Tatsächlich sind die durch Unternehmergewinne aus dem Lohn-Preis-Kreislauf abgezweigten Summen klein gegen die Summen, die bei Tarifverhandlungen zur Disposition stehen. Zugegeben: Es gibt bei den Unternehmern provozierend ärgerliche Playboy-Existenzen, aber in der Gesamtrechnung ist ihr Effekt vernachlässigbar. Andererseits sind aber Gewinne die Voraussetzung für Neu-Investitionen und damit konkurrenzfähige zukünftige Arbeitsplätze. Schließlich bilden die erhofften Gewinne auch den Anreiz, außergewöhnliche Lei-

stungen zu erbringen.

Es gab Zeiten, in denen der politische Standort des Deutschen Gewerkschaftsbundes klar war. So respektable Gewerkschaftsführer wie Böckler, Rosenberg und Leber ließen an ihrer Loyalität gegenüber unserer Staatsordnung nie Zweifel aufkommen, und als Viktor Agartz einst versuchte, den DGB auf Klassenkampfkurs zu bringen, da trennte man sich von ihm.

Heute ist dies nicht mehr so klar: In der Gewerkschaftsbürokratie gewinnen zunehmenden Einfluß Intellektuelle, die der Arbeitswelt ferne, marxistischen Systemveränderungen aber nahe stehen. Auch das Verhältnis unserer Gewerkschaften zu den »Gewerkschaften« sozialistischer Staaten wird vieldeutig[27].

Diese unklare Einstellung wurde offenkundig durch einen Briefwechsel, den der Vorsitzende des Deutschen Gewerkschaftsbundes (H. O. Vetter) mit dem Vorsitzenden des amerikanischen Gewerkschaftsbundes AFL/CIO, G. Meany, im Jahre 1973 führte[28]. Vetter meinte, man müsse sich doch mit dem Kommunismus auseinandersetzen. Meany entgegnete ihm, daß er beim DGB eher eine Verbrüderung als eine Auseinandersetzung sehe und sagte unmißverständlich:

»Ostkontakte haben zu keinerlei Liberalisierung oder Abschwächung grausamer menschlicher Bedingungen hinter dem Eisernen Vorhang beigetragen...

Andererseits haben bei DGB-Mitgliedsorganisationen kommunistische subversive Aktivitäten zugenommen...«

Anläßlich der achten Bundesfrauenkonferenz des DGB am 10. Mai 1974 sagte der Vorsitzende des DGB (H. O. Vetter) u. a.:

»Eine andere, immer drängender werdende Aufgabe sozialstaatlicher Gestaltung ist die Humanisierung unserer Arbeitswelt. Das gilt in besonderem Maße im Interesse der arbeitenden Frauen. Denn gerade an ihren Arbeitsplätzen zeigt der Kapitalismus nach wie vor sein häßliches Gesicht.«

Hierzu möchte ich Herrn Vetter drei Fragen stellen:

– Behauptet er, die Arbeitsbedingungen im allgemeinen und die der Frauen im besonderen seien in »sozialistischen« Ländern besser?
– Was kann man denn von »sozialistischen« Ländern überhaupt für die Humanisierung der Arbeitsplätze lernen?

– Kann er mir sagen, in welchem nicht »sozialistischen« Land man Frauen mit Preßlufthämmern auf der Straße arbeiten sehen kann, wie ich es wiederholt in Moskau sah?

Es ist ein semantischer Betrug, wenn neuerdings Formen der Mitbestimmung ins Auge gefaßt werden, bei denen Eigentümer nur noch Eigentümer abstrakter Rechtstitel sind, während die tatsächliche Verfügung weitgehend an andere übergeht. Die Folgen dieser Systemüberwindung zeigen sich vorläufig nur am sinkenden Vertrauen der Sparer, ihre Ersparnisse für solch dubiose Titel hinzugeben. Aber langfristig wird so unser liberales System total zerstört. Der Berliner Verfassungsrechtler Professor Scholz sprach davon, daß diese Mitbestimmung »ein hohes politisches Wagnis« einschließt[29].

Neuerdings wurde eine scheinbar zwingende historische Begründung für die Mitbestimmung erfunden, nämlich: Die beiden Kriege hätten verhindert werden können, wenn es damals schon Mitbestimmung gegeben hätte.

Ich halte dies für höchst unglaubwürdig: Weder haben die Genossen 1914 gegen die Mobilmachung opponiert noch haben ihre Nachfahren in der »Arbeitsfront« 1939 Hitlers Kriege verhindert. Hieran hätte auch Mitbestimmung nichts geändert.

Eine Vielzahl von Menschen, die unterschiedlich denken und durch Besitz und Leistung zu einer gewissen Autonomie kamen, ist schwerer zu manipulieren als eine Kaste besitzloser Funktionäre, deren Macht durch abstrakte Aufträge und Linientreue begründet wird.

Unternehmer und Funktionäre unterscheiden sich vor allem durch den Grad ihrer Manipulierbarkeit. Wer die Machtübernahme eines neuen »Führers« verhindern will, muß Organisationsformen anstreben, durch welche die Macht auf viele unterschiedlich Denkende verteilt wird und muß Organisationsformen verhindern, durch welche ideologisch homogene Klassen Macht erhalten.

Der Vorzug unseres gegenwärtigen politischen Systems liegt nicht nur darin, daß die wirtschaftlichen Abhängigkeiten an eine Vielzahl unterschiedlich denkender und meist toleranter Unternehmer gebunden sind, sondern auch darin, daß wir eine räsonierende Intelligenz haben, welche diesen wirtschaftlich Mächtigen kritisch gegenüber steht.

Die voraussehbare Gefahr für unsere Freiheit liegt aber nicht nur darin, daß die wirtschaftliche Herrschaft kollektiviert wird, sondern auch darin, daß es bei uns kaum eine Instanz gibt, welche diese Machtakkumulation kritisiert: Ein großer Teil der räsonierenden Intelligenz hat sich bereits gleichgeschaltet.

Die »Herrschaft der Bosse« zu kritisieren, wurde bei uns zur ermüdenden Routine. Um sie denunzieren zu können, folgt man ihnen ohne Scheu – auch unter falschem Namen – in ihre intimsten Bereiche.

Wo aber ist die kritische Intelligenz, welche die »Herrschaft der Gewerkschaftsbosse« kritisiert, ihren Intimbereich durchleuchtet und z. B. die tatsächlichen Einkünfte der Gewerkschaftsfunktionäre mit denen der »gewöhnlichen« Genossen vergleicht?

Es wäre auch interessant zu erfahren, ob die internen gewerkschaftlichen Entscheidungsstrukturen dem entsprechen, was von anderen gefordert wird, oder ob hier einfach und technokratisch nach höchster Effizienz entschieden wird?

Eine solche Kritik wäre mal was Neues, hiermit könnte sich die räsonierende Intelligenz um Gemeinwohl und Demokratisierung verdient machen.

Sie könnte sich auch dort verdient machen, wo sozialdemokratisch geführte Betriebe, z. B. Zeitungsverlage liquidiert und Journalisten, Angestellte und Arbeiter so rücksichtslos gefeuert wurden, wie es sich kein Unternehmer leisten kann, der nicht parteipolitisch gegen kritisches Räsonement abgeschirmt ist.

Es wäre auch interessant, die Machtverfilzungen z. B. zwischen den Genossen in den Regierungen und auf den Rathäusern mit nahestehenden Firmen (z. B. Bausparkassen und Banken) zu durchleuchten. Beispielsweise wurde glaubwürdig über die den Gewerkschaften nahestehende Bausparkasse »Neue Heimat« berichtet[30]:

»Die Neue Heimat . . . nimmt über 500 Mark Monatsmiete für eine Wohnung von 80 Quadratmeter. Aber sie hat für (verdiente?) Mitglieder der IG Bau, Steine, Erden in St. Tropez weit verglaste Bungalows errichtet, die sich an der Riviera sehen lassen können. Und sie ist in das Kongreß-Zentrum-Geschäft eingestiegen, in Hamburg, in Berlin, in Monaco, dicht unterhalb des Spielkasinos mitsamt einem Hotel.«

Hier müßte eine tatsächlich kritische Intelligenz hellwach werden und Alarm schlagen.

Interessant wäre es auch, die Gleichschaltung mancher Universitäten durch machthungrige Genossen transparent zu machen.

Aber unsere »kritische Intelligenz« ist ja gar nicht kritisch, sie diffamiert nur routinemäßig die Bosse alter Art und merkt nicht, daß die Bosse neuer Art viel gefährlicher sind. Intelligenz war noch nie die Stärke unserer Intelligenz.

Von welchen Vorstellungen aus viele Kritiker unserer Wirtschaftsordnung ausgehen, zeigt z. B. R. Garaudys Buch »Die Alternative« [31], in dem er schreibt:

»Auch wenn der Arbeiter im allgemeinen nicht mehr dem Hunger und der körperlichen Erschöpfung ausgeliefert ist, wie das im 19. Jahrhundert der Fall war, so ist er doch in einem doppelten Sinne entfremdet, und seine Entfremdung als Konsument entspringt seiner Entfremdung als Produzent...

Der schwarze oder mexikanische Hilfsarbeiter in Los Angeles besitzt ein Auto. Da es in dieser Stadt fast überhaupt keine öffentlichen Transportmittel gibt, ist er dazu gezwungen, sich einen Wagen zu halten, um an seinen Arbeitsplatz zu gelangen. Er verschuldet sich also für Jahre (praktisch für sein ganzes Leben), um sich einen Wagen zu kaufen und ihn später gegen einen neuen einzutauschen ...«

Auf Grund derartiger »Analysen« kommt Garaudy schließlich zu einer Therapie, bei der die Existenz der chinesischen blauen Ameisen das höchste Ziel darstellt. Glaube niemand, derartige Simplifikationen seien folgenlose Hirngespinste! Was gegenwärtig an Rezepten für die Zukunft entsteht, wächst vielfach aus solchen Wahnideen.

Was interessiert diese Weltverbesserer der enorme Wohlstand der Mehrheit in unserem Lande, was die international vorbildliche Sozialfürsorge, was die betriebliche Mitbestimmung: Für sie sind reale Leistungen weniger wichtig als die Faszination durch wirtschaftliche Strukturen, deren Unbrauchbarkeit praktisch längst erwiesen ist.

Könnte man unseren Gewerkschaftsfunktionären doch dieses klar machen: Die Kritik an ihrem gegenwärtigen Kurs beruht nicht auf der Feindschaft gegen gewerkschaftliche Arbeit und ist auch keine Folge konservativer Starrheit oder Komplicenschaft mit »dem Kapital«, sie resultiert aus der Einsicht, daß der gegenwärtige Kurs der Gewerkschaften häufig nicht nur dem Gemeinwohl schadet, sondern auch die Gewerkschaften selbst in unlösbare Situationen führt, sie möglicherweise sogar zerstören wird:

1. Das Aufsteigen der Gewerkschaften in der Machthierarchie (wirtschaftspolitische Gegenregierung) führt zwangsläufig zum Verlust der Basis: Keine Organisation kann sich gleichzeitig mit einer solch hohen Machtspitze und den Interessen der Basis identifizieren, irgendwo reißt der Zusammenhalt ab.
   Die wilden Streiks und Abwahl von Funktionären in Sozialgremien waren hierfür erste Warnungszeichen. Bald werden sich Sub-Gewerkschaften bilden, welche die Interessen der Basis gegen die Interessen der etablierten Super-Gewerkschaft durchsetzen.
2. Die Gewerkschaften können nicht glaubwürdig bleiben, wenn sie gleichzeitig widersprüchliche Interessen wahrnehmen wollen: Beispielsweise die widersprüchlichen Interessen der lohnabhängigen Arbeitnehmer und der Vermögen bildenden Arbeitnehmer. Hier entstehen Konflikte, bei denen man entweder die Lohnabhängigen oder die Vermögenbildenden düpieren muß.
   Daß die Gewerkschaften bereits unter abnehmender Glaubwürdigkeit leiden, zeigten die Sozialwahlen im Frühjahr 1974 (als DGB und DAG nur sehr wenige Stimmen bekamen) und neue desmoskopische Umfragen.
   Die Öffentlichkeit fragt: Mit welchem Recht beanspruchen diese Funktionäre eigentlich, im Namen »der Arbeiter« zu sprechen?
3. Das Vertrauen in die Gewerkschaften wird nicht gefördert durch die häufige Schädigung unseres gemeinsamen Interesses, des Gemeinnutzens. Es ist unsolidarisch gegenüber dem Ganzen unseres Volkes und unserer Wirtschaft, wenn mit immer neuen scheinrationalen Begründungen immer gefährlichere Forderungen erhoben werden, ohne deren Folgen für unsere Wirtschaft und uns alle zu bedenken und zu verantworten.

Das Vertrauen in die Gewerkschaften wird auch nicht gefördert durch Stillhalteabkommen, deren wahltaktischen Ziele offensichtlich sind. Diese Kumpelschaft hilft nur den Funktionären, nicht aber den Arbeitern.

4. Schließlich sollten die Gewerkschaftsfunktionäre bedenken, daß ihre Existenz mit der Existenz dieses freiheitlichen politischen Systems und mit der Existenz freier Unternehmer untrennbar verbunden ist. Wollen sie tatsächlich für die Zerstörung dieses freien politischen Systems verantwortlich sein und zum Handlanger einer politischen Zentrale werden, als welche sie die Arbeitnehmer zur Planerfüllung antreiben müssen?

Ich mache mir jedoch keine Illusionen über die Einsicht der Gewerkschaftsfunktionäre in die Sozialschädlichkeit ihrer gegenwärtigen Politik: Auf dem Wege zur Macht schreitet man kompromißlos, auch wenn alles in Scherben fällt.

Wenn H. O. Vetter anläßlich seiner Ansprache am 1. Mai 1974 feststellte[32], daß es kein Land gibt, »in dem die Arbeitnehmer einen höheren Lebensstandard, mehr Rechte und größere persönliche Freiheiten hätten als in der Bundesrepublik Deutschland«, dann sollte er auch konsequent sein und dieses System nicht leichtfertig zerstören und in ein anderes System verwandeln wollen, das einen geringeren Lebensstandard, weniger Rechte und geringere persönliche Freiheiten bringt und in dem eine »neue Klasse« herrscht.

Was können Unternehmer in dieser Situation tun?

Grundsätzlich gilt: Das Engagement für die Erhaltung unseres freiheitlichen Systems können Sie nicht delegieren, Sie können höchstens Maßnahmen hierzu delegieren. Das Überleben der Sozialen Marktwirtschaft und freier Unternehmer ist *IHR* Problem, nicht das Problem von irgend jemand. Hierzu einige Vorschläge:

1. Dieses Problem ist keine Frage kurzfristiger Public Relations, vielmehr ein Problem langfristiger Analyse und Strategie. Vor allem muß erreicht werden, daß Unternehmer nicht nur passiv auf die Initiativen ihrer Gegner reagieren, vielmehr selbst weitsichtige Zukunftsentwürfe produzieren.
2. Wichtig ist es vor allem, öffentlich klar zu machen, wo die Überlegenheit und die Vorzüge einer Marktwirtschaft mit

unternehmerischer Initiative gegenüber einer sozialistischen Staatswirtschaft liegen. Angesichts ihrer vielen Mißerfolge ist dies nicht schwer.

Wolfram Engels sagte hierzu[33]: »*Wenn die schönen Utopien des jungen Marx eine Chance der Verwirklichung haben, dann in einer ›Sozialen Marktwirtschaft‹, nicht jedoch im Sozialismus.*«

3. Besonders wichtig ist die Forderung, daß Zukunftsentwürfe nicht von der Kritik an Detail-Mißständen leben können, vielmehr von einem politisch-wirtschaftlichen Gesamtentwurf ausgehen müssen. Man muß sich so die Position sichern: Hier wurde tatsächlich etwas falsch gemacht, aber nach Zerstörung dieses Systems treten andere und noch schwerere Nachteile auf.
4. Man muß unhaltbare Positionen räumen, um haltbare wirksam verteidigen zu können. Hierzu gehört:
   - Die Wirtschaft liefert nicht die höchsten Prioritäten politischen Handelns. Marktwirtschaft muß tatsächlich sozial sein und das Eigentum dem Gemeinwohl verpflichtet.
   - Ökonomie liefert auch nicht die letzten Prinzipien innerbetrieblichen Verhaltens. Die Mitarbeiter müssen ihren Chef kennen und seine Sorgen um das gemeinsame Wohl verstehen. Hierzu braucht es keine Anbiederei: Die Mehrzahl der Mitarbeiter akzeptiert Autorität, wo sie durch Leistung begründet ist.
   - Unternehmer dürfen durch ihren Lebensstil oder durch Gleichgültigkeit Aversionen nicht fahrlässig anfachen.
   - Die ständige Konfrontation »Hie Kapital – dort Arbeit« muß abgebaut werden, vor allem durch die Vermögensbildung in Arbeitnehmerhand. Über dieses Vermögen sollten tatsächlich Arbeitnehmer, nicht aber Funktionärsgremien verfügen.
   - Unternehmer müssen die Marktwirtschaft mit all ihren Konsequenzen bejahen, also auch den Wettbewerb, der ihnen unangenehm ist. Hierzu gehört stärkste Zurückhaltung bei Kartellbildungen.
5. Es gibt eine Vielzahl von Einzelmaßnahmen, durch welche der Unternehmer seine Stellung vertreten kann, so z. B.:
   - Kritik an den vielfach übelwollenden Darstellungen

wirtschaftlicher und industrieller Vorgänge vor allem in den Massenmedien. Eine winzige Minorität schreibt in unserem Lande fast alle Leserbriefe. Hierunter sind aber nur selten Unternehmer, oft jedoch unternehmerfeindliche Stimmen. Damit wird eine scheinbare öffentliche Meinung vorgetäuscht, die mit der Wirklichkeit wenig zu tun hat.

– Protestieren Sie ebenso entschieden gegen die meist übelwollende Darstellung der Marktwirtschaft und des Unternehmers in Schulen usw. Gründen Sie Bürgerinitiativen gegen den Mißbrauch des Bildungsmonopols!
– Laden Sie Lehrer, Schüler, Studenten usw. in Ihre Betriebe ein, zeigen Sie, was Zusammenarbeit ist und demonstrieren Sie an konkreten Beispielen, wie Preise gebildet werden und wieviel in Ihre Tasche fließt.
– Sprechen Sie möglichst viel mit Ihren Mitarbeitern über die konkreten Sorgen Ihres Unternehmens und zeigen Sie an aktuellen Vorgängen, wie Gefahren und Chancen entstehen. Die politische Agitation in den Betrieben darf nicht das Monopol unternehmerfeindlicher Gruppen sein.

Ich glaube, Unternehmer haben in unserem Land und in unserer Zeit die einmalige historische Chance, zu zeigen, wer – Funktionär oder Unternehmer – dem Gemeinwohl besser dient. Angesichts der Hemmungslosigkeit, mit der Funktionäre Gruppeninteressen gegen den Gemeinnutzen durchsetzen, ist dieser Kampf nicht hoffnungslos.

Wir alle – die wir weder Unternehmer noch Funktionäre sind – sollten gemeinsam Sorge tragen, daß weder Unternehmer noch Funktionäre die demokratische Kontrolle überwinden, daß eine sinnvolle Balance zwischen ihnen bestehen bleibt und sich keine alte oder neue Klasse uneingeschränkter Herrscher etabliert.

Vor allem sollten wir sicherstellen, daß der Machtwechsel auf Grund freier, gleicher und geheimer Wahlen auch in Zukunft möglich bleibt.

9. »Lebensqualität« und Menschlichkeit

Zu Beginn von Goethes Tragödie überlegt Faust, was denn zuerst käme, das Wort, der Sinn oder die Kraft und kommt schließlich zur befreienden Einsicht:

»Im Anfang war die Tat.«

Wer über Lebensqualität und Menschlichkeit nachdenkt, steht vor derselben Frage: Soll man Menschen mit Theorie oder mit der Tat helfen?

Beginnen wir z. B. mit der Systemanalyse menschlichen Zusammenlebens, dann brauchen wir einen theoretischen Maßstab, den wir maximieren wollen, und nennen ihn beispielsweise »Lebensqualität«.

Erleben wir aber menschliches Unglück, beispielsweise wie der barmherzige Samariter an der Straße nach Jericho, wie Henri Dunant in der Schlacht von Solferino oder wie Albert Schweitzer in Lambarene, dann suchen wir Menschlichkeit jenseits aller Theorie und Definition.

Als Menschlichkeit bezeichnen wir Denk- und Verhaltensformen, die aus einer langen menschlichen Erfahrung, aus vielen schöpferischen Versuchen und sozialen Prüfungen herauswuchsen und als kultureller Besitz auf uns kamen – respektabel auch dann, wenn wir sie nicht definieren und ihre Entstehung rational nicht nachvollziehen können.

»Menschlichkeit« verweist auf den einzelnen, »Lebensqualität« auf Massen. Der Schritt von der »Menschlichkeit« zur »Lebensqualität« ist einer der vielen Schritte ins nachliberale Zeitalter[1]. Wer »Menschlichkeit« sagt, stellt Forderungen an sich selbst, wer »Lebensqualität« sagt, stellt Forderungen an andere.

Einst war dies auch bei der »Lebensqualität« anders. In einer Sammlung jüdischer und römischer Gesetze aus dem 5. Jahrhundert n. Chr. erscheint die »Lebensqualität«, die »qualitas vitae«, in anderem Sinne[2]: »*in testibus et vitae qualitas spectari debet et dignitas*«, d. h. sinngemäß: man muß Lebensführung und Würde prüfen.

Solange der Begriff »Lebensqualität« umgangssprachlich vage oder auch von Fachleuten wohldefiniert benutzt wurde, war nichts gegen ihn einzuwenden.

Anders wird es aber, wenn ein Minister im regierungsamtlichen Bulletin[3] die Absicht verkündet, »Lebensqualität« politisch zu definieren, und wenn eine Gewerkschaft ihren Kongreß diesem Thema widmet[4]. Dann geht es nicht mehr um eine politische Nebensächlichkeit, dann sollte man aufmerksam beobachten, was hier ausgeheckt wird.

Um Mißverständnissen vorzubeugen, sei vorab gesagt:

Es ist unbestreitbar, daß jeder Mensch bewußt oder unbewußt etwas sucht, was man als »Lebensqualität« bezeichnen kann. Aber dessen Merkmale und Definition unterscheiden sich von Mensch zu Mensch; es gibt wohl so viele verschiedene Vorstellungen dieser »Lebensqualität«, wie es Menschen gibt. Ja es ist sogar noch schlimmer: Ein und derselbe Mensch möchte zu verschiedenen Zeiten verschiedenes, der Morgen will etwas anderes als der Abend, die Jugend etwas anderes als das Alter. Durch die öffentliche Definition wird die subjektiv (also kompetent) verstandene »Lebensqualität« durch eine fremd bestimmte (also inkompetente) ersetzt.

Viele Organisationen (UNO, OECD, EG u. a.) und viele Fachleute versuchen, Sozialindikatoren zur Bestimmung der »Lebensqualität« zu entwickeln. Ein bei der OECD unternommener Versuch erfaßt z. B.

Gesundheit
Bildung
Beruf
Freizeit
Versorgung mit Gütern und Dienstleistungen
Natürliche Umwelt
Soziale Umwelt
Sicherheit

Allerorten besteht darüber Einigkeit, daß kein ausschließlich wirtschaftlicher Faktor, z. B. Sozialprodukt je Kopf oder wirtschaftliches Wachstum, eine brauchbare Aussage liefert.

Das Wort »Glück« ist für die politische Agitation in unserer Zeit nicht mehr brauchbar, seine Unverbindlichkeit hat sich in

Jahrhunderten kritischen Nachdenkens herausgestellt, ja man zweifelt sogar daran, daß glücklich sein mehr als ein kurzer Übergangszustand sein kann.

Anders »Lebensqualität«, deren Vagheit noch nicht aufgedeckt wurde. »Lebensqualität« – das klingt modern, erinnert an Rationalität, Computer, Demoskopie und Dauer. Dieser Begriff macht die historische Erfahrung vergessen und schafft Demagogen – für kurze Zeit – ein handliches Werkzeug.

Empörend ist E. Epplers Meinung hierzu[5]:

»Ein Begriff ist politisch soviel wert, wie er bewirkt. Nie hat jemand den Begriff »Glück« zufriedenstellend definieren können, und doch hat er ganze Klassen und Generationen in Bewegung gesetzt.«

Ich halte dies für das Glaubensbekenntnis eines Demagogen: Ihm ist jeder Begriff recht, der »in Bewegung setzt«, auch wenn er ins Unglück bewegt. Mit einer solchen Bewertung politischer Begriffe wird der Politiker zum Führer und der Bürger zum Mitläufer.

Ich vermute, daß das Wort »Lebensqualität« im nächsten Jahrzehnt entweder auf ein bescheidenes Maß zurückgenommen oder aber als ideologische Seifenblase platzen wird.

Im Umfeld dieser Demagogie entstehen dann solche Sprüche wie z. B.

»Lebensqualität ist Sozialismus,
Sozialismus ist Lebensqualität.«

Dubceks Tragödie zeigte aber etwas ganz anderes – ein menschlicher Sozialismus wurde noch nirgends verwirklicht.

Ich meine, Menschlichkeit ist mehr als »Lebensqualität« und auch mehr, als »Sozialismus« je bringen kann.

Ich ziehe der definierten und unmenschlichen »Lebensqualität« die vage, undefinierte Menschlichkeit vor – auch wenn sie sich nur auf menschliche Beispiele berufen kann.

In welche politischen Widersprüche die »Lebensqualität« sozialdemokratische Politiker führt, zeigte Professor H. Lübbe: Er geht aus von Äußerungen Epplers, »konservativ« sei es, »den Fortschrittsmythos hochzuhalten[6]«. Das hält Lübbe für recht befremdlich und fragt: *»Ist Fortschrittsenthusiasmus ein konservativer intellektueller Affekt?«*

Er kommt schließlich zu der Einsicht, daß hier die SPD ihrer Sache nicht sicher sein kann, denn

»... der Altmarxismus ihres jugendbewegten, neolinken Intellektuellen-Flügels ist mit dem Programm der Lebensqualitäts-Sicherung wenn nicht im Detail, so doch im Ganzen unverträglich, und nur die räsonierende jungakademische Intelligenz, nicht aber die Menge der werktätigen Bürger kann glauben, daß beispielsweise die Vollsozialisierung der Produktionsinstrumente das Allheilmittel auch für die ökologische Krise sei.«

Wer in unserer Welt der politischen Polarisierung und ideologischen Irreführung glaubwürdig über »Lebensqualität« sprechen will, der muß wohl von drei Tatsachen ausgehen:

– Erstens ist der erreichbare Standard begrenzt durch erbrachte Leistungen: »Das System ist noch nicht erfunden, in dem eine Gesellschaft auf die Dauer mehr verbrauchen kann, als sie produziert«, sagte Bundeskanzler Schmidt.
– Zweitens schneidet beim internationalen Vergleich der Wirtschaftssysteme das unsrige hervorragend gut ab: Wir haben einen sehr hohen Standard, viel Freizeit, eine liberale Arbeitswelt und seit langem eine international vorbildliche Sozialfürsorge.
– Drittens widerspricht die Behauptung jeder Erfahrung, »sozialistische« Systeme ermöglichten einen höheren Standard. Wer die engen, armseligen Wohnungen in der Sowjetunion kennt, die unwirtlichen Städte, die schlechte Qualität der wenigen erhältlichen Produkte, die neidischen Blicke der Sowjetbürger auf die bevorzugten Kunden der »Intourist«-Läden, der kann die Märchen nicht ernst nehmen, »der Sozialismus« brächte die höhere »Lebensqualität«. Nein: Alle Erfahrung spricht dafür, daß durch Sozialisierung und »Sozialismus« die »Lebensqualität« abgebaut wird.

Deshalb sollten vernünftige Strategien zur Erhaltung und Verbesserung der »Lebensqualität« von folgenden Voraussetzungen ausgehen[7].

1. Ausgangspunkt ist die Erhaltung unserer rechtsstaatlichen Ordnung. Dem einzelnen soll so ein möglichst großer Freiheitsspielraum zuerkannt werden: Freie Berufs- und Konsumwahl sowie Sicherung bei Arbeitslosigkeit, Krankheit, Invalidität und Alter.

2. Voraussetzung dieser sozialen Sicherungen und der Verpflichtungen gegenüber Entwicklungsländern ist eine Wirtschaft hoher Effizienz.
3. Zur Sicherung dieser Effizienz muß unsere marktwirtschaftliche Ordnung erhalten und verteidigt werden. Wettbewerb, Leistung und soziale Sicherung sind die Grundlagen des wirtschaftlichen Fortschritts.
4. Auf dieser wirtschaftlichen Ordnung kann künftig das geleistet werden, was den Bürgern eine bessere Umwelt, bessere Wohnmöglichkeiten, bessere Ausbildung und bessere Freizeitgestaltung schafft. Schließlich muß die öffentliche Hand in die Lage versetzt werden, die Sicherheit zu verteidigen.

Aber man sollte sich darüber im klaren sein, daß derartige Absichtserklärungen wenig zur Rationalität konkreter politischer Entscheidungen beitragen; hierzu müssen Prioritäten gesetzt werden, die auf dieser Abstraktionsebene gar nicht gesetzt werden können.

Man kann scheinbar leicht angeben, wieviele Kalorien ein Mensch braucht, wieviel Wasser, Eiweiß, tierische Proteine, Salze usw. Die Quantifizierung solcher Mindestsätze ist z. B. nützlich, um Notgebiete zu versorgen. Im Hinblick auf hochentwickelte Länder entstehen aber Zweifel:

– Sollen wir nur physiologisch erhalten werden oder gesteht man uns eine Ernährung zu, die unserer kulturellen Entwicklung entspricht?
– Wird der materielle Standard, den wir in Anspruch nehmen, *allen* Menschen dieser Erde zugestanden? Wenn sich dies als unmöglich erweist (und es wird sich als unmöglich erweisen), wie begründen wir dann unseren höheren Standard?

Die Festlegung der materiellen Voraussetzungen wird auch durch unterschiedliche Erwartungen erschwert. Was einen halbverhungerten Inder oder einen halbverhungerten Deutschen des Jahres 1946 in Verzückung versetzt, wird vom Mitteleuropäer der Gegenwart entrüstet zurückgewiesen. Schopenhauer meinte:

»*Die Zufriedenheit eines jeden beruht nicht auf einer absoluten, sondern auf einer bloß relativen Größe, nämlich dem Verhältnis zwischen seinen Ansprüchen und seinem Besitz; da-*

her dieser letztere, für sich alleine betrachtet, so bedeutungsleer ist wie der Zähler eines Bruches ohne Nenner[8]. . .«

Außer Ernährung, Bekleidung und Wohnung setzt ein menschenwürdiges Leben eine saubere Umwelt voraus. Aber Luft und Wasser dichtbesiedelter Gebiete werden immer stärker durch schädliche Stoffe verschmutzt, Müllberge türmen sich auf und der Lärm martert unsere Nerven.

Auch hier muß einem weitverbreiteten Irrtum vorgebeugt werden: Die »sozialistischen« Länder haben diese Probleme in ähnlichem Ausmaß, und sie sind dort auch nicht leichter zu lösen als bei uns.

Das Ausmaß der Umweltverschmutzung ist vor allem bestimmt durch Bevölkerungsdichte, Industrialisierungsgrad und technischen Sauberkeitsfaktor (Abfallmenge je Produktionsvolumen). Die Gesellschaftsform spielt in erster Näherung keine Rolle, sie tritt z. B. dann in Erscheinung, wenn es darum geht, Menschen zum Konsumverzicht zu bewegen.

Wie eng der Zusammenhang zwischen der Bevölkerungsdichte und der »Lebensqualität« ist, zeigen u. a. Untersuchungen an Spitzhörnchen (Tupajas)[9]: Zu enges Zusammenleben erzeugt physiologische Störungen, beispielsweise Magengeschwüre, Bluthochdruck, Nierenerkrankungen und Herzschäden.

In unserer Zeit wird der Systemaspekt des Zusammenlebens in der dichten Massengesellschaft immer deutlicher: Wie unsinnig ist es beispielsweise, privat über einen hohen Komfort zu verfügen, wenn man keine frische Luft, kein sauberes Wasser, keinen blauen Himmel und keine Ruhe hat! Was hilft beispielsweise ein schnelles Auto, wenn man keine Straßen hat, auf denen man schnell fahren kann?

Solche Fragen führen dann auf politische Schlagworte wie z. B. »Privater Reichtum bei öffentlicher Armut«, durch welche die (häufig aus anderen Gründen beabsichtigte) Umverteilung des Sozialprodukts mehr schlecht als recht begründet wird.

Es geht hier um die »Soziale Infrastruktur«, vor allem um die Voraussetzungen

– des Verkehrs: Straßen und Bahnen aller Art, Schiffsverbindungen, Flughäfen,
– der materiellen Versorgung und Entsorgung: Wasser, Ab-

wasser, Straßenreinigung, Müllabfuhr;
- der Versorgung mit Energie: Elektrizität, Kohle, Öl, Fernwärme;
- der Versorgung mit Information: Briefe, Zeitungen, Fernsprechanschluß, Rundfunk- und Fernsehverbindung;
- ferner um Gesundheitswesen, Schulen, Universitäten, Sportplätze, Theater, Altersheime, Seelsorge, Naturschutz, Polizei, Notdienste, Feuerschutz, Verteidigung, öffentliche Märkte, Banken usw. – und auch um Städte, in denen sich Menschen wohlfühlen können.

Die Verbesserung dieser Infrastruktur ist wünschenswert, ja notwendig. Man sollte aber nicht verkennen: Diese Verbesserung scheitert nicht am Widerstand böser Mächte, sondern an der häufig unzureichenden Bereitschaft der Steuerzahler – also von uns allen –, von ihren Anteilen am Sozialprodukt mehr für diese öffentlichen Aufgaben abzugeben.

Die »Lebensqualität« der Arbeitnehmer ist wesentlich bestimmt durch die Zufriedenheit am Arbeitsplatz: Es geht deshalb um die Humanisierung der Produktion.

Hierbei sind zwei extreme Ziele denkbar:
- entweder den Arbeitsplatz ohne Rücksicht auf die Produktivität möglichst angenehm zu gestalten: Maximale Humanisierung,
- oder in möglichst kurzer Zeit mit möglichst geringer Anstrengung möglichst viel zu produzieren: Maximale Effizienz.

Abgesehen von weltfremden Agitatoren vertritt kaum jemand das erstgenannte Ziel.

Das zweite Ziel ist gar nicht indiskutabel: Bei höchster Effizienz sind ein guter Lohn und lange Freizeit möglich.

Die öffentliche Meinung und gegenwärtige Entwicklung zielt auf einen Kompromiß hin: Angestrebt wird eine hohe (wenngleich nicht die allerhöchste) Effizienz bei Zugeständnissen an die Humaniserung des Arbeitsplatzes und der Organisation.

Nach Erhebungen des US-Arbeitsministeriums bestimmen folgende Komponenten die Zufriedenheit am Arbeitsplatz:
- Selbstverwirklichung
- Einkommen
- Arbeitskomfort (Arbeitszeit, Umwelt, physische und psy-

chische Beanspruchung)
– Technische Ausstattung des Arbeitsplatzes
– Verhältnis zu Mitarbeitern.

Ein aktuelles Problem ist die Arbeitsorganisation. Der bisher für das Fließband typische Zustand, daß der Arbeiter nur einen einzigen, zeitlich kurzen und genormten Handgriff sehr oft ausführen muß, sollte überwunden werden, beispielsweise dadurch, daß eine reichere Folge von Handgriffen ausgeführt oder die Arbeitsfolge öfters gewechselt wird.

Typisch für diese Entwicklung ist eine Produktion, die auf das Fließband verzichtet und »teilautonome Arbeitsgruppen« bildet, die selbst über die Aufteilung der Arbeitsgänge entscheiden. Hier leistete die schwedische Automobilfirma VOLVO Pionierarbeit. Aber sie meldete auch größere Kosten für den Aufbau einer solchen Produktion. Ähnlich baute die Firma IBM in Berlin »Kurzproduktionslinien« auf: Hier kann die Produktion ohne Störung des Gesamtablaufs unterbrochen werden. Aber auch hier waren die Investitionen höher als normal.

Bedenkt man, daß solche Arbeitsorganisationen meist nicht in vorhandene Bauten eingefügt werden können, also Neubauten oder Umbauten voraussetzen, so erkennt man, daß die Humanisierung der Arbeitsplätze eine sehr kostspielige und langwierige Aufgabe ist.

Hier stoßen viele Betriebe, besonders kleine und mittlere Betriebe an ihre ökonomischen Grenzen: Die benötigten Mittel können sie entweder nicht sofort oder gar nicht aufbringen.

Es ist unverantwortlich, angesichts dieser überprüfbaren Schwierigkeiten mit Klassenkampfparolen zu kommen. Demagogen haben es hier leichter als Unternehmer, die bei sinkender Ertragslage häufig zu Investitionen gezwungen werden, welche die Existenz des Betriebs gefährden.

Völlig unhaltbar ist die Behauptung, das »kapitalistische Ausbeutersystem« verhindere die Humanisierung und nur »der Sozialismus« könnte sie bringen. Aber was schert diese Demagogen der reale Zustand der Arbeitsplätze in den »sozialistischen« Ländern und was schert sie das sowjetische Antreibersystem?

Nein: Die Humanisierung der Produktion hat nirgends so gute Chancen wie in unserem effizienten liberalen System, das zwar nicht sofort, aber sicher und zwanglos eine humane Arbeitswelt entwickeln kann.

Man sollte auch nicht übersehen, daß die Arbeitnehmer mit den gegenwärtigen Zuständen in unserem Lande gar nicht so unzufrieden sind. Ein Bericht der Bundesregierung[10] stellt fest:

Fast zwei Drittel der Arbeitnehmer sind mit ihrer Berufstätigkeit zufrieden. Sie würden, wenn sie sich völlig frei entscheiden könnten, bei ihrer jetzigen Tätigkeit bleiben.

Die differenziertere Gliederung der Arbeitnehmer nach der Stellung im Beruf zeigt, daß die Berufstätigkeit unterschiedlich beurteilt wird. Hier reicht die Spanne von nur 46 Prozent der an- und ungelernten Arbeiter, die bei der jetzigen Tätigkeit bleiben würden, bis zu 82 Prozent der Angestellten in gehobenen Positionen.

Der Grad der Zufriedenheit steigt mit der absolvierten Ausbildung. So würden nur 51 Prozent der Volksschüler ohne Lehre bei ihrer jetzigen Berufstätigkeit bleiben, dagegen 61 Prozent der Volksschüler mit Lehre, 67 Prozent der Mittel- und Fachschüler und 74 Prozent der Abiturienten und Hochschüler.

Auf die Frage, mit was die Arbeitnehmer in ihrem Betrieb besonders zufrieden sind, wurden am häufigsten genannt: Verhältnis zu Kollegen, Arbeitsplatzbedingungen und Verhältnis zu Vorgesetzten. Als Gründe für die Unzufriedenheit wurden vor allem genannt: Arbeitstempo, schlechte Aufstiegschancen und Verdienstmöglichkeiten.

Jede erfolgreiche Therapie der Entfremdung des arbeitenden Menschen muß darauf abzielen, daß er sich mit seiner Arbeit identifiziert, daß er den Produktionsprozeß innerlich bejaht, möglichst sogar versteht. Wer seine Arbeit mit Freude tut, für den gibt es keine Entfremdung, keinen Leistungsdruck, keine Interessenkollision.

In diesem Lichte ist die Erzeugung von Gegensätzen zwischen Arbeitnehmern und Arbeitgebern ein Abbau der »Lebensqualität« – der hier erzeugte Unmut hilft den Arbeitern wenig, wohl aber seinen Erzeugern, für sie ist dieser Unmut Existenzgrundlage.

Man muß immer wieder den Systemaspekt der »Lebensqualität« bedenken: Manche der vielen Bedingungen, welche menschliches Wohlbefinden ermöglichen oder vergrößern, mindern sich gegenseitig oder schließen sich gar aus.

- Wer beispielsweise rigorose Forderungen an den Umweltschutz stellt, zerstört möglicherweise die Konkurrenzfähigkeit der Industrie, auf deren Wohlstandsproduktion er angewiesen ist.
- Wer trotz steigenden Energieverbrauchs den Aufbau von Kernkraftwerken verhindert, muß z. B. Kohlekraftwerke in Kauf nehmen und möglicherweise auf blauen Himmel verzichten.
- Wer bei den Forderungen an Humanisierung des Arbeitsplatzes übertriebene Forderungen stellt, zerstört möglicherweise die ökonomischen Existenzgrundlagen seines Betriebs.

Hier heißt es, nicht nur mitzubestimmen, sondern auch mitzuverantworten: Es ist unverantwortlich, Forderungen für sich zu stellen und die Konsequenzen anderen anzulasten.

Die Tagung der Industriegewerkschaft Metall[11] über »Qualität des Lebens« stellt sich in diesem Sinne wenig verantwortlich dar: Hier wurden viele Forderungen gestellt und unser liberales Zusammenleben vielfach verdächtigt, weil eben nicht alles so ist, wie man es sich wünscht. Hier artikuliert sich ein Wunschzettel-Denken, das die Frage nach der Realisierbarkeit kaum stellt oder als widerwärtige Sachzwang-Ideologie abtut. Über die tatsächliche »Lebensqualität« in »sozialistischen« Ländern wurde hier nicht gesprochen.

Ich meine, wer ernsthaft über »Lebensqualität« diskutiert, müßte auch über Verzicht sprechen, und auch sagen, daß die politischen Absichten der Gewerkschaften zur verstärkten Bürokratisierung und Funktionärsherrschaft führen.

Auch Gewerkschaften stünde die Feststellung gut an, daß erfahrungsgemäß »sozialistische« Wirtschaften ihren Bürgern nicht mehr, sondern weniger bieten.

Ich meine auch, daß es die »Lebensqualität« in unserem Lande nicht fördert, wenn der Vorsitzende des DGB, H. O. Vetter, Klassenkampfparolen verbreitet:

»Für uns ist der Umweltschutz ein gesellschaftliches Problem, das ohne die Gretchenfrage nach den Bedingungen privatwirtschaftlicher Produktion und privater Macht gar nicht gelöst werden kann.«

Auch die Gleichmacherei, die J. Galtung propagierte (»Wege

zur Gleichheit«, »Abschaffung der Zeugnisse«, »Organisierte Prüfungsstreiks«) fördert nicht die »Lebensqualität«, lockt aber zweifellos Dumme an.

Ich halte vieles, was bei dieser Tagung gesagt wurde, für eine euphorische Selbsttäuschung über die Möglichkeiten menschlichen Zusammenlebens, die angesichts der unkontrollierten Macht der Gewerkschaften in unserem Lande eine ungeheure Gefahr darstellt.

Die vorwiegend materiellen Bedingungen der menschlichen Existenz, Ernährung, Bekleidung, Wohnung, Umwelt, Produktion usw. sind kein ausreichender Maßstab für die »Lebensqualität«. Mit zunehmendem materiellen Standard sinkt weder die Anzahl der psychisch Kranken noch die der Selbstmorde. Die Klärung des darüber hinausgehenden, vor allem der psychischen und sozialen Bedingungen ist aber noch schwieriger als die Klärung der materiellen.

Bei uns fordert man an erster Stelle Freiheit für das Individuum. Man meint vielfach, mit dem Abbau von Verhaltensnormen würde der Mensch immer besser und glücklicher, bis schließlich aus der Überwindung aller kulturellen Normen der freie Mensch strahlend hervorginge.

Alle praktischen Erfahrungen zeigen aber das Gegenteil: Nach dem Austritt aus den kulturellen Normen bleibt ein beklagenswertes neurotisches Gebilde übrig.

Man sollte sich von der Illusion frei machen, wir seien auf dem Weg zur totalen Emanzipation. Nicht nur aus psychischen Gründen, sondern auch wegen der Dichte und Komplexität unseres Zusammenlebens werden wir in aller Zukunft mit Einschränkungen des Denkens und Verhaltens leben müssen.

Die Achtung vor fremdem Eigentum und fremder Privatsphäre ist das Ergebnis einer bewunderungswürdigen kulturellen Entwicklung. Die geschützte Privatsphäre ist Voraussetzung autonomen Verhaltens, das geschützte Eigentum gibt Sicherheit für Notlagen und Raum für Initiativen. Die Beseitigung von Eigentum und Privatsphäre ist ein unmenschliches Hirngespinst, das zur Verringerung der Lebensqualität führen wird.

Ein Leben hoher Qualität setzt also die Einhaltung einer Vielzahl von Verhaltensnormen voraus, eines Systems sittlicher Grundsätze.

Ein Leben hoher Qualität braucht aber zugleich Freiheit: Chancen, in eigener Verantwortung neue Denk- und Verhaltensformen zu entwerfen und zu verwirklichen.

Aber das Zusammenleben in den dichten Massengesellschaften bietet nicht viele Möglichkeiten freien Verhaltens: Unser Leben ist bestimmt durch Ketten von Rücksichtnahmen, von den Rücksichten im Straßenverkehr bis hin zu den Rücksichten auf vorherrschende Meinungen.

Vieles davon ist unvermeidbar: Wir können eben nicht leben wie Robinson Crusoe, wir müssen unseren hohen Standard u. a. durch viele Rücksichten bezahlen.

Aber nicht alle Rücksichten sind notwendig, manche sind nur Vorurteile und manche sind Herrschaftsinstrumente. Es spricht viel dafür, daß deren Anzahl gegenwärtig rasch zunimmt, vor allem mit der zunehmenden Kollektivierung und Funktionärsherrschaft.

Es ist grotesk: Die am aufdringlichsten für Freiheit agitieren, zerstören sie am wirkungsvollsten. Daß die »Demokratisierung« die Freiheit manchenorts abgebaut hat, mag vorläufig noch umstritten sein, unbestreitbar ist aber, daß sie die Funktionärsmacht vergrößert hat.

Die penetrante Politisierung unseres Lebens zerstört die Freiheit: Wer sich auf sein Spezialgebiet oder auf musische Betätigung oder auch nur zur Ruhe zurückzieht, wird überfahren von den dauernd Demonstrierenden und Agitierenden.

Wir müssen sorgfältiger unterscheiden zwischen notwendigen und fahrlässigen Einschränkungen unseres Denkens und Verhaltens.

Vor allem die schwindende Übersicht über die Zusammenhänge unserer Welt eröffnet neue Formen der Herrschaft: Die Herrschaft der »Welterklärer«, der »Interessenvertreter« und der Organisatoren der totalen Demokratie »Alle planen für alle«.

Es gibt in unserer Zeit keine effektivere Zerstörung unserer Freiheit als unter dem Vorwand, unsere Freiheit erkämpfen und verteidigen zu müssen.

Ich meine: Mehr »Lebensqualität« verlangt, daß wir uns mehr persönlich um unsere Freiheit kümmern und sie nicht in fremde Hände, die Hände der neuen Herrscher legen.

Aus der scheinwissenschaftlichen Simplifikation des menschlichen Glückes durch den Begriff »Lebensqualität« wächst möglicherweise ein gefährlicher Angriff auf die menschliche Autonomie heraus: Wir müssen uns rechtfertigen, wenn wir aus der Norm heraus wollen, wir haben keine einmalige genetische und kulturelle Existenz mehr, vielmehr einen Bezugschein für »einmal Lebensqualität«.

Damit ist auch die Basis für den einklagbaren Neid geschaffen: Warum ist der andere anders als ich – erfolgreicher, klüger, fleißiger usw.? Und wo bleibt nach der Definition der »Lebensqualität« der Leistungsanreiz? Wenn das Definierte gesichert ist, wozu dann noch außergewöhnliche Leistungen? Was sollen dann noch Kreativität und Innovationen? Dann stehen wir beim letzten Menschen, der sich von der »blauen Ameise« nicht mehr wesentlich unterscheidet.

Die »Lebensqualität« wird auch gemindert durch Diffamierung unersetzlicher Grundsätze unseres Zusammenlebens: Beispielsweise kann man den uralten Grundsatz »Gemeinnutz geht vor Eigennutz« heuzutage in unserem Lande kaum mehr aussprechen, ohne nazistischer Tendenzen beschuldigt zu werden. Dieser selbstverständliche, aber bei uns kaum mehr verwendbare Grundsatz des Zusammenlebens hinterließ ein ethisches Vakuum, in das nun hemmungslos dessen Gegenteil, das Klassenkampfdenken eindringt. Solche ethischen Verirrungen sind keine folgenlosen Irrtümer: Sie vergiften unser Zusammenleben bis hin zu den immer unmäßigeren Ansprüchen bei wirtschaftlichen Auseinandersetzungen.

Nationales Selbstbestimmungsrecht ist eine wesentliche Voraussetzung eines Lebens hoher Qualität: Die UNO-Charta sichert sie allen Völkern dieser Erde zu. Aber dem deutschen Volke wird die Selbstbestimmung immer noch – dreißig Jahre nach dem Krieg – vorenthalten. Auch wer weiß, daß dieses Problem bei den gegenwärtigen Machtverhältnissen unlösbar ist, sollte hier nicht schweigen: Es gibt Rechte, auf die man nie verzichten darf.

Man sollte auch dies immer wieder sagen: Hier wird durch militärische Gewalt mitten in Europa ein Unrechtsregime konserviert, das nicht durch freie Wahlen legitimiert ist und aus dem Tausende unserer Landsleute unter Lebensgefahr fliehen.

Daß dieser Kolonialismus mit dem Anspruch auf Humanität und Sozialismus verteidigt wird, macht die Situation noch schrecklicher.

»Lebensqualität« setzt auch nationales Selbstbewußtsein voraus: Es gibt eine Mitte zwischen Chauvinismus und Selbstaufgabe.

Voraussetzung jedes Lebens hoher Qualität ist der Friede. Wie unsicher der Friede aber ist, zeigt die große Zahl militärischer Auseinandersetzungen und die vielen regellosen Übergänge vom Nichtkrieg zum Krieg.

Auch der innere Friede ist ein unsicherer Besitz. Dies zeigt der Bürgerkrieg in Nordirland mit seinen unvorstellbaren Greueltaten und vielen Toten.

Zwar haben wir in unserem Lande (noch?) keine vergleichbaren Zustände, aber wir wissen nicht, wie sicher die Bastionen dagegen sind. Zeitenweise war es eine durchaus offene Frage, ob sich der Terror der Baader-Meinhof-Bande weiter ausbreiten würde. Was geschähe beispielsweise, wenn wir einige Millionen Arbeitslose hätten und sich die extremistische Agitation weiter verstärkte? Der manchenorts bestehende Optimismus über die Stabilität unserer politischen Ordnung beruht vorwiegend auf dem mangelnden Vorstellungsvermögen dessen, was geschähe, wenn die revolutionären Strategien auf ein Heer hoffnungsloser Menschen treffen würden.

Die bei uns gegenwärtig vielfach üblichen Formen politischer Agitation bessern die »Lebensqualität« nicht, im Gegenteil: Hier wird Mißmut produziert mit den professionellen Methoden der Agitation im elektronischen Zeitalter.

Diese psychosoziale Vergiftung rührt vor allem aus der Radikalisierung der politischen Auseinandersetzung: Politische und soziale Probleme werden radikal auf eine einzige Wurzel, z. B. den Klassenkampf, zurückgeführt, zugleich werden aber alle anderen Ursachen oder Bedingungen ignoriert. Diese Radikalität wächst aus dem engen Bewußtsein, das die Komplexität der menschlichen Existenz nicht begreift.

Unmenschlich ist diese Kompromißlosigkeit, diese Eindeutigkeit, diese Endgültigkeit, diese Radikalität.

Fortschritt setzt Konstanz voraus. Wo alles fließt, gibt es nur chaotische Veränderungen, aber keinen Fortschritt:

»Man kann ... in der Kunst wie in allen Dingen nur auf festem Grund bauen: Was sich der Stützung widersetzt, widersetzt sich auch der Bewegung.« (I. Strawinski)

Glück der Konstanz heißt auch Konstanz der Werte bis hin zum bleibenden Wert des Geldes: Wo es nicht möglich ist, durch Leistungen und Konsumverzicht Vermögen zu bilden, ist die persönliche Freiheit eingeschränkt, man ist immer abhängig: Inflation zerstört nicht nur Geldwert, sondern auch »Lebensqualität«.

Glück der Konstanz heißt auch Konstanz des Rechts und politischer Grundsätze: Die Lebensführung wird durch wechselnde und unvorhersehbare äußere Bedingungen erschwert. Nur Desperados und Revolutionäre gewinnen durch dauernde Veränderung, der Bürger, auf dessen Arbeit unser Staat aufgebaut ist, braucht einen vorhersehbaren und verständlichen Rahmen für sein persönliches Verhalten.

Der Mensch will Gerechtigkeit: Er will nicht, daß er selbst oder andere Gesetzen unterworfen werden, die nicht allgemeine und dauernde Geltung haben. Unser Grundgesetz garantiert Rechte: Menschenwürde, freie Entfaltung der Persönlichkeit, Gleichheit vor dem Gesetz, Meinungsfreiheit, Versammlungsfreiheit usw.

Die garantierten Rechte werden nicht nur dort verletzt, wo gegen ihren Wortlaut verstoßen wird, sondern auch dort, wo die Bedeutung der Worte verändert wird.

Die Verteidigung des Rechtsstaates ist ein wesentlicher Beitrag zur Erhaltung unserer »Lebensqualität«.

Aber »Lebensqualität« braucht nicht nur Konstanz, sie braucht auch vernünftige Veränderungen, sie braucht Fortschritt: Neue Erfahrungen müssen in neue Begriffe gefaßt werden; neue Freiheiten realisiert werden; neue Gefahren müssen erkannt und gemeistert werden: man muß neue Denk- und Verhaltensformen entwickeln; man muß der Forderung des Tages und noch mehr der Forderung der Zukunft gerecht werden. Das Recht unserer Tage darf über dem Recht der Vergangenheit nicht zu kurz kommen.

Vieles ist falsch programmiert: Es muß korrigiert werden. Manchem gibt Gott ein Amt und raubt ihm den Verstand: Er muß kritisiert und möglicherweise ersetzt werden.

Das Nachdenken über unser gemeinsames Fortschreiten sollte besser als bisher organisiert werden:

- Durch Seminare über unsere zukünftigen Probleme in Schulen, Hochschulen und Volkshochschulen.
- Durch öffentliche Wettbewerbe zur Lösung unserer gemeinsamen Probleme: Zu »Jugend forscht« sollte treten »Jugend baut ihre Zukunft«.
- Durch Einrichtung von »Klöstern für kreatives Denken«.

Man darf aber nicht nur das schlechte Alte kritisieren, man muß auch das schlechte Neue kritisieren und schlechte Kritik kritisieren. Man muß vor allem aufdecken, wo sich unter der Maske der »Progressivität« Eigennutz, Ignoranz und Irrsinn ausbreiten. Der Rattenfänger von Hameln lockte die Kinder mit Flötentönen ins Unglück: Heute locken sie mit »progressiven« Sprüchen.

Man kann den Begriff »Lebensqualität« weder pauschal ablehnen noch unkritisch verwenden, man muß wohl seine zwei verschiedenen Seiten bedenken: Wo der Begriff »Lebensqualität« wohlüberlegt für begrenzte Zwecke benutzt wird, ist er häufig recht nützlich, beispielsweise für die Systemanalyse menschlichen Zusammenlebens auf unserer übervölkerten Erde mit begrenzten Ressourcen.

Bei solcher rationaler Verwendung bringt er u. a. folgende Einsichten:

- Es wird bewußt – erneut bewußt –, daß weder das Bruttosozialprodukt, noch dessen Zuwachsrate ein brauchbarer Maßstab der »Lebensqualität« ist.
- Ferner wird der Systemaspekt des Zusammenlebens bewußt. Es ist eben nicht so – wie der Frühkapitalismus vermutete –, daß sich maximale Wohlfahrt dann einstellt, wenn alle maximalen Nutzen anstreben.

Wenn es tatsächlich möglich wäre, die »Lebensqualität« umfassend zu erklären und zu quantifizieren, dann müßte sie es auch erlauben, die höhere Effizienz liberaler Wirtschaftssysteme mit der geringeren Effizienz von Staatswirtschaftssystemen zu vergleichen und zu zeigen, welch hohe »Lebensqualität« unser vieldenunziertes »kapitalistisches« System bei erträglicher Anstrengung seiner Bürger liefert, während sich die Menschen in den »sozialistischen« Ländern um weniger »Lebensqualität«

ungleich mehr schinden müssen.

Aber angesichts der bekannten ideologischen Einseitigkeit der »Lebensqualität«-Apologeten ist eine derartige Untersuchung nicht zu erwarten.

So nützlich der Begriff »Lebensqualität« für manche begrenzten Zwecke sein mag, so fragwürdig ist seine politische Verwendung:

– Erstens täuscht er über die Komplexität der menschlichen Existenz hinweg: Man vermutet, mit einigen Zahlen etwas über die Bedingungen menschlichen Befindens aussagen zu können und gerät so in Versuchung, Politik zur Maximierung dieser Zahlen zu machen, auch wenn den konkreten Menschen anderes wichtiger ist. Man versimpelt so zunächst das Verständnis der menschlichen Existenz, macht hierauf eine simple Politik und versimpelt schließlich die menschliche Existenz selbst.

  Das Wort »Lebensqualität« ist eine Starthypothese zur Herstellung menschlichen Glücks, die weit hinter dem zurückbleibt, was uns die geschichtliche Erfahrung hierzu gebracht hat. Der Rückzug auf diesen simplen Begriff ist nur verständlich angesichts der verlorenen Übersicht und des verlorenen Vertrauens zum kulturellen Besitz.

– Zweitens verleitet der Begriff »Lebensqualität« dazu, Ansprüche an andere zu stellen. Es wäre aber besser und zeitgemäßer, die Leistungsbereitschaft zu stärken, als den Forderern neue Argumente zu liefern.

– Drittens kann dieser Begriff »Lebensqualität« sicher nicht ohne Kollisionen mit der Liberalität politisch wirken.

  Wessen Politik darauf abzielt[12], dem »sozialen Despotismus« zu widerstehen und sich zu stellen »gegen die Tendenz der Gesellschaft, durch andere Mittel als bürgerliche Strafen ihre eigenen Ideen und Praktiken als Verhaltensregeln ... aufzuzwingen ...«, der muß der politisch definierten »Lebensqualität« in aller Schärfe widersprechen: Wenig ist so antiliberal wie die politisch definierte »Lebensqualität«.

– Viertens täuscht der Begriff »Lebensqualität« Rationalität vor, während er in Wirklichkeit ungeeignet ist, Entscheidungen rationaler zu machen. Hier werden keine Probleme gelöst, sondern verschleiert. Der Propagandist schickt gewissermaßen der Öffentlichkeit ein Paket alles Wahren, Schönen und Guten mit der Suggestion: An dies alles denke ich, und wenn Ihr mich wählt, dann kriegt Ihr es auch!

Der Begriff »Lebensqualität« wurde zum politischen Köder, zum Versprechen visionärer Politiker, uns »herrlichen Zeiten« entgegenzuführen. Schon Hitler versprach *»Keiner soll hungern und frieren!«*, und Heinrich IV. von Frankreich versprach jedem Untertanen sonntags ein Huhn im Topf.

Es ist irreführend, wenn der britische Minister A. Wedgwood-Benn im Hinblick auf »Lebensqualität« behauptet[13]:

»In früheren Zeiten hätten die Mächtigen ganz andere Ziele aufgestellt, und es wäre ihnen wohl kaum in den Sinn gekommen, hierfür die Zustimmung der breiten Massen einzuholen.«

Ich kann ihm nicht zustimmen, im Gegenteil: Es gehört zum ständigen Repertoire der Führer und Demagogen aller Zeiten, höchstes Glück zu versprechen, falls man ihnen folgt und zu behaupten, sie führten nicht ihre eigenen Absichten, sondern die der Gefolgschaft aus. Das Unglück entstammt vor allem der Arglosigkeit, die meint, Glück bringe, wer Glück verspricht.

Ein einsames, isoliertes Leben ist kein Leben von hoher Qualität. Der Mensch sucht Brücken zur Überwindung dieser Einsamkeit.

Wer diese Brücken zerstört, der vermindert die »Lebensqualität«. So ist vor allem die Diffamierung unserer Geschichte und die Vergiftung unserer Kommunikation Abbau unserer »Lebensqualität«.

Ein Leben hoher Qualität braucht nicht nur Rechte des Individuums, sondern auch Pflichten und Ziele, für die sich der volle Einsatz lohnt, Hoffnungen, die sozial verbinden und auch das Risiko des Scheiterns.

Es ist ein grundlegender Irrtum anzunehmen, durch immer geringere Anforderungen nähme die subjektive Befriedigung zu. Die Lebenserfahrung zeigt das Gegenteil: Der Mensch wächst mit seinen Pflichten und Leistungen.

Die subjektive Befriedigung kommt vor allem aus dem Erlebnis respektablen Verhaltens auch unter schwierigen Bedingungen. Die Jugend hat einen Anspruch darauf, gefordert zu werden, aber wir erfüllen diesen Anspruch nicht.

Ein Leben hoher Qualität setzt die Überzeugung voraus, daß

dieses Leben einen Sinn hat.

Aber viele Menschen, vor allem junge Menschen, Studenten, sehen keinen Sinn mehr in ihrem Leben: Sie fliehen in Drogen, Aggressivität, Neurosen und Selbstmord. Am meisten gefährdet sind gerade diejenigen, die aus wohlhabenden Familien stammen.

Hier gibt es keinen billigen Rat, hier stößt man an die Grenzen der Aufklärung: Der Sinn des Lebens kommt weder aus dem Computer noch aus der Verhaltensforschung, noch aus der Soziologie.

Das Nachdenken über »Lebensqualität« führt immer weiter weg von *den* Inhalten, die in der politischen Agitation hiermit verbunden werden und führt immer mehr zu dem, was als »Humanität« oder »Menschlichkeit« bezeichnet wird: Bekenntnis zu sittlichen Normen, Einsicht in die Notwendigkeit tradierter Verhaltensformen, Achtung vor fremdem Besitz und fremder Autonomie, Pflichten gegenüber anderen usw.

Bemerkenswert ist auch, daß man bei den Gründen für die Zufriedenheit arbeitender Menschen an ihrem Arbeitsplatz in erster Linie auf menschliche Beziehungen stieß: Das Verhältnis zu Kollegen und Vorgesetzten. Diese menschlichen Beziehungen rangieren vor den materiellen Bedingungen.

Mit diesem Begriff »Lebensqualität« tritt an die Stelle der das Leben tatsächlich verbessernden Menschlichkeit eine theoretische Konstruktion, deren wichtigste Eigenschaft die Manipulierbarkeit ist.

Ich meine, wem tatsächlich an der Verbesserung unseres Zusammenlebens liegt, der sollte keine solchen manipulierbaren Konstruktionen benutzen, sondern erfreuliche menschliche Beziehungen ermöglichen. Anders gesagt: Das Prinzip Konflikt ersetzen durch das Prinzip Solidarität.

Auch wenn es nicht jedem gegeben ist, ein barmherziger Samariter, ein Henri Dunant oder ein Albert Schweitzer zu sein, sollte man sich doch an deren Vorbild erinnern.

Besonders deutlich wird der Aufruf zur Menschlichkeit am Beispiel Henri Dunants, des Begründers des Roten Kreuzes[14]:

»Der entscheidende Zeitpunkt in Dunants Leben war sein Besuch der Schlachtfelder von Solferino am 24. Juni 1859 und an den folgenden Tagen. Der Kampf hatte 40 000 Verwundete auf

verhältnismäßig engem Raum zurückgelassen. In der Kirche von Castiglione findet Dunant 500 französische und österreichische Verwundete zusammengepfercht, ohne irgendwie ausreichende ärztliche Hilfe, ohne Pflege und Tröstung, in unbeschreiblichem Elend, und je weiter er Einblick in die Lage bekommt, um so tiefer ist er erschüttert von dem traurigen Los der Verwundeten, mehr noch als von den Schrecken des Schlachtfeldes mit seinen Toten.«

Der erfolgreiche Aufbau des Roten Kreuzes geschah bewußt ohne das, was die gegenwärtige Auseinandersetzung um die politisch definierte »Lebensqualität« so unästhetisch macht: Ohne den Versuch, die menschliche Existenz in Vorurteile und Zahlenwerte einzusperren [15]:

»Während so viele Institutionen, die von abstrakten Theorien ausgehen, sich bestreben, Menschen und die Dinge diesen anzupassen – ein neues Prokrustesbett – verstand es das Rote Kreuz im Gegenteil sofort, sich nach der menschlichen Natur zu richten; in der rauhen Schule des Lebens hat es seine Dogmen geschmiedet . . . Für gewisse Moralisten bedeutet die Handlung nichts, und nur ihr erhabener Beweggrund verleiht ihr einen Wert. Für das Rote Kreuz zählt die Handlung und ihr Ergebnis; im Grund liegt nicht so viel an dem Geist, in dem sie ausgeführt wurde.«

Eine solche praktische Menschlichkeit steht im Gegensatz zu den humanitären Entwürfen zeitgenösssischer Theoretiker, die zuerst einmal das historisch gewachsene System unseres Zusammenlebens zerstören wollen, um danach aus ihren Theorien eine »Schöne neue Welt« hypothetischer Homunculi hervorzuzaubern. Wieviel Unglück diese Zauberlehrlinge über die Menschen schon gebracht haben, zeigt die Geschichte. Ich habe deshalb ein abgrundtiefes Mißtrauen gegenüber solchen grandiosen Versuchen, die Welt zu verändern, deshalb sage ich in dem Buch »Kurskorrektur« ausdrücklich: *»Es kommt nicht darauf an, die Welt zu verändern, sondern sie ein bißchen menschlicher zu machen.«*

Was unserer Zeit fehlt, sind die menschlichen Vorbilder, die sich an diese undankbare und mühevolle Arbeit machen: Wir brauchen weniger Demagogen und mehr Rotkreuzmenschen.

10. An den Grenzen der Aufklärung

Kant verstand einst die Aufklärung als »Ausgang des Menschen aus seiner selbst verschuldeten Unmündigkeit«. Etwas zu glauben, ohne es in ein selbstgefertigtes Schema von Ursache und Wirkung bringen zu können, schien danach unaufgeklärt und minderwertig.

Aber das Leben zeigte: Wenn wir menschlich zusammenleben wollen, dann müssen wir fremden Erfahrungen folgen, auch wenn wir sie nicht in ein Schema von Ursache und Wirkung bringen können.

»Aufgeklärtes« Denken brachte uns kein Verständnis des Menschlichen wie Geburt und Tod, Ästhetik und Sinn des Lebens. »Aufgeklärt« meint man zwar frei zu sein, aber man ist zugleich verlassen, die inneren und äußeren Spannungen werden unerträglich: Warum habe ich nicht mehr Geld, Macht, Ansehen?

Vor den ungelösten gemeinsamen Problemen entwickelt sich keine Solidarität zur gemeinsamen Lösung dieser Probleme, vielmehr gegenseitiges Mißtrauen, Haß und Neid. »Aufgeklärtes« Denken führte vielfach zum Abbau der Humanität, beispielsweise zur Unmenschlichkeit des Kapitalismus und zur Unmenschlichkeit des Sozialismus.

Aber »aufgeklärtes« Denken ist auch unvollständig: Versucht man, das Spiel mit Ursache und Wirkung zu Ende zu spielen, dann gerät man auf einen endlosen Weg immer neuer Begründungen, ohne jemals einen endgültigen Bezugspunkt zu finden. So muß schließlich jeder irgendwo das aufgeben, was man als »Rationalität« bezeichnet und sich etwas anvertrauen, was »nur« Glaube ist.

Wir stehen heute vor dem Zwang, Unverstandenes zu glauben, wir stehen an den Grenzen der Aufklärung.

Man entdeckte, daß bei komplexen Problemen scheinbar logische Lösungen manchmal falsch sind. Ein bekanntes Beispiel hierfür ist die Slum-Sanierung: Sie führt über einige schwer durchschaubare Zusammenhänge zum weiteren sozialen Abstieg des sanierten Gebiets.

Aber die meisten menschlichen, sozialen, kulturellen, politischen Probleme sind viel komplexer als die von den Systemanalytikern als »komplex« angesehenen Probleme, sie sind weit entfernt von dem, was sich mit gegenwärtigen oder voraussehbaren wissenschaftlichen Methoden auf ein verstehbares Geflecht von Ursache und Wirkung zurückführen läßt.

In dieser unvorstellbar komplexen Welt hat das unzureichende menschliche Gehirn nur einen einzigen vertrauenswürdigen Zugang zur Lösung lebenswichtiger Probleme, nämlich die Erfahrung, wie man schon zu wünschenswerten Ergebnissen kam. Daneben bleibt das Risiko von Experimenten, die sich nachträglich manchmal übel auszahlen.

Dies zeigen vor allem die grauenhaften Mißerfolge angeblich »wissenschaftlicher« Ideologien bei ihren Versuchen, menschliche Probleme gewaltsam zu lösen. Hier erweist sich, wie komplex und sensibel die menschliche Existenz, das soziale Zusammenleben und die menschliche Kultur sind. Keine dieser Ideologien fand die Formel, die sagt, was »gut« und was »böse« ist.

Unser Standort an den Grenzen der Aufklärung hat sich aber noch nicht überall herumgesprochen. Besonders weit zurückgeblieben ist groteskerweise gerade das, was bei uns als »progressiv« gilt (oder bis vor kurzem noch galt): Der alle Erfahrungen verneinende Emanzipationswahn, der meint, wenn erst einmal »alle« Zwänge überwunden seien und die »herrschaftsfreie« Gesellschaft aufgebaut wäre, dann träte endlich glücklich und strahlend der Mensch aus seinen Zwängen hervor. Dieser Wahn vermutet historische Parallelen zwischen der staatsbürgerlichen, der ökonomischen und der ethischen Entwicklung: So wie sich der Staatsbürger einst durch die demokratische Emanzipation von der Willkür der Fürsten und durch den Liberalismus von ökonomischen Abhängigkeiten befreite, so würde jetzt durch eine moralische Emanzipation die subjektive Moral freigesetzt.

Damit wird aber das Vermögen des Menschen weit überschätzt: Das Individuum ist nicht fähig, aus sich heraus sozial annehmbares Verhalten zu entwickeln, es wird vor allem von seinen physiologischen Bedürfnissen beherrscht; nach dem Abstreifen kultureller Normen tritt eben nicht der freie Mensch glücklich und strahlend hervor, vielmehr bleibt ein beklagenswertes neurotisches Gebilde.

Eine subjektive Moral ist auch nicht geeignet, sozial annehmbares Verhalten anderen mitzuteilen. Kommunizierbarkeit ist aber Voraussetzung jeder Moral: Ohne sie gibt es gelegentlich ein schlechtes Gewissen, aber keine Moral.

Woher soll denn der einzelne wissen, wann ein Verhalten nicht nur für ihn selbst, sondern zugleich auch für andere annehmbar ist, ohne hierzu die Erfahrungen anderer Menschen zu nutzen? Zeigt nicht die Lebenspraxis, besonders die gerichtliche Praxis, daß die Privatisierung dieser Entscheidung jede Willkür freisetzt?

Woher soll das Individuum ohne Belehrung z. B. wissen, welche Folgen der Rauschgiftkonsum hat? Bis der einzelne diese Erfahrung gemacht hat, ist er häufig physisch bereits außerstande, Konsequenzen aus dieser Erfahrung zu ziehen. Aber ist dies nicht nur ein einziges unter vielen möglichen Beispielen, das bloß den Vorzug hat, daß Normverstoß und schädliche Folgen kurz nacheinander eintreten, während sich sonst die Folgen erst dann einstellen, wenn sie nicht mehr korrigiert werden können?

Dies soll nochmals deutlich machen, daß wir an den Grenzen der Privatisierung der Werte, Ziele und Denkmodelle stehen, an den Grenzen der Aufklärung. Wenn unser zukünftiges Zusammenleben mehr als ein ständiger Kampf aller gegen alle sein soll, dann brauchen wir eine Ethik, die soziale und historische Erfahrung nutzt, menschliches Zusammenleben ordnet und Gemeinschaft stiftet.

Die subjektive Bestimmung dessen, was wir wollen, ist auch ein Widerspruch in sich selbst. Man kann zwar – um mit Schopenhauer zu sprechen – tun, was man will, aber man kann nicht wollen, was man will.

Möglicherweise liegt hier auch der Grund für viele Mißerfolge, durch sprachliche Kommunikation Werthaltungen zu beeinflussen oder für Ziele zu werben: Dies gelingt kaum über vermittelte Abstraktion.

Das Vorgehen großer Religionen, vorbildliche Menschen in wesentlichen Lebenssituationen vorzustellen, ist offensichtlich wirksamer. Der eindringlich dargestellte Lebensweg des Jesus von Nazareth oder Buddhas verändert Denken und Verhalten mehr als abstrakte Moraldiskussionen.

Bildung durch menschliche Beispiele löst auch die Frage »Gesinnungsethik oder Verantwortungsethik«: Kommt es auf die »richtige« Gesinnung ohne Rücksicht auf die unvorhergesehenen »falschen« Folgen an oder entscheidet die gute Wirkung ohne Rücksicht auf die zweifelhafte Gesinnung?

Diese Frage ist in unserer Zeit besonders bedeutungsvoll, weil jetzt die ungeheuren Mittel der modernen Technik, bis hin zu Superwaffen, einen Gesinnungsethiker herausfordern, »alle« Probleme endlich endgültig zu lösen und im Namen seiner Ideologie reinen Tisch zu machen.

Aber auch im Kleinen ist die Gesinnungsethik gefährlich: Sie schafft der Vielzahl zeitgenössischer Revolutionäre ein gutes Gewissen – auch zum Terror gegen Andersgläubige. Der Zweck heiligt die Mittel aber nicht, und auch Terror im Namen von »Mehr Demokratie« ist Terror.

Bildung durch menschliche Beispiele vermeidet auch einen wesentlichen Mangel theoretischer Wertsysteme und Zielkataloge: Nämlich die Notwendigkeit, den Umtausch zwischen Werten oder Zielen zu regeln. Wer beispielsweise meint, »Zuerst der Friede, dann die Freiheit« (oder auch umgekehrt) sei eine praktikable Anweisung, der muß auch sagen, wieviel Freiheit er zu opfern bereit ist, um den Frieden (welchen Frieden?) zu erhalten. Sollte er gar dessen absoluten Vorrang fordern, dann heißt dies, daß *alle* anderen Ziele zugunsten desjenigen mit der höchsten Priorität aufgegeben werden müssen und es bleibt dann nur noch die Resignation bei allen kontroversen Problemen, denn durch Auseinandersetzungen könnte ja der Friede gefährdet werden.

Ich meine also: Bildung braucht menschliche Beispiele.

Es gibt bei uns Prominente, die auf Befragen als Vorbilder genannt werden: Nach einer Umfrage des »Instituts für Demoskopie Allensbach« aus dem Jahre 1974 nannten 52 Prozent der Bundesbürger Albert Schweitzer, 45 Prozent John F. Kennedy, 41 Prozent Konrad Adenauer, 17 Prozent Alexander Dubcek, Willy Brandt 16 Prozent, Alexander Solschenizyn 14 Prozent und Henry Kissinger 13 Prozent. Selten werden noch Karl Marx, Mao Tse-tung, Che Guevara und Lenin genannt.

Man kann aber mit guten Gründen daran zweifeln, daß diese Nennungen mehr als unverbindliche Sympathieerklärungen sind. Die verhaltensbestimmende Wirkung dieser genannten Vorbilder ist vermutlich gering.

Wie schwer es aber ist, in unserem Lande erzieherisch wirksame Vorbilder zu empfehlen oder zu akzeptieren, zeigt der Roman von Siegfried Lenz »Das Vorbild«[1]. Einige bewußt widersprüchliche Zitate hieraus:

»*Vorbilder sind doch nur eine Art pädagogischer Lebertran, den jeder mit Widerwillen schluckt.*«

»*Ich begreife nicht, woher diese allgemeine Furcht kommt, durch fremde Erfahrung unterwandert werden zu können.*«

»*Das revolutionäre Potential in den Schulen muß jedenfalls anders geweckt werden: Durch Vorbilder, die handeln.*«

An das Ende der vergeblichen Suche nach dem Vorbild setzt Lenz die nur scheinbar ironische Bemerkung:

»*Kurz vor meiner Abfahrt ist es uns noch gelungen, das zeitgemäße Vorbild ausfindig zu machen: es handelt sich um eine intakte Windmühle, die, bei ausreichender Regung der Luft, für jedermann sichtbar vierflüglig um sich schlägt.*«

Wir haben weder verbindliche Wertsysteme noch wirkende Vorbilder. Auch wer Liberalität und Pluralität der Meinungen für unser zukünftiges Zusammenleben erhofft, muß dies als Gefahr erkennen.

Hier erhebt sich die Frage: Ist diese Mangelsituation unüberwindbar, d. h., sind wir an einem Punkte der geschichtlichen Entwicklung angelangt, an dem bewußte Normen und Vorbilder endgültig unmöglich wurden, oder ist dies eine Übergangsphase, ein zeitlich begrenztes kulturelles Phänomen?

Diese Frage kann niemand überzeugend beantworten. Aber ich möchte doch meine Hoffnung begründen, daß dieser jetzige Zustand der Orientierungslosigkeit überwunden werden kann.

Zunächst sollten wir uns an die vielen kulturellen Moden erinnern, die im Laufe der geschichtlichen Entwicklung schon herrschten und dann wieder aufgegeben wurden.

Hierbei sollte man auch bedenken: Wenn eine kulturelle Mode durch eine andere abgelöst wird, dann gibt es kein resignierendes Zurück, die neue Kultur muß höherwertig erscheinen, um die vorhergehende zu überwinden. Deshalb kann auch der gegenwärtige ethische Nihilismus – ohne verbindliche Wertsysteme und Vorbilder – nicht durch eine nostalgische Rückkehr zu früheren Wertsystemen und Vorbildern beendet werden, sondern er muß durch neue Motive oder Einsichten als minderwertig, primitiv und haltlos durchschaut werden. Hierbei ist besonders zu erinnern an die Erfahrung, daß die subjektiven Wirkungen der Orientierungslosigkeit verheerend sind: Angst, Hoffnungslosigkeit und Neurosen und an die historische Erfahrung, daß die Orientierungslosigkeit politisch gefährlich ist.

Hier regen sich nun falsche Propheten, sie wittern Profit: Ihr müßt schleunigst Werte, Ziele und Denkmodelle radikal ändern, wir Propheten liefern euch schon die passenden Rezepte dazu, ihr müßt nochmals von vorne anfangen, ihr müßt einen neuen Menschen und eine heile Welt konstruieren, dann lösen sich alle Probleme, dann kommt der Jahrtausendmensch, das tausendjährige Reich, das Paradies.

Ich warne vor diesen falschen Propheten:

Erstens stehen sie im Verdacht, weniger uns und mehr sich selbst helfen zu wollen. Wenn sie schon in ihren Utopien keine Führerposition für sich reserviert haben, dann wenigstens eine Propheten- oder Oberlehrerfunktion. Wessen Entwürfe weniger eilig sind, steht in geringerem Verdacht, sein eigenes Interesse als das unsrige auszugeben.

Nicht leichter wiegt der zweite Verdacht: Die angepriesenen Normen sind zwar neu, aber von zweifelhafter Güte, sie gingen nicht durch das Feuer historischer Erprobung und ihre scheinbare Überlegenheit beruht darauf, daß man zwar ihre Vorzüge anpreist, ihre Mängel aber verschweigt oder noch nicht erkannt hat.

Das dritte Bedenken ist: Man kann das Selbstverständliche nicht konstruieren, Werte, Ziele, Denkmodelle. Sollte man einen Baum, der von Wind und Wetter schwer bedrängt wird, auf neue Wurzeln umpfropfen? Kann er diese Behandlung überstehen?

Meine Überzeugung ist: Diese unsere Kultur ist durch und durch christlich. Nicht nur ist unsere Jahreseinteilung durch die christliche Tradition bestimmt und nicht nur sind unsere Dörfer und Städte um Kirchen herum gebaut, die christliche Tradition bestimmt auch unser Denken, Sprechen und Verhalten und ohne sie wären unser Denken, Sprechen und Verhalten nicht mehr das unsrige.

Was wir deshalb brauchen, ist nicht der Abschied vom Christentum, sondern eine neue Reformation, vor allem ein Christentum ohne schlechte Metaphysik und offen für unsere heutigen Probleme.

Wer auf eine Zukunft mit dem Christentum hofft, der darf sich aber darüber keinem Irrtum hingeben: Das Christentum und die christlichen Kirchen sind – besonders in unserem Lande – in einem jämmerlichen Zustand: Belastet durch innere Zerwürfnisse, verquickt in zweifelhafte Geschäfte, unsicher vor den Erfahrungswissenschaften, geschüttelt von der »Gott-ist-tot-« und der »Revolutionstheologie«, manchenorts von der Spaltung in »Konservative« und »Progressive« bedroht, andernorts an Kraftlosigkeit dahinwelkend.

Einen Eindruck hiervon, soweit er demoskopisch erfaßbar ist, vermittelte eine Umfrage im Jahre 1967[2]: Getauft wurden 97 Prozent, konfirmiert wurden oder die erste heilige Kommunion erhielten 94 Prozent, sonntags gehen meistens in die Kirche 34 Prozent, an Gott glauben 68 Prozent. In verzweifelten Lagen würden nur 16 Prozent beten oder auf Gott vertrauen, 82 Prozent meinen, die Kirchen sollten sich vor allem um die Seelsorge und den Gottesdienst bekümmern, 80 Prozent weisen auf den Dienst an Alten und Armen hin.

Bei der zunehmenden Zahl von Kirchenaustritten und abnehmenden Zahl von Taufen und christlichen Trauungen ist zu vermuten, daß die zahlenmäßig beschreibbare Lage der Kirchen neuerdings noch ungünstiger ist.

Andererseits zeigen sich auch ermutigende Symptome: So das starke – wenngleich oft formlose – Suchen vieler Jugendlicher nach religiösen Erfahrungen, eindringliche Bekenntnisse namhafter Naturwissenschaftler, das Absterben der »Gott-ist-tot-« und der »Revolutionstheologie«. Der äußere Kampf gegen die Kirchen geht zu Ende, gelegentliche Angriffe wie z. B. das Kirchenpapier der FDP erscheinen nur noch anachronistisch.

Auch wenn das Christentum und die Kirchen gegenwärtig in einem jämmerlichen Zustand sind, so ist ihre Lage doch nicht hoffnungslos: Die geistigen Auseinandersetzungen innerhalb der Kirche zeigen vielfach eine erstaunliche Regenerationsfähigkeit.

Im übrigen: Wir haben einfach nichts besseres, es gibt keinen ». . . ismus«, der an die Stelle des Christentums treten könnte.

Carl Amery sprach von den »gnadenlosen Folgen des Christentums[3]«: Er hält das Christentum für einen Teil einer sehr aggressiven, unaufhaltsamen Macht, die sich seit ein paar Jahrhunderten mit Missionaren, Kanonenbooten, Faktoreien, Impfstationen, Banken, Napalm und Entwicklungshelfern über den Rest des Planeten hergemacht hat und schuldig an der Bedrohung der menschlichen Art bis hin zur Unbewohnbarkeit der Erde ist.

Ich bezweifle, daß die gefährliche Entwicklung so eindeutig dem Christentum angelastet werden kann.

Aber wenn man diese Entwicklung dem Christentum negativ anlastet, dann muß man auch ihre positive Seite feststellen – das Christentum hat (unter dieser Voraussetzung) die menschliche Art aus ihrer Dumpfheit erweckt und dies hat sich (in nicht ökonomischem Sinn) gelohnt. Vor der hypothetischen Entscheidung, ohne Christentum eine keinesfalls paradiesische Existenz durch Jahrhunderte zu fristen oder mit dem Christentum eine durch Freiheit und Kreativität bestimmte Entwicklung zu erleben, plädierte ich für die zweite Alternative.

Mit dieser wurde die Voraussetzung geschaffen, das Überleben der menschlichen Art auf einem höheren Niveau zu organisieren. Man kann unsere jetzigen Schwierigkeiten nicht durch Kritik an einer angeblich falschen Vergangenheit beseitigen, man muß Lösungen in der Zukunft finden: Die Kunst zu überleben, müssen wir noch lernen.

Hier liegt Nietzsches Seiltänzer-Beispiel nahe: Dessen Seil war zwischen zwei Türmen ausgespannt. Als er die Strecke halb geschafft hatte, da warf ihn ein possenreißender Narr vom Seil, so daß er zu Tode stürzte. So ist auch die menschliche Art heute in der gefährlichen Situation halbwegs und die possenreißenden Narren wollen uns vom Seil werfen.

Ich meine: Wir haben gar keine Wahl, wir können nicht zur Milliardenherde »blauer Ameisen« zurück, wir können nicht von diesem Seil springen, uns bleibt nur der Schritt nach vorn.

Christentum ohne schlechte Metaphysik: Es muß sich von widerlegbaren Vorurteilen frei machen und den Gläubigen die ständige Verkrampfung vor den Erfahrungswissenschaften nehmen.

Besonders abstoßend waren die einstigen »Gottesbeweise«: Wie schlecht mußte es um das Christentum stehen, wenn es solch schlechte Beweise brauchte?

Eine schlechte Metaphysik ist es auch anzunehmen, die Existenz Gottes oder die menschliche Freiheit könnten durch die Unschärferelation der Atomphysik begründet werden: Solche Schlüsse kann die Physik nicht tragen.

Aber es ist auch ganz uninteressant, wenn russische Astronauten verkünden, sie hätten Gott hinter dem Mond nicht gefunden (wer hatte ihn dort vermutet?), oder wenn Virchow einst feststellte, er habe beim Sezieren menschlicher Leichname nie ein Seele entdeckt. Der menschlichen, also unserer Frage kamen diejenigen Astronauten viel näher, die im Weltraum beim Anblick unserer guten Erde die Schöpfungsgeschichte lasen: Am Anfang schuf Gott Himmel und Erde ...

In aller Schärfe ist jenem Pastor zu widersprechen, der 1972 in einer Hamburger Kirche als sein Ziel verkündete, »*Die Menschen von einem veralteten Glauben an einen personalen Gott und Schöpfer des Lebens zu befreien*«, und dies damit begründete, seitdem durch die Biochemie das Leben erklärbar und machbar geworden sei, müsse man Gott verstehen als »*ein Prinzip, das sich im naturgesetzlichen Werden ... ereignet ...*[4]«.

Dieser Pastor ist wissenschaftlich unzulänglich: Naturwissenschaft bringt günstigstenfalls Erfahrungen über das Geschehen in dieser Welt. Sie unterstellt, daß diese Welt entdeckbaren Gesetzen folgt, aber sie hat keine Antwort auf die Frage, woher diese Welt und ihre Gesetze kommen. Ein solcher Antitheologismus ist aber auch antihuman: Er vernichtet den Glauben, daß unser Leben einen Sinn hat. Was will denn ein solcher Mensch auf der Kanzel?

Christentum kann durch Naturwissenschaft weder begründet noch widerlegt werden. Wesentlich erscheint mir jedoch: Das Christentum hat in unser Leben Denk- und Verhaltensformen eingebracht, die besser sind als alles andere, was wir kennen. »Gottesbeweise« sollten deshalb auch grundsätzlich anderer Art sein: Sind gläubige Menschen nicht anders als ungläubige, haben sie nicht meist ein gelasseneres, ausgeglicheneres, häufig auch fröhlicheres Wesen, haben sie nicht oft auch ein reiferes Urteil; erweist sich so der Glaube nicht als die dem Menschen angemessene Art des Weltverständnisses, das auch Antworten auf Geburt und Tod und den Sinn des Lebens gibt? So verstanden ist Gott keine Leerformel, sondern eine nachweisbare Wirkung, er gibt dem Gläubigen Antwort.

Die christliche Tradition bringt dem Menschen Denk- und Verhaltensformen, die ihn aus seiner Verlassenheit herauslösen. Unsere Kultur hat außerhalb der christlichen Tradition keine vergleichbaren Hilfen für die existenziellen Fragen des Menschen unserer Zeit: Die Verachtung dieser angeblichen Leerformeln reduziert den Menschen in unerträglicher Weise.

Aber das Christentum bringt uns auch mehr Rationalität: Wo uns der Marxismus beispielsweise einredet, das menschliche Bewußtsein sei durch sozio-ökonomische Bedingungen bestimmt, da bringt uns die christliche Tradition ein besseres Modell: Der Samen, der in den Acker fällt und dort aufgeht oder verdorrt. Die geschichtliche Erfahrung spricht für dieses christliche Modell und gegen das marxistische Vorurteil.

Natürlich kann man die christliche Tradition unserem heutigen Verhalten nicht als starres Dogma vorgeben: Die überlieferte sprachliche Fassung, mehrere Jahrzehnte nach Christi Tod niedergeschrieben von Menschen, die in einer anderen Welt lebten und die Worte anders verstanden, muß in unser heutiges Verständnis übersetzt werden.

Ich möchte ein Buch empfehlen, das viel Gutes über ein Christentum ohne schlechte Metaphysik bringt: Das Buch »Jesus für Atheisten« des tschechischen Philosophen M. Machovec[5]. Einige Gedanken hieraus:

»... daß die Reformation entweder permanent ist – oder überhaupt nicht ist.«

»Besonders das 20. Jahrhundert ... ist der ganz einseitigen und irrtümlichen Ansicht verfallen, daß es nur darum geht, was *gesagt wird. In Wirklichkeit liegt offenbar viel mehr daran,* wer *etwas sagt, besonders wenn sich Harmonie zwischen reifen Worten und einem reifen Menschen einstellt.«*

»Daß das Prinzip des Pharisäertums ... besonders in der Form der typisch intellektualistischen und pseudorevolutionä-

ren ›Selbstzufriedenheit‹ . . . bei Menschen unserer Zeit verbreitet ist . . .«

Es ist wohl kein Zufall, daß dieses Buch im marxistischen Raum entstand: Dort wird gründlicher und leidenschaftlicher nachgedacht als in unserem ideologischen Flachland, dort werden auch an das Christentum höhere Ansprüche gestellt.

G. Szczesny erhob den Vorwurf, die christliche Liebesethik habe »*zwar immer wieder Brüderlichkeitsideologien und Brüderlichkeitseuphorien hervorgebracht, aber bis zum heutigen Tag keine ihrem Auftrag und Anspruch auch nur annähernd entsprechende Humanisierung bewirkt*[6]«. Dies steht im Zusammenhang mit seinem anderen Vorwurf, der transzendierende, also jenseitsorientierte Glauben des Christentums entbinde den Menschen von seinen diesseitigen Pflichten:

»*Das, was ich meine, ist also eine immanente Transzendenz, ein Metyphysisches, das dem Physischen nicht gegenübersteht, sondern allen Gestalten und Prozessen innewohnt und nur vergessen und verdrängt, aber nicht wirklich ausgeschieden werden kann.*«

Wenn eine solche »immanente Transzendenz« tatsächlich mehr Humanisierung bringen würde, dann wäre dies ein schwerwiegender Vorwurf gegen das Christentum. Aber besteht tatsächlich ein solch einfacher Zusammenhang zwischen Transzendenz und Verhalten, gibt es einen Beweis dafür, daß diesseitige humane Ideologien zu einer humaneren Praxis führen? H. Zahrnt hat wohl recht: Gottes Tod hat die Menschen nicht menschlicher gemacht.

Mit Szczesnys Vorwurf hängt ein anderes Bedenken zusammen: Die Aufforderung »Macht euch die Erde untertan« verleite Menschen zur Mißachtung dieser Erde, mache sie beispielsweise gleichgültig gegen die Umweltzerstörung.

Man sollte derartige Kritiken ernst nehmen und vernünftige Konsequenzen aus ihnen ziehen. Aber man sollte nicht den raschen und falschen Schluß ziehen, damit sei die Unbrauchbarkeit des Christentums erwiesen und man müßte nun in einen anderen Zug umsteigen.

Vor allem ist zu zweifeln, ob die »immanente Transzendenz« dem Menschen überhaupt Hilfe bringt. Sie bringt eben das gerade nicht, was eine subjektive Notwendigkeit ist und was der transzendierende Glaube bringt: Den Partner für den inneren Dialog, die Abgabestelle für menschliche Nöte und den Zielpunkt für Hoffnungen.

Hier liegt ein profaner Vergleich nahe: Beim privaten Wirtschaften legt man gerne etwas »auf die hohe Kante«. Es wird damit dem raschen Zugriff beim alltäglichen Wirtschaften entzogen und für außergewöhnliche Notfälle aufgespart. Ähnlich legt der transzendierende Glaube etwas auf die allerhöchste Kante.

Durch den Verzicht auf Transzendenz wird der Mensch zu etwas Beschränktem: Kennt man seine Physis und Verhaltensweisen, dann ist die Bilanz abgeschlossen. Nicht beachtet werden seine schöpferischen Möglichkeiten und seine Hoffnungen.

Die Reduktion auf das Vorweisbare führt auch zu kurzsichtigen Versuchen, das menschliche Glück durch eine definierbare und quantifizierbare »Lebensqualität« zu ersetzen, obwohl die Erfahrung zeigt, daß das menschliche Glück von meßbaren Sachverhalten unabhängig ist. Menschen begehen bei höchstem Wohlstand Selbstmord und Menschen im Konzentrationslager singen Loblieder.

Die Reduktion auf das Vorweisbare führt dann leicht auch auf die Definition »wertlosen Lebens« und schlimmstenfalls auf dessen Liquidierung.

Andererseits führt die Vermutung einer Transzendenz zur Suche nach den Gesetzlichkeiten, welche die vordergründigen Erfahrungen bestimmen und damit zur Suche nach wertfreiem Wissen, zu Wissenschaft im modernen Sinn. Dies sollte meines Erachtens trotz des verbreiteten modernistischen Pessimismus positiv gewertet werden.

Auf die enge Beziehung zwischen den Vorstellungen »Gerechtigkeit«, »Frieden«, »Weltfrieden« und der Vorstellung eines übergeordneten Beobachters, einer Transzendenz, sei hingewiesen. Ohne sie wird aus Moral Opportunismus und Zweckmäßigkeit.

Während Szczesny meint, die Transzendenz lenke davon ab, für Menschlichkeit auf dieser Erde zu wirken, meint es die »Theologie der Revolution« gerade umgekehrt: Für sie ist die Transzendenz der Grund, von dem aus die Welt verändert wird und sie versteht diese konsequenterweise als Überwindung der gegenwärtigen Realität durch Ideen und Taten.

Die »Theologie der Revolution«[7] geht aus von der Spannung zwischen der christlichen Vision menschlichen Zusammenlebens und der vielfach mangelhaften Realität unserer Welt. Erregung erzeugt vor allem die Schwierigkeit, in der immobilen Industriegesellschaft etwas zu verändern. Deshalb erscheint Gewalt nicht nur als notwendig, sondern sogar als christlich geboten. Wenn die Revolution der Ort ist, wo sich Gottes Handeln am deutlichsten zeigt, dann können Christen nicht beiseite stehen.

Derartige Vorstellungen werden mit biblischen Zitaten unterbaut, beispielsweise:

»Siehe, ich setze dich ... über Völker und Königreiche, daß du ausreißen, zerbrechen, verstören und verderben sollst und bauen und pflanzen« (Jeremia 1,10).

Diese »Theologie der Revolution« wuchs aus mehreren Wurzeln heraus: Der Bürgerrechtsbewegung in den USA, der südamerikanischen Sozialrevolution und der Studentenbewegung der sechziger Jahre. Gegenwärtig beunruhigt sie vor allem noch die christlichen Kirchen unseres Landes.

Diese »Theologie der Revolution« halte ich für einen unverantwortlichen Aktionismus ohne Sachverstand. Es könnte ihr (und uns) nichts Schlimmeres passieren, als daß sie wirksam würde: Anderes als Fanatisierung und Zerstörung wird sie nicht bringen.

Wenn R. Shaull meint

»Es gibt nur einen Weg der Verantwortung, und der führt durch die Revolution hindurch, was auch immer dahinter liegen mag«,

dann kann ihm nicht scharf genug widersprochen werden: Es gibt keine Verantwortung ohne Rücksicht auf die Folgen, es dürfen keine Experimente veranstaltet werden, bei denen Glück und Wohlstand von Millionen Menschen gegen weltfremde Utopien eingesetzt werden.

Das Christentum darf auch nicht ausschließlich zur Gesellschaftskritik umfunktioniert werden: Damit würde die Saat für die nächste Ernte verbraucht, kurzfristige Aktivitäten ersetzten langfristige Orientierungen, kurzum, wir stünden am Ende einer zweitausendjährigen respektablen Tradition.

In meiner kleinen Stadt fanden seit Jahrhunderten bis vor

etwa zehn Jahren Fronleichnamsprozessionen statt. Häuser und Straßen wurden geschmückt, man empfand Freude und Gemeinsamkeit jenseits kurzlebiger Absichten. Die Altäre waren die »Marken des Bewußtseins«, welche man neuerdings als psychisches Bedürfnis entdeckt.

Jetzt gibt es keine solchen Prozessionen mehr. Weshalb, weiß ich nicht genau: Einerseits scheinen »progressive« innerkirchliche Tendenzen die Ursache zu sein; andererseits wurden politische Argumente hochgespielt, beispielsweise: In Vietnam sterben Menschen und hier werden Prozessionen veranstaltet.

Trotz Einstellung der Prozessionen änderte sich in Vietnam nichts. Aber in wenigen Jahren wird man nicht mehr wissen, wie schön Fronleichnamsprozessionen waren.

Dann wird man nach Möglichkeiten suchen, Freude in unser Zusammenleben zu bringen, Marken des Bewußtseins zu setzen und menschliche Beziehungen jenseits kurzlebiger Absichten herzustellen.

Ich habe hierzu einen Vorschlag: Bewährte Verhaltensformen trotz mangelndem Verständnis nicht zu zerstören.

Einen anderen Entwurf eines Christentums ohne schlechte Metaphysik lieferte J. Moltmann mit seiner »Theologie der Hoffnung«[8].

Moltmann geht davon aus, daß die Offenbarung Gottes nicht objektiv erklärbar, sondern nur erlebbar ist und Gott weder aus dem Kosmos noch aus der menschlichen Existenz ableitbar ist. Wo er aber geglaubt wird, da erweist er sich als glaubwürdig.

Moltmann sieht als wichtigstes Problem des Christentums die Gestaltung der Zukunft, sein Glauben macht nicht geduldig, sondern ungeduldig. Frieden mit Gott bedeutet ihm Unfrieden mit der Welt, denn der Stachel der verheißenen Zukunft wühlt im Fleisch der unerfüllten Gegenwart. Deshalb hält sich die »Theologie der Hoffnung« zur schöpferischen Veränderung der Welt ermächtigt.

Moltmann ist zuzustimmen, wenn er ein Christentum ohne schlechte Metaphysik zur Gestaltung unserer Welt nutzen will, aber man muß ihm widersprechen, wenn er dieses privatisieren will.

Er meint, die Gesellschaft könnte dem Christentum eine rein private Funktion zuweisen, indem es zwar dem einzelnen Menschen hilft, aber auf jeglichen sozialen Einfluß verzichtet. Moltmann spricht sogar von der »allgemeinen gesellschaftlichen Stillegung des Christlichen« und erhofft sich hiervon dessen Selbstentfaltung.

Damit resigniert Moltmann aber vor der wichtigsten sozialen Aufgabe unserer Zeit: Der Herstellung menschlicher Gemeinschaft. Hierzu sind die christlichen Kirchen besser als sonst irgend jemand befähigt. In einer Zeit, in der Solidarität das wichtigste Lernziel ist, kann sich nicht ausgerechnet das Christentum hiervon distanzieren, es kann sich nicht als private Beruhigungspille verstehen, sondern muß sich dieser aktuellen Aufgabe stellen: Es hat die Tradition, Erfahrung und Organisation zur Bildung von Gemeinden und es sollte mit diesem Pfunde wuchern.

Aber man muß hierbei auch die Gefahren sehen: Es geht nicht darum, ein autoritäres Gottesreich, einen Kirchenstaat oder eine Priesterherrschaft zu organisieren, es geht um das Angebot einer selbstlosen Hilfe an eine liberale Gesellschaft.

Ein wichtiges Argument gegen die Privatisierung des Christseins brachte G. Rohrmoser[9]: Er beachtet die gegenwärtig unbestreitbare Tendenz, den Bereich der privaten Subjektivität zu schmälern oder gar abzuschaffen. Vor allem durch die Politisierung aller Bereiche der Gesellschaft werden die dem privaten Glauben verfügbaren Räume immer kleiner. Wo man vermeintlich frei ist, Christ zu sein, da haben sich schon Ideologien eingenistet und verdrängen alles andere.

So könnte sich das Ende des Christentums in zwei Schritten abspielen: Zuerst Rückzug in den privaten Bereich und danach Erstickung durch Politisierung.

Die schreckliche Devise »Mehr Demokratie« heißt demnach nicht nur »Weniger Freiheit« – wie H. Schelsky gezeigt hat –, sondern auch »Weniger Religiosität« – wie G. Rohrmoser warnt.

Wie stellen sich unsere demokratischen Parteien zu diesen Problemen?

Im »Berliner Programm« der CDU von 1971 heißt es[10]:

»Die Christlich-Demokratische Union Deutschlands orientiert ihre Politik an den Grundsätzen christlicher Verantwortung . . . Die Unabhängigkeit der Kirchen und Religionsgemeinschaften

muß ungeschmälert und die Freiheit der Verkündung ihrer Lehren gesichert bleiben. Sie müssen weiterhin ihre Mitverantwortung für das Gemeinwohl ungehindert wahrnehmen können.«

Im »Grundsatz-Programm« der CSU von 1968 steht[11]:

»Die CSU ist eine politische Aktionsgemeinschaft, die auf der Grundlage der christlichen Bestimmung und Deutung des Menschen und der Welt steht. Diese allen Christen gemeinsame Grundlage bestimmt ihr politisches Handeln . . .

Die Wahrung der Menschenwürde ist Maßstab jeden Fortschritts. Ohne sittliche und religiöse Bindungen sind diese Aufgaben nicht zu erfüllen.«

Das Verhältnis zwischen den christlichen Kirchen und den Unions-Parteien ist aber praktisch viel schwieriger als nach diesen wohlwollenden Grundsätzen vermutet werden könnte: Einerseits wurde christliche Gesinnung vielfach zum Mantel christlicher Nächstenliebe über politischen und sozialen Mißständen und andererseits entstanden ungute Machtverfilzungen zwischen Kirche und Staat.

Wer christliche Grundsätze bejaht, muß das ständige Drängen auf humanere Formen unseres Zusammenlebens aufnehmen. Die Kirchen müssen Unruhe bringen, nicht das gute Gewissen.

In den »Freiburger Thesen der Liberalen« erklärte Werner Maihofer die »Liberale Gesellschaftspolitik« der FDP u. a. so[12]:

»In dieser Parteinahme des Liberalismus für Menschenwürde durch Selbstbestimmung liegt der erste Grundunterschied gegegenüber allen anderen politischen Richtungen und Haltungen, die glauben, aus bestimmten religiösen oder profanen Weltanschauungen dem Menschen von außen und oben allgemeingültige und allgemeinverbindliche Antworten auf die Frage nach den Zwecken und Zielen seines Daseins vorgeben oder gar vorschreiben zu können, stammen sie aus christlichen Traditionen hier oder aus marxistischen Traditionen dort.«

Der Stolz der Nominal-Liberalen beruht auf ihrem Unverständnis der wichtigsten Erfahrung unserer Zeit: Das Individuum ist außerstande, aus sich heraus annehmbare Formen menschlichen Zusammenlebens zu entwickeln. Vor allem ist diese These (einschließlich ihres Kontextes) keine tragfähige Grundlage politischen Handelns. Man fragt sich z. B.:

– Grundsätzlich: Welche der ausschließlich individuell gewählten Verhaltensformen sind liberal annehmbar und welche nicht?
– Wie kann hiermit Bildungspolitik betrieben werden: Nach welchem Bild soll denn gebildet werden?
– Wie sollen ohne Anweisungen »von außen und oben« die Probleme des begrenzten Wachstums, der Umweltzerstörung und der Sozialpflichtigkeit des Eigentums gelöst werden?
– Wie kann auf dieser Basis Menschenwürde und Sittengesetz erklärt werden? Ist beispielsweise die bildfüllende Präsentation menschlicher Schamteile in einem politischen Fernsehmagazin liberal annehmbar?

Ich fürchte, daß obiger Grundsatz nur solange durchzuhalten ist, als er durch fremde Absichten oder die Trägheit der Institutionen überspielt wird. Bei tatsächlicher Entscheidungsmacht müßten Grundsätze politischen Handelns von außen, oben oder woher auch immer festgelegt und wirksam gemacht werden.

So undurchdacht und seiner Grenzen unbewußt wie der Liberalismus bei uns ist, kann er nur ein ideologischer Mitfahrer sein: Um jeden beliebigen Kurs mitzufahren, genügt Leichtfertigkeit. Wer aber einen eigenen Kurs fährt, der braucht einen Kompaß. Deshalb muß – wer in unseren kritischen Zeiten für Liberalismus ist – ihn notfalls auch gegen die Nominal-Liberalen verteidigen.

Im Grundsatzprogramm der »Sozialdemokratischen Partei Deutschlands« (Bad Godesberg 1959) findet sich[13]:

»Der demokratische Sozialismus, der in Europa in christlicher Ethik, im Humanismus und in der klassischen Philosophie verwurzelt ist, will keine letzten Wahrheiten verkünden – nicht aus Verständnislosigkeit und nicht aus Gleichgültigkeit gegenüber den Weltanschauungen oder religiösen Wahrheiten, sondern aus der Achtung vor den Glaubensentscheidungen des Menschen, über deren Inhalt weder eine politische Partei noch der Staat zu bestimmen haben . . .

Der Sozialismus ist kein Religionsersatz. Die Sozialdemokratische Partei achtet die Kirchen und die Religionsgemeinschaften, ihren besonderen Auftrag und ihre Eigenständigkeit. Sie bejaht ihren öffentlich-rechtlichen Schutz.

Zur Zusammenarbeit mit den Kirchen und Religionsgemeinschaften im Sinne einer freien Partnerschaft ist sie stets bereit. Sie begrüßt es, daß Menschen aus ihrer religiösen Bindung heraus eine Verpflichtung zum sozialen Handeln und zur Verantwortung in der Gesellschaft bejahen . . .«

Diese programmatischen Aussagen sind in zweierlei Hinsicht unglaubwürdig:

Erstens finden sich in der Geschichte der Sozialdemokratie viele Beiträge von Marx und Engels, Bebel und Lasalle, aber wenig Beiträge, die man als christliche Ethik, artikulierten Humanismus und klassische Philosophie bezeichnen kann. Obige Behauptung erweckt den Verdacht, daß die tatsächlichen Wurzeln verleugnet werden.

Zweitens ereignete sich in unserem Lande noch nie eine solch hemmungslose Demontage christlicher Ethik, des Humanismus und der klassischen Philosophie wie unter der Verantwortung der SPD.

Die entscheidende Voraussetzung zur Diskussion ethischer Grundlagen ist aber die Glaubwürdigkeit und gerade hier fehlt es der SPD: Zu oft zeigte sich, daß die Motive des Handelns andere sind als die der Propaganda.

Christliche Gesinnung sollte und könnte zur Klärung sittlicher Normen im vorpolitischen Raum beitragen. Hier ist im besonderen zu erinnern an das, was im Artikel 1 des Grundgesetzes für die Bundesrepublik Deutschland als »Würde des Menschen« garantiert wird und was sein Artikel 2 als »Sittengesetz« voraussetzt.

Beide Begriffe blieben im juristischen und politischen Bereich weitgehend unerklärte Leerformeln. Man unterstellt zwar meist, daß es so etwas gibt, ist aber außerstande, hieraus verbindliche praktische Folgerungen zu ziehen.

Beispielsweise hatten bei der öffentlichen Auseinandersetzung um die Darstellung einer Abtreibung im Fernsehen die Hinweise auf »Menschenwürde« und »Sittengesetz« nie mehr als deklamatorischen Charakter, irgend etwas Einklagbares kam aus diesen – vom Grundgesetz mit hoher Priorität festgestellten – Rechtsgütern nicht.

Es zeigt sich auch, daß die undefinierten Vorstellungen über »Menschenwürde« und »Sittengesetz« sich schnell ändern. Ein

Vergleich dessen, was beispielsweise bei der Pornografie noch vor wenigen Jahren Empörung hervorrief, mit dem, was jetzt gewohnheitsmäßig unwidersprochen hingenommen wird, zeigt, daß diese sittlichen Normen nicht nur unerklärt blieben, sondern auch beinahe beliebig verschoben werden.

G. W. F. Hegel hat vor dieser bedenklichen Entwicklung schon lange gewarnt[14]:

»*Wenn ... nicht mehr das Evangelium gepredigt wird, wenn das Salz dumm geworden und alle Grundfesten stillschweigend hinweggenommen sind, dann weiß das Volk ... dem Drange seines Innern nicht mehr zu helfen. ... so sieht es sich von seinen Lehrern verlassen.*«

Diese Warnung Hegels erscheint hier und jetzt altmodisch, ja reaktionär. Sie wurde arrogant geleugnet vor allem von den »progressiven« Irrlichtern, deren Denken sonst vielfach von Hegel abhängt.

Bemerkenswert ist, wenn H. Marcuse davon spricht, daß humanitäre und moralische Argumente zentrale gesellschaftliche Kräfte werden müssen[15], oder wenn A. Mitscherlich beklagt, wie leicht es ist, Tabus zu zerbrechen, aber wie schwer, ein vernünftiges Zusammenleben zu organisieren.

Die Übertragung sittlicher Normen in die politische Praxis wird durch Spezialistentum erschwert: Einerseits gibt es theologische Experten, die durch Weltfremdheit und dogmatische Einseitigkeit das ethische Angebot steril machen und andererseits politische Praktiker, welche es nicht aufgreifen: Sei es, daß sie christliche Grundsätze nur bei Orgelmusik billigen, nicht aber im Zusammenhang mit politischen Themen, sei es, daß sie aus der Machtlosigkeit der Kirchen auf deren Bedeutungslosigkeit schließen (ähnlich Stalin, der fragte, wieviele Divisionen der Papst hat).

Die christlichen Kirchen standen meist und stehen auch jetzt noch im Verdacht, reformunfähig, konservativ, ja reaktionär zu sein. Oft erscheinen ihre Reformen als die Reformen des vergangenen Jahrhunderts. Aber dies muß wohl nicht so sein:

Einerseits erkennen die Kirchen, daß es nicht nur ihre Aufgabe ist, Verletzten nachträglich zu helfen, sondern auch Verletzungen vorausschauend zu verhindern.

Andererseits haben die Kirchen einen unschätzbaren Vorzug:

Man kann davon ausgehen, daß sie ihren Rat weniger aus Eigennutz und mehr aus christlich verstandenem Gemeinnutz geben.

Hier liegt m. E. die Chance der Kirchen: Uneigennütziger Ratgeber bei schwierigen ethischen Entscheidungen zu sein.

Aber die wichtigste Voraussetzung hierzu ist, daß die Kirchen in sich selbst glaubwürdig werden, daß sie – wenn schon nicht in einem Sinne oder mit einer Stimme – so doch aus einer gemeinsamen Grundüberzeugung heraus sprechen.

Was sollen ethische Normen überhaupt in unserer Zeit der vielen Abhängigkeiten und der Massenkommunikation, ist unser Leben nicht bis in seine letzten Einzelheiten bestimmt durch Sachzwänge, Gewohnheiten, Gesetz und Verordnung, leben wir nicht ohne tatsächliche Entscheidungsfreiheit, ist also der Hinweis auf ethische Normen nicht irreführend oder anachronistisch?

Zweifellos gibt es weite Bereiche, in denen ethische Normen scheinbar unwirksam sind (tatsächlich sind sie dort in der Routine nur »eingefroren«), aber es gibt auch wichtige Bereiche, in denen ethische Normen präsent wirksam sind: Wo Verhaltensformen nicht zur Routine wurden, wo neue oder einmalige Verhaltensformen entstehen, ist Ethik kreativ.

Wie groß dieser Bereich tatsächlich ist, sei – außer durch Erinnerung an viele individuelle Entscheidungen – durch einige typische Beispiele illustriert:

Die wissenschaftlich-technische Forschung und Entwicklung steht vor der Entscheidung: Was darf nicht entwickelt, konstruiert, gefertigt und angeboten werden? Es werden ja immer mehr Experimente machbar, die man nicht machen darf, von den Experimenten mit Superwaffen bis hin zur genetischen Manipulation. Wir nähern uns einem Stand technischer Perfektion, bei dem beinahe alles gemacht werden kann, was keinen logischen oder physikalischen Gesetzen widerspricht, aber wir haben weder Klarheit noch Übereinstimmung darüber, was gemacht werden darf und was nicht. Hier entsteht ein unerträgliches und gefährliches Mißverhältnis zwischen technischer Machbarkeit und ethischer Kontrolle. Typisch hierfür ist der »Fall Oppenheimer«, die Gewissensnot eines Physikers bei der Entwicklung von Superwaffen.

In den Medien stehen die Entscheidenden immer wieder vor den Fragen: Was soll dargestellt werden, wie soll es dargestellt werden, welche Assoziationen sollen hergestellt und welche ausgeschlossen werden? Die Antworten hierauf sind zwangsläufig ethisch bestimmt.

Die in unserer Zeit entstehende globale Verantwortung für die Erhaltung unserer guten Erde als Heimat des Menschen fordert ethische Entscheidungen. Hierunter fällt z. B. die Geburtenbeschränkung: Können es Eltern und Völker verantworten, noch mehr Kinder in die Welt zu setzen, welche die Nahrungsmittelknappheit und die Umweltzerstörung verschlimmern? Zugleich entsteht aber auch die umgekehrte Frage: Kann man es verantworten, daß unser Volk zahlenmäßig abstirbt und seine Mitwirkung beim Aufbau einer humanen Welt erlahmt?

Man sprach von der Einsamkeit der höchsten Entscheidungsträger, beispielsweise im Staat (aber nicht nur dort!): Sie müssen oft ganz ohne oder mit unzureichender Unterstützung durch Berater und Gremien entscheiden. Solche Entscheidungen sind häufig das Ergebnis ethischer Vorstellungen, seien sie nun bewußt oder unbewußt.

Vor schweren ethischen Entscheidungen stehen direkt Politiker, Ärzte und Richter – indirekt aber wir alle – z. B. bei der Entscheidung über die Abtreibung, die Reform des § 218: Wie weit geht der Schutz ungeborenen Lebens und wo endet das Recht der Mutter? Hier kann man nicht – wie manche meinen – ohne Emotion mit kalter Vernunft argumentieren: Hier stoßen Weltanschauungen aufeinander.

Auch der verzweifelte Versuch von Widerstandskämpfern, ohne rechtliche Kompetenz und ohne Macht gefährliche politische Entwicklungen abzuwenden, setzt starke ethische Motivation voraus. Ähnlich steht es um das Bemühen, gewaltlos durch ständige Aufklärung und Werbung einen unheilvollen politischen Kurs zu korrigieren.

Sehr deutlich wird die Notwendigkeit ethischer Normen in der Bildungspolitik: Wie soll ein Bildungssystem aufgebaut oder reformiert werden, wenn weder Einigkeit noch Klarheit darüber besteht, was Bildung ist und nach welchem Bilde gebildet werden soll?

Die Bildungspolitik der letzten Jahre ähnelt der Geschäftigkeit eines Küchenchefs, der unentwegt darüber verhandelt, wie viele und wie große Töpfe er braucht, sich aber weder dafür interessiert, was die Gäste wollen, noch dafür, welche Zutaten hierzu gehören.

Bildung ist ohne Normen nicht möglich und die Konfusität unserer angeblichen Bildungsreform ist überwiegend durch Mangel an Normen begründet: Tradierte Normen wurden teilweise unbrauchbar oder auch als unbrauchbar diffamiert und Besseres entstand kaum. In dieses Vakuum strömen nun »progressive« Entwürfe, vorwiegend aus spätmarxistischen Quellen.

Aus deren großer Zahl ragt eine in ihrer simplen Radikalität weit heraus: Die Ende 1972 vom damaligen Hessischen Kultusminister v. Friedeburg vorgelegten Rahmenrichtlinien für Gesellschaftslehre samt Neufassung Ende 1973. Kompetente Kritiker (H. Lübbe und Th. Nipperdey) fällten über sie ein vernichtendes Urteil: Diese Richtlinien führen zu einer anderen Demokratie, in der Gewaltenteilung, Rechtsstaatlichkeit, Pluralismus und menschliche Autonomie keine Rolle mehr spielen und in der die Gesellschaft auf ein Netz ständiger Konflikte reduziert wird. Hier gibt es auch kein Verständnis mehr für die Tragik der menschlichen Existenz, wo das eine Recht mit dem anderen Recht in Konflikt gerät und nicht auf böse Machenschaften zurückgeführt werden kann. Deshalb wird auch nicht zur Toleranz und Kompromißbereitschaft erzogen, sondern zur Verteufelung aller Andersdenkenden und zu arroganter Selbstgerechtigkeit.

In seinem Buche »Konflikt – Einzige Wahrheit der Gesellschaft?« [16] schreibt Th. Nipperdey:

»Die formierte Schule und das formierte Gesellschafts- und Menschenbild der Rahmenrichtlinien sind eine Gefahr für unsere pluralistische und tolerante liberale Demokratie. Hier ist Widerstand aller Beteiligten und aller Bürger geboten.«

Daß diese vernichtende Kritik von angesehenen Professoren stammt, die seit langem der SPD angehören, ist ein Glücksfall: Sonst würde sie als Schwarzmalerei reaktionärer Kreise abgestempelt. Aber wie lange können sich Kritiker dieser Qualität noch in dieser Partei halten?

Man sollte sich auch hierüber keine Illusionen machen: Die Hessischen Rahmenrichtlinien stehen in ihrer Tendenz nicht allein, es gibt in SPD-regierten Ländern noch manche andere, vergleichbar schlechte und es gibt viele Schulbücher, die ähnliche Tendenzen vertreten. Das Unheil, das hiermit in den Köpfen argloser Kinder angerichtet wird, ist unermeßlich und kaum mehr gut zu machen.

Wir stehen heute vor dem Zwang, Unverstandenes zu glauben, wir entdecken die Unvermeidbarkeit der Ideologie. Gegen diese Einsicht sträubt sich, wer »Ideologie« im umgangssprachlichen, polemischen Sinne versteht. Es ist aber zweckmäßiger, diesen Begriff im unpolemischen und weiteren Sinne zu verstehen, in dem auch Religion eine (besonders respektable) Ideologie ist.

In diesem umfassenden Sinne erscheint die intellektuelle Mode, sich gegenseitig Ideologie nachzuweisen als sinnlos: Natürlich haben wir alle unsere Ideologie, aber wir haben sie mit guten Gründen und oft nach schweren Erfahrungen.

Wird damit empfohlen, Ideologiekritik einzustellen? Nein, im Gegenteil. Nur sollten wir uns weniger um die Tatsache der Ideologie kümmern und mehr um ihre Folgen. Vor allem sollten wir deutlich machen, wo Ideologien gegen Einsichten verstoßen und Unglück stiften.

Wer beispielsweise behauptet, Arbeitnehmer würden von Unternehmern grundsätzlich ausgebeutet, der muß beweisen, daß es den Arbeitnehmern ohne Unternehmer besser geht. Wer es ohne diesen Nachweis und im Widerspruch zu überprüfbaren Erfahrungen doch behauptet und damit Unzufriedenheit und Neid erzeugt, ist ein ideologischer Betrüger.

Ebenso unverantwortlich ist die Deutung unseres Zusammenlebens als ein Geflecht ständiger Konflikte. Nein: Wir verdanken unsere physische und psychische Existenz nicht dem ständigen Konflikt, sondern dem Vertrauen.

Wer in Not gerät, dem wird bei uns besser als in den meisten anderen Ländern geholfen. Stößt ihm beispielsweise ein Unfall zu, dann steht für seine Rettung nicht nur ein kostspieliger Apparat – vom Hubschrauber bis zum Blutplasma – zur Verfügung, sondern er wird auch betreut von selbstlosen Helfern, vor allem denen des Roten Kreuzes.

Solidarität ist eben keine Schimäre, sondern ein schützender und helfender sozialer Tatbestand. Das Vertrauen auf Solidarität ermöglicht ein glücklicheres Leben als die Vermutung ständiger Konflikte (deren Existenz und soziale Notwendigkeit unbestreitbar sind).

Dieses Zerrbild menschlichen Zusammenlebens ist nicht nur theoretisch unzulänglich, es macht auch Menschen unglücklich.

Diese leichtfertige Konfliktideologie ist aber nur eine jener zahlreichen angeblich »progressiven« Ideologien, die unser Leben vergiften. Vor allem die psychoanalytisch infizierte Soziologie, der Freud-Marxismus ist eine Ansammlung unerfüllbarer Verheißungen: In Marcuses Paradies führt kein Weg, die von ihm empfohlenen Wege führen alle in Richtung Hölle.

Hier wird Unglück produziert, und zwar nicht mit den unschuldigen und harmlosen Methoden des persönlichen Irrtums, sondern mit den geplanten, arbeitsteiligen und professionellen Methoden der Meinungsmache im elektronischen Zeitalter.

Wenn es in unserem Lande einen »Konsumterror« gibt, dann ist es der vom linken Medienverbund erzeugte Terror zum Konsum der aus Marx und Marcuse gestanzten Vorurteile.

Dieses großindustriell produzierte Unglück ergießt sich über unser Land: Auf Kinder, die zum Haß gegen die eigene Familie und gegen das eigene Volk manipuliert, fanatisch und neurotisch werden, zum Rauschgift greifen und zu arbeitsunfähigen Frührentnern werden, Selbstmord begehen usw.; auf Schulen, Universitäten und Betriebe, wo die vertrauensvolle Weitergabe von Wissen und Können durch Mißtrauen und Haß blockiert werden; auf die Öffentlichkeit, wo die solidarische Diskussion unserer Probleme durch Diffamierung und Megaphone verhindert wird.

Wieviel Unglück kommt im besonderen über die Elterngeneration, die nach dem totalen Zusammenbruch unser Land wieder zu Wohlstand gebracht hat! Sie ist vielfach das Opfer offenkundiger Mißachtung und hemmungsloser Verdächtigung.

Ich möchte hier für Mitbestimmung werben: Mitbestimmung derer, die Schweres durchgemacht haben und deren Sorgen weniger ihrem persönlichen Schicksal und mehr dem Glück ihrer Kinder und Enkel gelten.

Es gibt kein nostalgisches »Zurück zu den Vätern!«, unsere Welt und ihre Probleme haben sich gründlich verändert und müssen mit neuem Wissen und neuen Entwürfen angegangen werden, aber dort, wo es um die Grundlagen der menschlichen Existenz geht, um ethische Orientierungen, da sollte man sich – in kritischer und aufgeklärter Autonomie – zu dem entschließen, wozu sich auch der verlorene Sohn nach schweren Erfahrungen entschloß: »Ich will mich aufmachen und zu meinem Vater gehen.«

11. JA

JA zu unserem Staate,
der aus Ruinen und Chaos entstand
durch den Fleiß seiner Bürger,
die Tatkraft seiner Unternehmer
und ein liberales Grundgesetz.
Der von der Mehrheit seiner Bürger gewollt wird
und den Vergleich mit anderen Staaten in Ost und West
nicht zu scheuen braucht.
NEIN zu allen Versuchen, diesen Staat zu zerstören:
mit Bomben, »Bewußtseinsrevolution«
oder Machtübernahme der neuen Herrscherklasse.

JA zu einem europäischen Bundesstaat freier Völker,
der unserem alten Kontinent
den angemessenen Platz verschafft.
NEIN zur Kapitulation vor dem Imperialismus,
der halb Europa kolonisierte
und Volksaufstände mit Waffengewalt niederschlug.

JA zur Verteidigung unseres Staates
gegen innere und äußere Feinde
und Respekt vor den Menschen,
die ihm gewissenhaft dienen.
NEIN zur Gleichgültigkeit
gegen unsere gemeinsamen Aufgaben,
zum Versäumnis, junge Menschen Pflichterfüllung zu lehren,
und zur Fahrlässigkeit unseres Staates,
seine Grundlagen ständig denunzieren zu lassen.

JA zur Vertretung unserer Interessen durch Parlamentarier,
die ihr Mandat in freier und geheimer Wahl erhielten
und ihrem Gewissen verpflichtet sind.
NEIN zu allen Versuchen,
die parlamentarische Demokratie
durch Agitation zu verfälschen.

JA zur Sozialen Marktwirtschaft,
die den besten Kompromiß verwirklichte
zwischen dem Freiheitsbedürfnis des einzelnen
und den Bedingungen der Gemeinschaft
und einen enormen Wohlstand brachte.
NEIN zur Ablösung freier Unternehmer
durch die ideologisch gleichgeschaltete Macht
von Funktionären.
NEIN zur Kollektivierung und Sozialisierung
unserer Wirtschaft,
die Leistungsanreiz, Initiative,
Wohlstand und Liberalität zerstört.

JA zur Chancengleichheit für alle,
zur Fürsorge für Alte und Kranke
und zur lebenslangen Freiheit, ungleich zu werden.
NEIN zur Gleichmacherei,
die unseren Wohlstand zerstört und unser Land verödet;
und NEIN zur faulen Illusion, wir könnten unser Leben
von den Ersparnissen früherer Generationen fristen.

JA zur Mitsprache der Betroffenen
bei politischen Entscheidungen
und zum offenen Austragen von Konflikten.
NEIN zur Totaldemokratisierung,
die zur Funktionsunfähigkeit führt
und die Macht der neuen Herrscher begründet.

JA zur Unterordnung des Eigennutzes unter den Gemeinnutz
und zur Sozialpflichtigkeit des Eigentums.
NEIN zur Hemmungslosigkeit,
mit der Funktionäre ihre Monopole ausbeuten
und Eigennutz gegen Gemeinnutz durchsetzen.

JA zur kritischen öffentlichen Diskussion
unseres Zusammenlebens
und unseres Kurses in die Zukunft.
NEIN zum Gesinnungsjournalismus,
der die einen immunisiert und glorifiziert,
die anderen aber denunziert,
und NEIN zur Beherrschung der öffentlichen Meinung

durch radikale Meinungsmacher;
zur Agitation ohne Sachkenntnis und ohne Alternative
und für politische Absichten, deren Minderwertigkeit
erwiesen ist.

JA zur schöpferischen Entwicklung geistiger Entwürfe
und deren öffentlicher Darstellung.
NEIN zur verantwortungslosen Denunziation
unseres Zusammenlebens
durch Irrlichter ohne Sachverstand –
mit oder ohne Nobelpreis.

JA zur klaren Sprache unseres Volkes
in der nein, nein und ja, ja bedeutet.
NEIN zum semantischen Betrug akademischer Rattenfänger,
durch den aus ja, nein und aus nein, ja wird;
mit dem Fronten des Hasses aufgebaut
und wir auf einen Kurs manipuliert werden,
den wir nicht wollen.

JA zur Freiheit von Forschung, Lehre und Studium,
zur Vielfalt wissenschaftlichen Denkens
und zum uneingeschränkten Glasperlenspiel.
NEIN zum Mißbrauch unserer Universitäten
für revolutionäre Umtriebe,
zur Terrorisierung der Erfahrenen durch Unerfahrene
und Dogmatisierung neuer Heilslehren.

JA zu einem Liberalismus,
der die menschliche Freiheit verteidigt
gegen die Übermacht kollektivierender Kräfte.
NEIN zu dem Irrtum,
Liberalismus sei Abwesenheit von Moral,
und NEIN zur Mißgeburt des »Sozialliberalismus«.

JA zum politischen Pluralismus
und zur Toleranz gegen jeden,
der unsere Freiheit nicht gefährdet.
NEIN zur ideologischen Rutschbahn
vom »Sozialliberalismus«
über den »Demokratischen Sozialismus«
in den Marxismus und Stalinismus.

JA zu unserer Geschichte,
zu den guten und schlechten Erfahrungen,
die unseren Kurs in die Zukunft bestimmen.
NEIN zu dem Anschlag, unser Zusammenleben
auf ein geschichtsloses Austragen
ökonomischer Konflikte zu reduzieren:
Unser Volk ist mehr als die Summe seiner Konflikte.

JA zu einer Politik, die den Frieden erhält,
zur gemeinsamen Beratung globaler Gefahren
und zur solidarischen Abwehr weltweiter Katastrophen.
NEIN zur Selbsttäuschung,
wir gingen einer weichen Zukunft entgegen
und andere würden unsere Probleme lösen,
wenn wir nicht selbst tatkräftig zupacken.

Quellenhinweise

1. Plädoyer für unser System

1 Gräfin Dönhoff in der »Zeit« vom 6. 8. 1971
2 F. Graf von Westphalen im »Rheinischen Merkur« Nr. 15, Ostern 1974
3 BVerFGE 5.85, S. 197 ff.
4 »Das Parlament«, Bonn, 17. 10. 1970
5 Schoeck, H.: Vorsicht, Schreibtischtäter, Stuttgart-Degerloch 1972
6 Diskussionsbemerkung von Frau Professor E. Noelle-Neumann in »Zur Debatte«, 4. Jg., Nr. 1/2, 1974
7 FAZ 12. 8. 1974
8 Fernsehsendung »Fragen zur Zeit« im ZDF am 14. 7. 1974
9 Schoeck, H.: Umverteilung als Klassenkampf, Osnabrück 1973
10 Ropohl, G.: Technik und Gesellschaft, in »Die zweite Republik«, herausgegeben von R. Löwenthal und H. P. Schwarz, Stuttgart-Degerloch 1974
11 Röglin, H. C.: Unternehmer in Deutschland, Manuskript der COMPLAN, Gesellschaft für Öffentlichkeitsarbeit, 4 Düsseldorf-Oberkassel, Kaiser-Friedrich-Ring 59
12 Eick, J.: Wie man eine Volkswirtschaft ruinieren kann, Frankfurt 1974

2. Irrlichter

1 Südwest-Presse Tübingen 18. 5. 1973, gleichlautend in Troebst, Chr.: Studium oder Klassenkampf, Stuttgart 1973
2 Steinbuch, K.: Falsch programmiert, Stuttgart 1968
3 Topitsch, E.: Kein Platon, kein Goethe und auch kein Casanova, »Welt« 14. 7. 1973
4 Schelsky, H.: Systemüberwindung, Demokratisierung, Gewaltenteilung, München 1973
5 »Spiegel« 43/1973
6 Thielicke, H.: Wohin führt der Fortschritt? Vortrag vor dem Übersee-Club Hamburg, 22. 1. 1974
7 »Spiegel« 4/1972
8 FAZ 29. 6. 1974
9 Böll, H.: Freies Geleit für Ulrike Meinhof, Köln 1972
10 FAZ 10. 3. 1970
11 FAZ 30. 5. 1974
12 Busche, J.: FAZ 4. 6. 1974
13 »Zeit« 6. 8. 1971
14 »Zeit« 22. 3. 1974
15 »Zeit« 6. 8. 1971

16 »Welt« 4. 7. 1974
17 FAZ 4. 7. 1974
18 »Zeit« 22. 3. 1974
19 »Zeit« 19. 4. 1974
20 »Publik« 20. 6. 1969
21 Steinbuch, K.: Automat und Mensch, letzte deutsche Ausgabe, Berlin, Heidelberg, New York 1971
22 »Welt« 14. 6. 1972
23 Eick, J.: FAZ 1. 7. 1974
24 Buch und Buchhandel in Zahlen, herausgegeben vom Börsenverein des Deutschen Buchhandels, Frankfurt 1970
25 Mitscherlich, A.: Die Unwirtlichkeit unserer Städte – Anstiftung zum Unfrieden, Frankfurt 1965
26 »Welt« 3. 7. 1973
27 Weichmann, H.: Grundgesetz in Not? »Hamburger Dokumente« 8. 73
28 Rohrmoser. G.: Marxismus und Menschlichkeit, Freiburg, Basel, Wien 1974
29 FAZ 26. 6. 1974
30 »Welt« 28. 6. 1974
31 Guttenberg, K. Th. von: Fußnoten, Stuttgart 1973
32 FAZ 21. 6. 1974
33 FAZ 10. 6. 1974
34 FAZ 20. 6. 1974
35 »Welt« 9. 9. 1972
36 »Zeit« 1. 3. 1974
37 FAZ 14. 10. 1974

3. Liberalismus ohne Adjektiv

1 Verfassungsausschuß der Weimarer Nationalversammlung, Aktenstück Nr. 391, S. 176 ff.
2 FAZ 21. 8. 1974
3 »Spiegel« 29/1974
4 Lemberg, E.: Mission und Dilemma der Linken, »Criticon« 19, Sept./Okt. 1973
5 Fölsing, G.: in »Bildungsreform konkret«, herausgegeben von G. Langguth und P. Hintze, München, Wien 1973
6 Just, D., Röhrig, P.: Was wollen die Parteien? Bonn-Bad Godesberg 1972
7 Bewerunge, L.: FAZ 29. 7. 1974
8 Nipperdey: Konflikt – einzige Wahrheit der Geschichte? Osnabrück 1974
9 Orwell, G.: Neunzehnhundertvierundachtzig, Zürich 1950
10 Ortega Y Gasset, J.: Gesammelte Werke, Deutsche Übersetzung, Band III, Der Aufstand der Massen, Stuttgart 1951
11 Flach, K. H., Maihofer, W., Scheel, W.: Die Freiburger Thesen der Liberalen, Reinbek bei Hamburg 1972
12 Protokoll des 47. Bergedorfer Gesprächs

13 Ansprache von W. Maihofer beim Dreikönigstreffen der FDP am 6. 1. 1974, Freie Demokratische Korrespondenz, Sonderausgabe 6. 1. 1974
14 Siehe Zitat 11
15 Kannengießer, W.: Vom Freiburger Kurs abgewichen, FAZ 18. 2. 1974
16 Augstein, R.: Das Sondergesetz, »Spiegel« 31/1974
17 Zitiert nach Friauf, K. H.: Eigentumsgarantie, Leistung und Freiheit im demokratischen Rechtsstaat (in Buch »Marktwirtschaft und Soziale Verantwortung«, Köln 1973)
18 Der Wind bläst Brandt ins Gesicht, »Zeit« 23. 11. 1973
19 Die Wiedertäufer der Wohlstandsgesellschaft, herausgegeben von E. K. Scheuch, Köln 1968
20 Club Voltaire IV, Jahrbuch für kritische Aufklärung, herausgegeben von G. Szczesny, Reinbek bei Hamburg 1970
21 Szczesny, G.: Das sogenannte Gute, Reinbek bei Hamburg 1971
22 Schelsky, H.: Systemüberwindung, Demokratisierung, Gewaltenteilung, München 1973
23 Schoeck, H.: Der Neid und die Gesellschaft, Freiburg, Basel, Wien 1966
24 Schoeck, H.: Ist Leistung unanständig?, Osnabrück 1971
25 Schoeck, H.: Umverteilung als Klassenkampf, Osnabrück 1973
26 Schoeck, H.: Die Lust am schlechten Gewissen, Freiburg, Basel, Wien 1973
27 Lorenz, K.: Die acht Todsünden der zivilisierten Menschheit, München 1973
28 Meves, Chr.: Manipulierte Maßlosigkeit, Freiburg, Basel, Wien 1971
29 Ortlieb, H. D.: Die verantwortungslose Gesellschaft, München 1971
30 Lübbe, H.: Hochschulreform und Gegenaufklärung, Freiburg, Basel, Wien 1972
31 Nipperdey, Th.: Konflikt – einzige Wahrheit der Gesellschaft?, Osnabrück 1974
32 Rohrmoser, G.: Revolution – unser Schicksal?, Stuttgart-Degerloch 1974
33 Rohrmoser, G.: Marxismus und Menschlichkeit, Freiburg, Basel, Wien 1974
34 Roegele, O. B.: Kleine Anatomie politischer Schlagworte, Osnabrück 1972
35 Gehlen, A.: Moral und Hypermoral, Frankfurt am Main und Bonn 1969
36 Brezinka, W.: Erziehung und Kulturrevolution, München 1974
37 Aus »Europa-Bericht« Oktober 1974

4. Von Visionen zu Notlügen

1 Steinbuch, K.: Programm 2000, Stuttgart 1970
2 »Kieler Nachrichten« 9. 1. 1973
3 Steinbuch, K. u. a.: Die humane Gesellschaft, Stuttgart 1972
4 Frederik, H.: Gezeichnet vom Zwielicht seiner Zeit, München 1969
5 Grundsatzprogramm der Sozialdemokratischen Partei Deutschlands, Bonn 11/59 (Druckhaus Deutz, Köln)
6 Schwarz, Heinz: Leserbrief FAZ 12. 6. 1974

7 Protokoll der 80. Sitzung des Deutschen Bundestags vom 15. 2. 1974
8 »Welt« 21. 12. 1973
9 Nipperdey, Th.: Konflikt – einzige Wahrheit der Gesellschaft?, Osnabrück 1974
10 »Welt« 10. 7. 1974
11 »Welt« 28. 5. 1974
12 »Welt der Arbeit« 26. 3. 1971
13 »Vorwärts« 15. 6. 1971
14 FAZ 6. 12. 1971
15 Siehe Zitat 3
16 Schelsky, H.: Systemüberwindung, Demokratisierung, Gewaltenteilung, München 1973
17 Bulletin der Bundesregierung Nr. 132 vom 29. 10. 1969
18 Stolze, D.: »Zeit« 12. 7. 1974
19 Ortlieb, H. D.: Die verantwortungslose Gesellschaft, München 1971
20 Weichmann, H.: Grundgesetz in Not?, »Hamburger Dokumente« 8. 73 Senatskanzlei – Staatliche Pressestelle – 1973
21 Lübbe, H.: Hochschulreform und Gegenaufklärung, Freiburg, Basel, Wien 1972
22 »Spiegel« 13/1974
23 »Spiegel« 14/1974
24 »Wirtschaftswoche« Nr. 15 vom 5. 4. 1974
25 »Welt« 3. 4. 1974
26 Bulletin der Bundesregierung Nr. 60 vom 18. 5. 1974
27 Eppler, E.: Nach dem Rücktritt die Warnung, »Zeit« 12. 7. 1974
28 »Wirtschaftswoche« Nr. 16 vom 11. 4. 1974
29 FAZ 1. 4. 1974
30 »Spiegel« 44/1974
31 Hinske, N.: »Welt« 26. 6. 1974
32 Entwurf eines ökonomisch-politischen Orientierungsrahmens für die Jahre 1973–1985, herausgegeben vom Parteivorstand der SPD Bonn, Juni 1972
33 Bossle, L.: Marxismus – Demokratischer Sozialismus, Schriftenreihe »Information«, herausgegeben vom Wirtschaftsrat der CDU e.V.
34 »Spiegel« 28/1974
35 Knoeringen, W. v.: Geplante Zukunft?, Hannover 1968
36 Siehe Zitat 7

5. Kommunikation und Politik

1 Herausgeber: Bundesvorstand der Jungsozialisten: Die Aktualität der Medienpolitik, Analysen, Forderungen, Aktionen. Bonn 1972
2 Herausgeber: Deutsche Jungdemokraten: Medienkonzeption der Jungdemokraten (ohne Datum).
3 Zitiert nach »Die Welt« vom 11. 4. 1974
4 Leitlinien liberaler Medienpolitik, beschlossen auf dem 24. ordentlichen Bundesparteitag der F.D.P. in Wiesbaden.
5 Herausgeber: Deutsche Jungdemokraten: Medienkonzeption der Jung-

demokraten (ohne Datum).
6 Entwurf einer Konvention über Prinzipien der Nutzung künstlicher Erdsatelliten für Fernseh-Direktsendungen. Vom sowjetischen Außenminister Gromyko an UNO-Generalsekretär Kurt Waldheim übermittelter Entwurf.
7 Vortrag am 27. 3. 1974 bei der Jahreshauptversammlung des Vereins Rheinisch-Westfälischer Zeitungsverleger, publiziert im »Aktuellen Fernsehdienst« vom 19. 4. 1974.
8 McLuhan, M.: Die Gutenberg-Galaxis, Düsseldorf und Wien 1968
McLuhan, M.: Die magischen Kanäle, Düsseldorf und Wien 1968
9 Bericht der Bundesregierung über die Lage von Presse und Rundfunk
10 Noelle-Neumann, E.: Kumulation, Konsonanz und Öffentlichkeitseffekt in »Publizistik« Heft 1, Jg. 1973
11 »Süddeutsche Zeitung« vom 29. 5. 1973
12 Lemberg, E.: Ideologie und Gesellschaft, Stuttgart, Berlin, Köln, Mainz 1971
13 Enzensberger, H. M.: Baukasten zu einer Theorie der Medien, Kursbuch 20, Frankfurt 1970
14 Schoeck, H.: Vorsicht, Schreibtischtäter, Stuttgart-Degerloch 1972
15 Vortrag bei der Jahreshauptversammlung des Vereins Rheinisch-Westfälischer Zeitungsverleger am 27. 3. 1974, publiziert im »Aktuellen Fernsehdienst« vom 19. 4. 1974
16 Orwell, G.: Neunzehnhundertvierundachtzig, Deutsche Übersetzung, Konstanz, Stuttgart 1950
17 Steinbuch, K.: Kurskorrektur, Stuttgart-Degerloch 1973

6. Technischer und menschlicher Fortschritt

1 Steinbuch, K.: Mensch, Technik, Zukunft, Stuttgart 1971
2 Blohm, H.: Innovation als betriebswirtschaftliche Aufgabe, in Buch »Innovation«, herausgegeben von der Deutschen Gesellschaft für Betriebswirtschaftslehre, Berlin 1973
3 Das Leistungsprinzip in unserer Zeit, Herausgeber REFA, Berlin, Köln, Frankfurt 1974
4 Gross, H.: Das Geistkapital, Düsseldorf und Wien 1970
Gross, H.: Das quartäre Zeitalter, Düsseldorf und Wien 1973
5 Die Energiekrise, herausgegeben vom ZEIT-Verlag, Hamburg 1974
6 Packard, V.: Die ruhelose Gesellschaft, Düsseldorf und Wien 1973
7 Rühl, G.: Untersuchungen zur Arbeitsstrukturierung, in Zeitschrift »Industrial Engineering« 3/1973, Heft 3, Seiten 147–197
8 Das umstrittene Experiment: Der Mensch, München, Wien, Basel 1966
9 Thielicke, H.: Wohin führt der Fortschritt? Vortrag vor dem Übersee-Club Hamburg 22. 1. 1974
10 Schumacher, E. F.: Es geht auch anders, München, Wien, Basel 1974
Schumacher, E. F.: Small is beautiful, London 1973
11 Bild der Wissenschaft, 10. Jg., Heft 9/1973, Seiten 1040–1045
12 Literarische und naturwissenschaftliche Intelligenz, herausgegeben von H. Kreuzer, Stuttgart 1969

13 Lübbe, H.: Technik und Gesellschaft, Vortrag beim Deutschen Ingenieurtag 1973, VDI-Nachrichten 7. 11. 1973
14 Gabor, D.: Menschheit morgen, Bern und München 1965
15 Born, M.: Von der Verantwortung des Naturwissenschaftlers, München 1965
16 Sänger, E.: Raumfahrt heute, morgen, übermorgen, Düsseldorf und Wien 1963

7. Grenzen des Wachstums – Ende der Liberalität?

1 Bell, D.: The Reforming of General Education, New York, Columbia University Press 1966
2 Kahn, H.; Wiener, A. J.: Ihr werdet es erleben, Wien, München, Zürich 1967
3 Meadows, D.: Die Grenzen des Wachstums, Stuttgart 1972
4 Forrester, J. W.: Der teuflische Regelkreis, Stuttgart 1972
5 Meadows, D. L.; Meadows, D. H.: Das globale Gleichgewicht, Stuttgart 1974
6 Die Grenzen des Wachstums – Pro und Contra, herausgegeben von W. L. Oltmans, Reinbek bei Hamburg 1974
7 Mesarovič, M. und E. Pestel, Menschheit am Wendepunkt, Stuttgart 1974
8 »Spiegel« 22/1974
9 Marktwirtschaft und Soziale Verantwortung, herausgegeben von B. B. Gemper, Köln 1973
10 »Umweltbrief« des Bundesministeriums des Inneren, Heft 1 vom 26. 10. 1973
11 Stellungnahme des Planungsausschusses der Arbeitsgemeinschaft für Umweltfragen vom 4. 9. 1973
12 Die Grenzen des Wachstums – Pro und Contra, herausgegeben von W. L. Oltmans, Reinbek bei Hamburg 1974
13 Bächler, D.: Vor Ideologen wird gewarnt, »Die Zeit« Nr. 23 vom 31. 5. 1974
14 Amery, C.: Das Ende der Vorsehung, Reinbek bei Hamburg 1972
15 Schmidbauer, W.: Homo consumens, Stuttgart 1972
16 Schoeck, H.: Die Lust am schlechten Gewissen, Freiburg, Basel, Wien 1973
17 »Spiegel« 22/1974
18 Orwell, G.: »1984«. Deutsche Übersetzung, Konstanz, Stuttgart 1950
19 Hildebrandt, W.: Das nachliberale Zeitalter, Düsseldorf und Köln 1973

8. Unternehmer oder Funktionäre?

1 »Bulletin der Bundesregierung« Nr. 135 vom 23. 10. 1973
2 »Bulletin der Bundesregierung« Nr. 51 vom 27. 4. 1974
3 FAZ 30. 10. 1973
4 »Welt« 11. 4. 1974
5 Vereinigung Hessischer Unternehmer e. V., Gutachtliche Stellungnahme zum Lernfeld II: Wirtschaft-Gesellschaftslehre der Hessischen Rahmen-

richtlinien, Frankfurt am Main 1974
6 Untersuchung der Wickert-Institute im Mai 1974 (aus: Unternehmerbrief des Instituts der deutschen Wirtschaft Jg. 24, Nr. 25 vom 20. 6. 1974)
7 FAZ 2. 4. 1974
8 Unternehmerbrief des Instituts der deutschen Wirtschaft Jg. 24, Nr. 21 vom 23. 5. 1974
9 XV. Geschäftsbericht der INTERFINANZ, 4 Düsseldorf, Schadowstr. 86–88
10 Friedrich Naumann: Werke, Dritter Band, Schriften zur Wirtschafts- und Gesellschaftspolitik, Köln und Opladen 1964
11 Leserbrief in der FAZ vom 30. 4. 1974
12 Interview im Süddeutschen Rundfunk am 8. 2. 1974
13 FAZ 25. 4. 1974
14 Kuballa, W.: Namenlose Helden im Dschungel der Planwirtschaft, »Badische Neueste Nachrichten« vom 6. 6. 1974
15 Pross, H.: Kapitalismus und Demokratie, Frankfurt am Main 1972
16 FAZ 1. 6. 1974
17 FAZ 7. 6. 1974
18 »Handelsblatt« 27. 2. 1974
19 Leserbrief von H. Früchtnicht, FAZ 12. 6. 1974
20 FAZ 23. 4. 1974
21 «Zeit« 15. 2. 1974
22 »Zeit« 22. 4. 1974
23 »Welt am Sonntag« 16. 6. 1974
24 »Welt am Sonntag« 16. 6. 1974
25 »Bulletin der Bundesregierung« Nr. 55 vom 4. 5. 1974
26 Djilas, M.: Die neue Klasse, München 1957
27 Rüthers, B.: Über den Arbeitskampf zur Revolution, FAZ 30. 3. 1974
28 »Welt« 24. 12. 1973
29 »Welt« 29. 10. 1974
30 FAZ 14. 6. 1974
31 Garaudy, R.: Die Alternative, Wien, München, Zürich 1973
32 FAZ 2. 5. 1974
33 Engels, W.: Soziale Marktwirtschaft, Stuttgart 1972

9. »Lebensqualität« und Menschlichkeit

1 Hildebrandt, W.: Das nachliberale Zeitalter, Düsseldorf, Köln 1973
2 Mitteilung von Oberstudiendirektor B. Schwalbach, Karlsruhe
3 »Bulletin der Bundesregierung« Nr. 88 vom 18. 7. 1973
4 Qualität des Lebens, Beiträge zur vierten internationalen Arbeitstagung der Industriegewerkschaft Metall für die Bundesrepublik Deutschland 11.–14. 4. 1972 in Oberhausen, Redaktion: Günter Friedrichs, Frankfurt 1972, Band 1–10
5 siehe Zitat 4
6 Lübbe, H.: Nur ein Modeerfolg? »Deutsche Zeitung« 9. 11. 1973
7 Sweerts-Sporck, P.: Ökonomische Grundlagen eines neuen Begriffs, in

Zeitschrift »Lebensqualität«, Nullnummer, Mai 1974
8 Zitiert nach H. Swoboda, Die Qualität des Lebens, Stuttgart 1973
9 Holst, D. v.: Sozialverhalten und sozialer Streß bei Tupajas. Umschau 73 (1973), Heft 1, Seiten 8–12
10 Gesellschaftliche Daten 1973, herausgegeben vom Presse- und Informationsamt der Bundesregierung, Bonn Oktober 1973
11 siehe Zitat 4
12 Die Freiburger Thesen der Liberalen, Reinbek bei Hamburg 1972 Reinbek bei Hamburg 1972
13 siehe Zitat 4
14 Huber, M.: Rotes Kreuz, Zürich, Berlin 1941
15 Pictet, S.: Die Grundsätze des Roten Kreuzes, Internationales Komitee vom Roten Kreuz, Genf 1956

10. An den Grenzen der Aufklärung

1 Lenz, Siegfried: Das Vorbild, Hamburg 1973
2 Was glauben die Deutschen? Herausgegeben von W. Harenberg, München 1968
3 Amery, C.: Das Ende der Vorsehung, Reinbek bei Hamburg 1972
4 EPD Hamburg 5. 4. 1972, zitiert nach dem Buch Illies, J.: Umwelt und Innenwelt, Freiburg, Basel, Wien 1974
5 Machoveč, M.: Jesus für Atheisten, Stuttgart, Berlin 1972
6 Szczesny, G.: Die Disziplinierung der Demokratie, Reinbek bei Hamburg 1974
7 Rendtorff, T.; Tödt, H. E.: Theologie der Revolution, Frankfurt am Main 1968
8 Moltmann, J.: Theologie der Hoffnung, München 1968
9 Rohrmoser, G.: Die Krise der Institutionen, München 1972
10 CDU-Dokumentation, Herausgeber: Christlich Demokratische Union Deutschlands, Bundesgeschäftsstelle Bonn
11 Grundsatz-Programm der CSU, herausgegeben von der Landesleitung der CSU, München, Lazarettstr. 33
12 Flach, K. H.; Maihofer, W.; Scheel, W.: Die Freiburger Thesen der Liberalen, Reinbek bei Hamburg 1972
13 Grundsatz-Programm der SPD, Herausgeber: Vorstand der Sozialdemokratischen Partei Deutschlands, Bonn 11/59
14 Hegel, G. W. F.: Vorlesungen über die Philosophie der Religion, Theorie, Frankfurt am Main 1969
15 Moral wozu? Herausgegeben von R. Italiaander, München 1972
16 Nipperdey, Th.: Konflikt – einzige Wahrheit der Gesellschaft? Osnabrück 1974

Register

KARL STEINBUCH, Professor Dr.-Ing., 1917 in Stuttgart-Bad Cannstatt geboren. 1948 bis 1958 Labor- und Entwicklungsleiter bei der Firma Standard Elektrik-Lorenz, 1957 verantwortlich für den Aufbau des Informatik-Systems »Quelle«. Seit 1958 ordentlicher Professor und Direktor des Instituts für Nachrichtenverarbeitung der Universität Karlsruhe (TH). Über 50 Patente, Mitglied der Akademie der Naturforscher LEOPOLDINA Halle/Saale, der »Deutschen Gesellschaft für Kybernetik«, der »Société Européenne de Culture«, des »Freien Deutschen Autorenverbandes« (FDA) und Gründungsmitglied der »Gesellschaft für Zukunftsfragen«. 1969 Wilhelm-Bölsche-Medaille in Gold, 1972 Deutscher Sachbuchpreis, 1973 Goldmedaille des XXI. Internationalen Kongresses für Luft- und Raumfahrtmedizin.

BUCHVERÖFFENTLICHUNGEN: »*Automat und Mensch*« (4. Auflage) Berlin, Heidelberg, New York 1965, »*Die informierte Gesellschaft*« (2. Auflage) Stuttgart 1969, »*Falsch programmiert*« (9. Auflage) Stuttgart 1968, »*Nachrichtentechnik*«, zusammen mit W. Rupprecht (2. Auflage), Berlin, Heidelberg, New York 1972, »*Programm 2000*« (2. Auflage) Stuttgart 1970, »*Die humane Gesellschaft*«, mit anderen, (2. Auflage) Stuttgart 1972, »*Kurskorrektur*« (7. Auflage) Stuttgart 1973. Steinbuchs Bücher sind in hunderttausenden von Exemplaren verbreitet und wurden in viele fremde Sprachen übersetzt.

Das Buch mit Signalwirkung

Karl Steinbuch
Kurskorrektur

Buch des Monats (C. L. Schmitt): »Steinbuch legt mit seinem Buch einen Grundstein für die Philosophie der Vernunft, in der Leistung und Fortschritt verwandte und nicht feindliche Begriffe sind.«

Der Spiegel: »Die Kombination von Wissenschaft, Politik und Moral . . . scheint gefragt zu sein. Steinbuchs ›Kurskorrektur‹ figuriert seit Wochen auf der Bestseller-Liste des Spiegel.«

Welt am Sonntag: »Steinbuch schrieb ein notwendiges Buch: endlich wieder etwas in diesem Staat, das die engagierte Diskussion wert ist. Es wurde Zeit.«

Frankfurter Allgemeine Zeitung: »Wie einige unserer bedeutendsten Geisteswissenschaftler fordert nun auch der prominente Naturwissenschaftler mehr Respekt vor der Geschichte und den Erfahrungen früherer Generationen.«

Sender Freies Berlin: »Es gehört zu den wenigen ermutigenden Symptomen unserer politischen Gegenwart, daß einige der entschiedensten Fürsprecher eines gesellschaftlichen Reformkurses das Ruder in dem Augenblick anzuhalten versuchen, da reformerischer Elan zu purem Umstürzlertum zu entarten droht. Zu diesen mutigen Männern gehört auch Prof. Karl Steinbuch, einer breiteren Öffentlichkeit vor allem durch seine Offenen Briefe an Bundeskanzler Willy Brandt bekannt geworden. Was er selbst an seinem Denken und Handeln vorgenommen hat, empfiehlt er jetzt der gesamten Gesellschaft: eine Kurskorrektur.«

Seewald Verlag Stuttgart

Von Karl Steinbuch und anderen

Die Humane Gesellschaft - Jenseits von Kapitalismus und Kommunismus

Ein gesellschaftspolitisches Forum mit Karl Steinbuch in der Evangelischen Akademie Bad Boll mit Beiträgen von Karl Steinbuch, Peter Glotz, Richard Löwenthal, Kurt Naumann, Ernst Oldemeyer, Eberhard Stammler, Werner Maihofer, Johannes Ickert, Helmut Gehrke.
Herausgegeben von Klaus Lubkoll und Kurt Naumann.

Probleme der Zeit, Stuttgart: »Professor Karl Steinbuch ist einer jener Denker und Wissenschaftler, die sich nicht in den ›Elfenbeinturm‹ der Gelehrten zurückgezogen haben, sondern leidenschaftlich zu Problemen der Zeit Stellung nehmen und den Verantwortlichen in Staat und Gesellschaft freie und schockierende Fragen stellen . . . Wir halten diese Publikation für ebenso dringlich wie zeitgemäß.«

Deutsche Welle, Köln: »Die Warnungen Professor Steinbuchs und seiner Freunde werden sehr ernst genommen. Die von ihm ausgelöste Diskussion geht weiter. Eine jener fruchtbaren Diskussionen, durch die sich die Demokratie westlichen Zuschnitts immer wieder selbst in Frage stellt und die den Vorteil hat, daß sie auf offenem Markt ausgetragen wird. Bücher wie das von Prof. Karl Steinbuch tragen dazu bei, immer breiteren Schichten bewußt zu machen, daß das Hauptproblem der Gegenwart darin besteht, neue Formen des gesellschaftlichen Zusammenlebens zu finden.«

Von Karl Steinbuch und anderen

Die Gesellschaft der Zukunft - Hoffnungen und Sorgen

Das Schwetzinger Gespräch mit Norbert Bischof, Hans-Georg Gadamer, Mario von Galli, Otto Walter Haseloff und Karl Steinbuch. Nachwort von Karl Steinbuch. Herausgegeben von Leo Wanzek.

Die Welt: »Der Heidelberger Philosoph Hans-Georg Gadamer brauchte als Diskussionsleiter kaum in Erscheinung zu treten. Zum Thema sprachen elegant, konzentriert und oft mit aphoristischer Kürze: Karl Steinbuch (Karlsruhe), leidenschaftlicher Verteidiger unseres politischen Systems, Pater Mario v. Galli S. J. (Zürich), bekannt geworden als ›Berichterstatter‹ des Römischen Konzils, Otto Walter Haseloff, Professor für Psychologie in Berlin, Lern- und Motivforscher und analytischer Denker von hohem Niveau, und der Konrad-Lorenz-Schüler Norbert Bischof (Seewiesen), Dozent für Verhaltenspsychologie an der Universität München. Es war die große Stunde Karl Steinbuchs . . . Das Publikum wurde von dem leidenschaftlichen Engagement Steinbuchs ›Verteidigt unsere Demokratie‹ mitgerissen.«

Badisches Tagblatt: »Es war ein nützlicher Tag der Besinnung für jeden . . . Und es war gut so, daß am Ende die Sorge um unsere Zukunft allzu optimistische Hoffnungen überwog.«

dpa: »Der Karlsruher Professor Dr. Karl Steinbuch hat . . . in Schwetzingen an ›alle Demokraten‹ in der Bundesrepublik appelliert, für eine Entwicklung auf eine ›kämpferische Demokratie hin‹ einzutreten. Beim ›Schwetzinger Gespräch‹ betonte Steinbuch, im Interesse der Bürger sollte das ›gute politische System, das wir haben‹, erhalten und gestärkt werden. Es müsse auch gegen Kräfte verteidigt werden, die entschlossen seien, es ›wohlmeinend aus Unkenntnis‹ zu zerstören.«

Bücher von Karl Steinbuch
in anderen Verlagen

Automat und Mensch

J. Springer, Berlin, Heidelberg, New York

Die informierte Gesellschaft

Deutsche Verlagsanstalt (DVA), Stuttgart

Falsch programmiert

DVA, Stuttgart

Nachrichtentechnik

(zusammen mit W. Rupprecht)
Springer Verlag, Berlin

Programm 2000

DVA, Stuttgart

Mensch, Technik, Zukunft

DVA, Stuttgart
(Deutscher Sachbuchpreis 1972)